忠臣蔵の四季

Chushingura no Shiki

古井戸秀夫

Furuido Hideo

白水社

春・落花
塩冶判官＝7代目尾上梅幸、大星由良之助＝9代目市川海老蔵（11代目團十郎）

夏・夕立

早野勘平＝17代目中村勘三郎

秋・十三夜
平右衛門＝2代目尾上松緑、お軽＝6代目中村歌右衛門

冬・雪
大石内蔵助＝8代目松本幸四郎（初代白鸚）

忠臣蔵の四季

装幀＝芦澤泰偉
（編集＝耕書堂）

目次

口絵目次

春・落花　『仮名手本忠臣蔵』「四段目」（昭和三十四年十二月歌舞伎座）©松竹（株）
塩谷判官＝七代目尾上梅幸、大星由良之助＝九代目市川海老蔵（十一代目團十郎）

夏・夕立　『仮名手本忠臣蔵』「五段目」（昭和五十二年十一月歌舞伎座）©松竹（株）
早野勘平＝十七代目中村勘三郎

秋・十三夜　『仮名手本忠臣蔵』「七段目」（昭和五十六年十月歌舞伎座）©松竹（株）
平右衛門＝二代目尾上松緑、お軽＝六代目中村歌右衛門

冬・雪　松竹映画『忠臣蔵　花の巻・雪の巻』（昭和二十九年公開　監督／大曾根辰夫）写真提供松竹
大石内蔵助＝八代目松本幸四郎（初代白鸚）

憚りながら口上

『忠臣蔵』は、春にはじまり冬におわる、四季の物語である。『忠臣蔵』全十一段を四季に分けると次のようになる。

春　大序から四段目
夏　五段目・六段目
秋　七段目
冬　八段目から十一段目

春は、塩冶判官（史実では浅野内匠頭）の「刃傷《にんじよう》」から「切腹」「城明渡し」まで、物語の発端である。冬は、大星由良之助（実名、大石内蔵助）の出立《しゆつたつ》から「討入」まで、物語の結末になる。その間、夏から秋にかけて早野勘平（実名、萱野《かやの》三平）女房お軽、寺岡平右衛門（実名、寺坂吉右衛門）ら若者たちの苦衷が描かれた。

史実の「刃傷」は、元禄十四（一七〇一）年春、三月十四日であった。播州赤穂五万三千石の城主浅野内匠頭が江戸城松の廊下で吉良上野介を斬った、これが「刃傷」である。内匠頭は即日切腹、吉良には何のお咎めもなかった。その恨みを晴らすため、大石内蔵助はじめ赤穂の浪士たちが吉良邸に討ち入り、その首級をとった。いわゆる「赤穂一件（赤穂事件）」は翌年、元禄十五年十二月十四日のことであった。二年におよぶこの出来事を『忠臣蔵』では一年に縮め、四季の物語にしたのである。

具体的にいうと、史実の「刃傷」と「切腹」は三月十四日、春である。「城明渡し」は四月、もう夏になっていた。『忠臣蔵』では「城明渡し」を「切腹」につなげて、春の物語にした。続く『忠臣蔵』五段目六段目の主人公早野勘平のモデル、萱野三平が自刃《じじん》して果てたのは二年目の正月であった。『忠臣蔵』ではこれも半年くりあげ、夏のおわりの悲劇に仕立てた。「七段目」の大星（大石）の遊興も、「九段目」の山科出立も、十段目の「天川屋」も、史実ではみな二年目である。「討入」までの二年間を短くした、そのスピード感が『忠臣蔵』の面白さになった。

さらに、それを強調した演出が「幕あり幕なし」である。今では開幕前の「口上人形」の口上にのみその名称は残されているが、かつては『忠臣蔵』に特有の演出として流行した。「幕」は「幕《まく》間《あい》（休憩）」のことで、「幕あり」では幕を閉めた後、鳴物を打ち上げて休憩をとる。幕を閉めても、準備ができ次第、幕を開けるのが「幕なし」で、すぐに開けるので「早幕」、閉めた幕を引き返して開けるので「返し幕」とも、鳴物でつなぐので「ツナギ幕」ともいう。そもそも幕を閉めずに、振りかぶせた「浅黄幕」を振りおとしたり、「廻り道具」を使った「道具替わり」も「幕なし」であった。

「三段目」から「四段目」を「幕なし」にするときには、塩冶判官の「刃傷」と「切腹」の間に挟まった早野勘平の「裏門」を割愛するのが普通であった。そうすることで、「刃傷」で討ちもらした判官の口惜しさが「切腹」に駆け付けた大星に伝わり、復讐を誓うそのプロセスが分かりやすくなるのである。

「四段目」の「城明渡し」が済むと、ようやく「幕あり」。昔ならここで昼食になる。人形芝居ではこの休憩を「中入」と称していた。戦後の歌舞伎座の昼夜二部制では、「四段目」までが昼の部。観客を入れ替えて「五段目」からは夜の部になる。「幕あり幕なし」では、夜の部に相当する「五段目」「六段目」「七段目」も「幕なし」で通した。四時間近くになるであろうから、ここではじめて開場前に口上人形がおどけて言う「幕あり幕なしにて御覧に入れますれば、お茶お菓子など召し上がり、ゆる、ゆる、ゆるゆるっと御見物のほど、偏《ひとえ》に希《こいねが》い上ーげ奉りまする」という口上の意味するところが分かるのである。

「五段目」の定九郎、「六段目」の勘平、「七段目」の由良之助と平右衛門、四人はそれぞれ別の話の主人公であった。『忠臣蔵』では、二つのフィクションをうまく使って、この四人を結び付けてひとつの話にした。実説の大石には、京都の二文字屋次郎左衛門の娘「おかる」という妾がいた。その名前を利用して、塩冶の腰元お軽が勘平の女房お軽になり、夫のために身を売って白人《はくじん》（遊女）のお軽になる。そのお軽が、大星に請け出されて妾になる、という物語に仕立てた。由良之助がお軽を身請けしようとしたのは、色香に迷ったためではなく、密書を読まれた口封じに殺すのだ、と合点した平右衛門は、由良之助に代わって妹のお軽を殺し、その功により敵討ちのお供に加わりたい、と願った。平右衛門をお軽の兄にしたのも、一連のフィクションであった。

二つ目のフィクションは、人間関係ではなく、時間である。実説の萱野三平の自刃は正月十四日、旧暦なので皓々と照る月の夜であった。『忠臣蔵』ではそれを、月のない晦日あるいは朔日にした。そこから生まれたのは、闇の夜の錯誤の悲劇であった。狩人の勘平が猪と誤って定九郎を撃ち殺したのは、闇の中。定九郎の懐中から勘平が縞の財布の五十両を盗ったのも、闇の中であった。五十両は、お軽が身を売った金である。それを知った勘平は、撃ち殺したのは舅の与市兵衛であったのかと腹を切るのだが、それも錯誤であった。与市兵衛の死骸の疵口を改めると刀疵、鉄砲疵は定九郎の疵口に遺されていた。舅を殺して金を盗った疑いが晴れた勘平は、今わの際に赦されて敵討ちの連判状に名を連ね、十文字に掻き切った腹から掴みだした臓腑で血判をするのであった。『忠臣蔵』は、「六段目」の勘平が四十六人目の義士になり、「七段目」の平右衛門が四十七人目の義士になる物語でもあった。「幕なし」にすると、その筋道がより明らかになるのである。

「七段目」が済むと、ようやく「幕あり」の休憩になる。人形芝居では、この休憩も「中入」という。幕末から明治にかけて活躍した人形遣いの古老、吉田国五郎の談話によると、『忠臣蔵』は二日に分けて上演したという（『歌舞伎』第五十八号）。一日目は「幕あり幕なし」だったのであろう、「大序」から「四段目」までを一幕、「五段目」から「七段目」まで一幕、都合、二幕で一挙に見せる「通し狂言」であった。

二日目には「八段目」から「十一段目」まで出すのだが、それだけだと浄るりの太夫の「帳場（持ち場）」が少ないので、その前に講釈種の「赤垣源蔵徳利の別れ」や『太平記忠臣講釈』の「喜内住家」など「忠臣蔵」物を二幕ほど補うのだという。人形では、『忠臣蔵』の「九段目」と「十段目」も一幕物として人気が高かったので、それぞれ「幕あり」で休憩をとり、じっくりと聞かせたのであろう。料理でいうならば、アラカルト。好きな料理を選ぶように、楽しむことができる。芝居用語では、選りどり見どりの意味で「みどり」と呼ぶ、演目の並べ方である。

現行の歌舞伎では、上演時間の都合もあって、昼の部は「大序」「三段目」「四段目」の三幕、夜の部は「五段目」「六段目」と「七段目」の二幕に「討入」を付ける、「通し狂言」のかたちが一般的である。昼の部と夜の部の「討入」は復讐劇（敵討ち）の顚末で、『忠臣蔵』ではこれを「本伝」という。夜の部の「五段目」「六段目」「七段目」は「銘々伝」、義士たちの物語である。「本伝」と「銘々伝」のバランスの良さも「通し狂言」の魅力なのである。のこされた「八段目」「九段目」の主人公、加古川本蔵（実説の梶川与惣兵衛）とその女房戸無瀬《となせ》、「十段目」の天川屋義平（利兵衛）、こちらは義士ではないので「外伝」。主筋からは外れるので「みどり」で見るほうが適しているのである。

『忠臣蔵』が書き下ろされたときには、もうすでに元禄の討ち入りから半世紀ちかくが経っており、事件は過去の歴史になっていた。『忠臣蔵』の作者たちは、絡みついた脇筋を極力けずるとともに、「銘々伝」では大石のほかに萱野三平と寺坂吉右衛門、「外伝」では梶川与惣兵衛と天川屋利兵衛、とよく知られた二名に絞った。その方針が功を奏し、『忠臣蔵』は人気を博したのである。

初演は、大坂道頓堀の人形芝居、竹本座であった。寛延元（一七四八）年八月から十一月まで、途中に閏月があったので、四か月のロングランになった。前の年の『義経千本桜』、その前の年の

『菅原伝授手習鑑』の八か月とくらべると短いようだが、その間に人形遣いの吉田文三郎と浄るりの太夫の竹本此《この》太夫の確執から此太夫が退座する、いわゆる「忠臣蔵騒動」が起こったことを考えると、立派な成績であった。『忠臣蔵』も翌年には、三都（京江大坂）で歌舞伎になった。ことに江戸では、森田座に続き市村座、中村座と、三座の競演になった。その後、三都だけで数えても三十八年間に四十一度も上演が数えられている（『古今いろは評林』）。その勢いは、全国津々浦々に波及、芝居が不入りのときでも『忠臣蔵』を出せば息を吹き返すことから、気付け薬の漢方薬「独参湯《どくじんとう》」になぞらえて「芝居の独参湯」と称されるようになるのである。ちょうど、NHKの大河ドラマがそうであるように、多くの人々は『忠臣蔵』を見て、元禄の昔におこった出来事を知るのである。それゆえであろう、かつては「赤穂一件」とか「赤穂事件」と呼ばれた歴史的な事象も「忠臣蔵」と称されるようになるのである。

そもそも「忠臣蔵」は、竹本座の作者たちがつくった新語であった。「忠臣」が詰まった「蔵」という意味なのであろう、その「くら」に内蔵助の大石をかけた。タイトルの『忠臣蔵』は略称で、正式には『仮名手本忠臣蔵』という。仮名の「いろは」の四十七文字に四十七人の義士をなぞらえた、命名であった。「忠臣」「義士」の手本とは何か、真名（漢字）で理屈を説くよりも、仮名に読み下したその姿を見せしましょう、という主張だったのであろう。元禄の討ち入りからちょうど四十六年目。足掛けで数えると四十七回忌になる。作者たちの胸中には、四十七人の義士たちを追悼する気持ちもこめられていたのであろう。早野勘平の壮絶な死や、平右衛門の妹を殺そうとする切ない気持ちを思うと、そのように想像されるのである。

全十一段という構成も『忠臣蔵』に特有のものであった。『ひらかな盛衰記』や『本朝廿四孝』など時代物は五段、世話物は三段、ほかに『双蝶々曲輪日記』『夏祭浪花鑑』の九段や『伊賀越道中双六』の十段なども見られるが、十一段は特別である。数字の「十一」をタテに続けて書くと「士」。「さむらい」になる。『仮名手本忠臣蔵』は、ほんとうの「さむらい」とは何か、その問いから生まれた物語であったのではないだろうか、などなど。前口上はこのくらいにして、まずは、『仮名手本忠臣蔵』本編に入る前の導入部として、その周辺のことを、「花月雪」になぞらえ、少し長めのプロローグとして語り始めることにしよう。昔ながらの「乍憚《はばかりながら》口上《こうじょう》」の口調を真似て「まずは口上、左様《さよ》」。

プロローグ　花の巻・月の巻・雪の巻・もうひとつの花

花の巻

1

風さそう花よりもなお我はまた春の名残を如何にとやせん

浅野内匠頭の辞世である。末の句の「とやせん」は「とかせん」とも。武家の辞世としては、もっともよく知られた歌だが、「仮名手本」には引用されなかった。わたくしが知ったのは、子供のころに見た正月映画の『忠臣蔵』。昭和三十四年の東映オールスターキャストの「大忠臣蔵」である。前半の「桜花の巻」のあとにインターミッション（休憩）が入り、後半の「菊花の巻」と合わせて三時間に及ぶ、超大作であった。辞世をうながされた内匠頭が筆をとると、カメラが切り替わって一面の桜になり、花びらが散る。さらさらと書きおえると短冊のアップ。崩し字なので子供には読めなかったが、その代わりに散る花の印象が残った。腹を切ろうとすると介錯人の顔のアップになり、「えい」という掛け声とともに、画面は切り替わった。すなわち、「切腹」そのものは見ることがなかったのである。

桜の花は、「夜の田村邸」とされた二つのシーンで使われた。中庭に設えられた切腹場と、そこへ向かう途中の回廊、この二つである。回廊に面した中庭には、シナリオに「七分咲き」とされた立派な桜の樹がある。散るその花びらが、子供の目には、フォーカスされているように見えたのだが、それは錯覚であった。「田村邸」の装置は、武家の故実に則って復元されたリアルなものであった。桜樹も、もちろん本物である。その実写の上に、加工された花びらの映像を重ねたのであろうか、それはまるで芝居で散らす切紙の花のように美しく、きらきらと輝いて見えたのである。子供ごころにも、その美しさが内匠頭の死を象徴していることは分かった。

「大日本雄弁会講談社」が戦前（昭和四年）に発行した『講談全集』の内、「赤穂義士本伝」の「内匠頭切腹」でも東映の『忠臣蔵』と同じように内匠頭が短刀を持ち、介錯人が控えるそのところまで。具体的な様子を語らない理由として、「切腹の模様は残酷でございますから」と。「残酷」は、そのまま映画にも適応した。

浅野内匠頭に扮したのは、東映の若手スター中村錦之助である。女形の三代目中村時蔵の四男で、伯父は初代吉右衛門というサラブレッドだが、歌舞伎界の因習を嫌って飛び出して五年、封切りのときは二十七歳であった。雑誌『時代映画』の「忠臣蔵（東映）特集」で記者のインタビューに応えている。「ここのところがいちばん好きです」といったのは、切腹の前の回廊、家臣の片岡源五右衛門との無言の別れであった。「内蔵助（大石）はじめ家臣たちにすまぬ」というだけで、後は「目と目の芝居」になる。そこのところが好きだというのである。「目と目の芝居」は「腹芸」、芝居では「思い入れ」になる。実際の映像では、内匠頭の目のアップ、源五右衛門の目のアップ。主君と家臣、主従二つの目を重ねると、「この仇はきっと討ってくれよという暗示があり、それを源五右衛門もわかってくれます」という、錦之助の語るその思いが観客にも伝わる。ソ連の映画監督のエイゼンシュテインが唱えた「モンタージュ」の映画技法だが、エイゼンシュテインはそれを歌舞伎や漢字など日本の文化から学んだというのである。

シナリオでは、このシーンで「内匠頭は涙をたたえて」という指示があった。錦之助はそれを工夫して、去っていく前に泣きながら、さびしく笑った。錦之助の爽やかな笑顔は、アア、この人のためなら死んでもよい、という家臣たちの思いにつながるのであろう。「泣き笑い」のこの演技も、梨園に育った錦之助の身に自然とそなわったものだったのである。

東映には、片岡御大《おんたい》と市川御大と、二人の御大がいた。ともに関西の青年歌舞伎出身の時代劇の大スターであった。『忠臣蔵』では、主人公の大石に片岡千恵蔵、市川右太衛門は脇坂淡路守にま

赤穂義士本伝「内匠頭切腹」（『講談全集』より）

わった。右太衛門の淡路守は、赤穂城明渡しの上使だが、その前の「刃傷」にも出た。吉良上野介の額の血で大紋《だいもん》を汚され、「不所存者め、失《う》せい！」と一喝、手に持った中啓《ちゅうけい》で上野介の頭をぴっしゃりと叩く、講談などでいう「頭張《あたまは》り」。

やってる役者も気分のいい、芝居の用語でいう「気のいい役」である。長袴《ながばかま》で走ってきて、くるりと回ると裾がキレイにさばかれる、その動きの美しさを見た監督の松田定次は、「キレイですね」とただひと言。これも、歌舞伎で修業した時代劇スターの演技力なのである。

千恵蔵の大石は、亡君の辞世を二度よむ。二度目には、シナリオに「大石はわが胸に烙《や》きつけるように」とある。ゆっくりと「風さそう」と読みはじめ、少し間をおいて「花よりもなお……」、また間をおき「春の名残」のところで感極まったのであろう、絶句をした。気を取り直し、また「春の名残を」と続け、「いかにとやせん」は亡君の遺志である。さらに続けて、「内蔵助はじめ家臣たちにはすまぬ」という内匠頭の遺言を伝えられると、胸にこみあげるものがあったのであろう、その思いを押し殺して沈黙するのである。ここまでの千恵蔵の「腹芸」が、復讐を誓う大石の第一段であった。

大石が内匠頭の生害《しょうがい》の場所を問うと、庭だという。その刹那、こらえにこらえていた火のごとき激情が燃え盛るのである。かりそめにも五万三千石の城主である。こともあろうに、他家の庭先で腹を切らせるとは……理不尽だ。これが天下の掟なのか、と憤った。このとき大石の胸中には、天下の大道をただすという、もうひとつの大義が生まれたのである。『仮名手本忠臣蔵』の大星由良之助には見られなかった、敵討ちの目的であった。

東宝映画の『忠臣蔵』「花の巻」「雪の巻」の封切りは、三年後の昭和三十七年であった。松竹から移籍した歌舞伎俳優の八代目松本幸四郎の大石。この大石も、目的を二つ持った。秘められた二つ目の目的は、幕府のご政道の不備をただす。その大義のために、自分は犠牲になるのだと。同じように、戦前に書き下ろされた真山青果の『元禄忠臣蔵』でも、二代目市川左団次の大石が今わの際の幼な友達、井関徳兵衛に「内蔵助は、天下の御政道に反抗する気だ」と誓うのであった。

東宝映画では、内匠頭の辞世はそのまま、テーマソングになった。内匠頭の配役は東宝の若大将、加山雄三。死を覚悟して中庭の回廊に姿を見せると女性コーラスが「風さそう」とうたいはじめ、内匠頭が腹を切ろうとするまで続く。散る桜とともに、このテーマソングが内匠頭の死を暗示するのであった。作曲は巨匠、伊福部昭。邦楽ではなく洋楽のオーケストラを使うのは時代劇映画の常套で、伊福部は琴を入れた。華やかに奏でられた琴の音は、悲しい貴公子の最期を彩るのであった。赤穂の義士の誓詞血判のシーンでは、テーマソングから女性の声が消え、メロディだけになる。オープニングでは「風さそう」の合唱、エンディングではそれがハミングになった。テーマソングを自在に使いこなす、伊福部の音楽マジックでつかわれたのも、内匠頭の辞世の歌であった。

内匠頭の辞世は、東映では色紙、東宝では懐紙。読み上げるのは大石ではなく、脇坂淡路守になった。「風さそう」と読んだあとに、「若き身の滅ぶを惜しんだものか」あるいはまた「恨みの心を詠ったものか」と、内匠頭の心中を忖度するのであった。脇坂に扮したのは、東宝の「社長」シリーズで森繁久彌とコンビを組んでいた、小林桂樹。片岡御大の腹に収める「腹芸」の対極にある、現代劇の演出であった。

東映版の予告篇で「両巨頭の至芸の極致」とされたのは「戯れ彫り」の挿話であった。御天守の床柱《とこばしら》に刻まれた戯れ絵は、大きな石の上に乗る少年の姿である。不審におもった市川御大が「これは」と問うと、片岡御大が「亡君御幼少のころの戯れ彫り」と応える。「予は大石にまたがって、天下の名君になるのじゃ」といった、ときいて右太衛門は感銘を受ける。脚本は、千恵蔵の当たり役「多羅尾伴内」の生みの親、比佐芳武。監督の松田定次は、比佐が創作したこの挿話が気に入ったのであろう、赤穂城を立ち去る大石が振り返ると、御天守にこの戯れ絵が重ねられたのである。

東宝版を監督した稲垣浩は、「真説を無視せず、俗説をあなどらず、歌舞伎の幻想を生かし、又忠臣蔵物語をまったく知らぬ若い人たちにも理解なっとくの出来るものに仕上げたい」と抱負をのべた(『忠臣蔵・総合宣伝特集』)。最後の若い人云々とあるのは小説や映画的創作、解釈のことなのであろう。小説の例としては、大佛次郎の『赤穂浪士』の千坂兵部と堀田隼人の名が挙げられた。『赤穂浪士』も、内匠頭が腹を切らない『忠臣蔵』であった。

2

東映の『忠臣蔵』の公開から二年後、昭和三十六年の「文藝春秋」正月号に小林秀雄のエッセー「忠臣蔵Ⅰ」が出た。のちに『考えるヒント2』にまとめられる、連載の第一回である。内匠頭の辞世にふれた小林は、「花よりもなお我はまた」とある「拙劣な言い回しが、如何にもあわれ」だと指摘した。小林がいうのは、具体的なことではなく、言葉になりにくい心の動きであった。小林はそれを内匠頭の「心事《しんじ》」とよぶ。「花よりもなお我はまた」という表現は劣っていても、その心事に誰もが同情した。

「文藝春秋」三月号に掲載された「忠臣蔵Ⅱ」では、小林の考える対象は大石になった。内蔵助らの同情を「自信」と表現、その自信を裏付けたのは、復讐の情念だけではなかったのであろう、というのである。そこには、封建的な思想あるいは教養の支えがあった。例示されたのは、「武士が立たぬ」「一分《いちぶん》が立たぬ」など。小林は、封建的なその思想と教養を「実在の敵との戦いを止めて、自己の観念上の戦いを始めた」徳川期の武士道に求めたのである。その思考は、武士道から学問（儒学）、仁斎、徂徠とすすみ、やがて、小林晩年の大著『本居宣長』に結実することになるのである。

『本居宣長』は、雑誌「新潮」に連載された。昭和四十年から五十一年まで、十一年間におよぶ長い旅路のはじまりに、小林秀雄が選んだのは宣長の「奥墓《おくつき》（奥津紀）」の桜であった。「或る朝だという、ふと松坂に行きたくなり、山室の妙楽寺を訪れるのだが、その塚の上に山桜が植えられていた。宣長の墓は、菩提寺と妙楽寺と二つ。菩提寺は城に近く、山室は遠い。「遺言書」で宣長は、一年に一度でいいから、祥月命日には山室に墓参、家の床の間には自画像を掲げよ、とも指示した。還暦を迎えた宣長が揮毫したその自画像には、自賛も添えられていた。誰でもが知る、宣長の歌である。

しき島のやまとごころを人とはば朝日ににほふ山ざくら花

桜へのこだわりは、尋常ではなかった。亡くなる前の年、「遺言書」を書きおえた宣長は、『枕の山』を成稿。桜ばかりを三百首、詠んだ歌集である。秋の夜が長くなるにつれ、老いのならいであろう、目が覚めてしまった。そのような折に、花の歌を詠むと心がまぎれ、一首二首あるいは五首

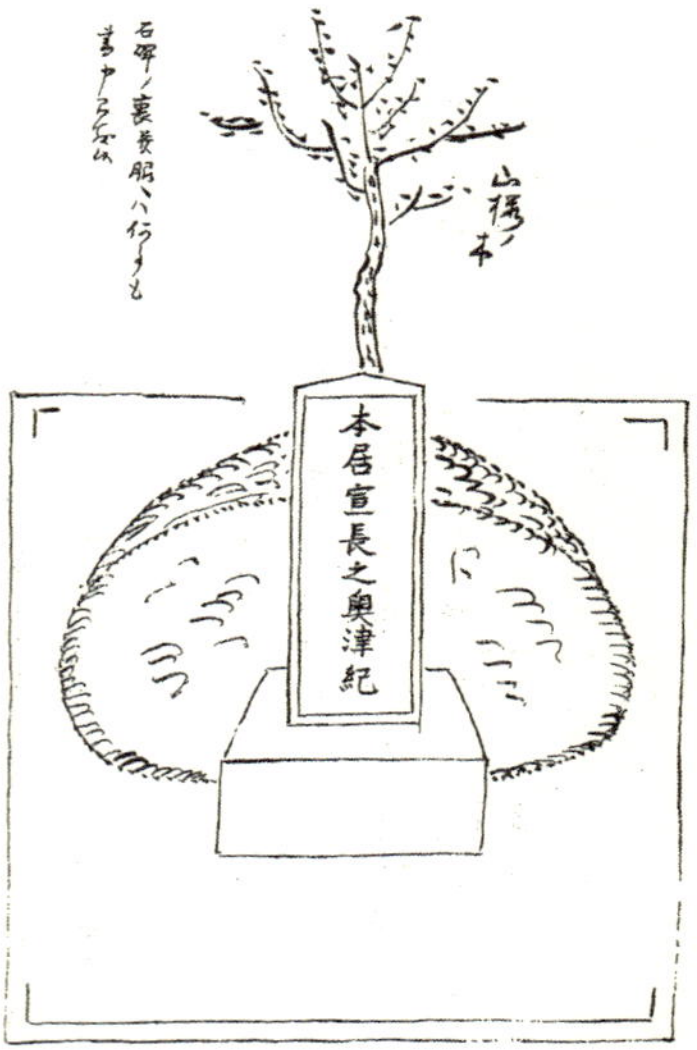

「本居宣長の奥津紀」の山桜（小林秀雄『本居宣長』より）

四首、と詠むうちに百首になり二百首になった。眠れぬままに、心の塵が積もってできたものなので、「まくらの山」と名付けた。宣長は、その心境を「あな物ぐるおし」と称したのである。

宣長の二首の辞世の内、ひとつは「山室にちとせの春の宿しめて風にしられぬ花をこそ見め」。花をこそ見めというのは、みずからが墓所にえらんだ山室の桜だったのであろう、「遺言書」には「山桜ノ木」が墓石のうしろに図示されていた。その花を見よう、というのである。宣長は自分の「後諡（ノチノナ）」も用意した。「秋津彦美豆桜根大人《あきづひこみづさくらねのうし》」の「美豆」は瑞々しいこと。「桜根」は、桜とひとつになろう、という宣長の遺志であった。

宣長は、吉野の水分《みくまり》神社の申し子であった。父親の誓いの通り、十三歳になったその年の七月にお礼参りをした。それから三十年、明和九（一七七二）年に二度目の参詣をすることになるのだが、それは吉野の花を見る旅でもあった。三月五日の早朝に、親しい門弟ら五人とともに松坂を発ち、大和の旧跡を訪ね歩き十四日に帰る、九泊十日の小旅行のうち、吉野にだけは二泊した。二日目には、山深く分け入って山ざくらを見て歩いたのである。晴れ渡ったというそのときの印象は、朝日に匂う山ざくら花の歌に投影されたのであろう。

花ならば吉野の山ざくら、人ならば武士、という「花は三吉野《みよしの》、人は武士」は、江戸に入って生まれた諺である。近松の浄るり『蝉丸』では、たとえ死んでも魂のこり、敵を討つと誓う忠臣、千手太郎忠光を誉めたたえる言葉として用いられた。赤穂事件が勃発した、元禄年間のことである。『ひらかな盛衰記』「逆櫓」の樋口は、義経に滅ぼされた木曽義仲の遺臣である。敵に一矢を報いるため、身をやつして入り婿、船頭松右衛門となった。運命のいたずらで、義理の倅が亡君の若君の身代わりとなり、その敵を討ってくれと迫る舅に、我が本名を名乗る。そのときに「花は三芳野《みよしの》、人は武士」の成句は使われた。若君を討てば主殺《しゅうごろ》しになる。吉野の花に譬えられたもののふとして、主殺しの悪名が末世に遺ることは恥である。どうぞ、わたくしの武士道を立てさせてくれ、と懇願するのであった。『蝉丸』から五十年、武士道に「恥」の観念が加わっていた。捕らえられた樋口は、運尽きて腹切るのは勇士のならいだと言いながらも、重忠の情けに抗することはできずに縛につくのである。「武士の情け」も「武士の恥」とともに、小林秀雄が大石らの自信を支えたとした、封建的な思想、教養のひとつの表れなのである。

「逆櫓」の樋口から九年後に『忠臣蔵』は生まれた。「花は三吉野（三芳野）」は「花は桜木」になり、吉野の花は桜一般に広がる。「人は武士」でも、称揚されたのは侍ではなく、町人であった。「天川屋の義兵衛は男でござるぞ」と豪語する、その性根が武士にも勝るものだと讃えられたのである。宣長のいう「しき島のやまとごころ」とは、そのように広がり一般化した武士道のことを指したのであろう。宣長はそれを、朝日に匂う山ざくらの花のようだと詠ったのである。

小林秀雄のエッセー「西行」が「文学界」に掲載されたのは、昭和十七年の暮れである。小林がその末尾に引用した歌は、桜。それも吉野の桜である。辞世ではないが辞世のように思われてきた歌であった。

願はくは花の下にて春死なんそのきさらぎの望月《もちづき》のころ

西行は、自選歌集『御裳濯河歌合《みもすそがわうたあわせ》』にこの歌を採録。三年後、歌の通り二月十六日に入滅した。そのことが、この歌をより一層、印象的なものとした。西行のいう「望月」は、十五夜の満月。二月の十五日に入滅し、涅槃の境地に入った釈迦のように、自分も満月のもとで死にたいと願った。その歌のあとに小林は、「彼は、間もなく、その願いを安らかに遂げた」と締めくくった。

吉野山は、都びとがたやすく入ることを許さぬ、秘境である。西行は、春ごとに花をもとめ、険峻なその山深くに歩を進めた。しばしば草庵を結んだが、それは長く住むためではなかった。越冬して雪を見ることはあっても、その雪は山ざくらの枝に散る雪であった。歌会をひらいた形跡もない。ただひとり、としどしの花に惹かれてさまようのである。そのような西行の心を目崎徳衛《めざきとくえ》は、「数寄心《すきごころ》」と評したのである（人物叢書『西行』）。

『御裳濯河歌合』は、西行ひとりの「歌合」の形式をとる。編みあがるとすぐに藤原俊成におくり、判をこうた。俊成は、「願はくは」と置き「春死なん」と詠むのは、歌の姿が端正ではない、と判じた。ただし、一首全体としては上の句と下の句が相応してすばらしい、とまとめた。小林秀雄が注目をしたのも、この俊成との相違であった。まず俎上にあげたのは有名な「心なき身にもあはれは知られけり鴫立沢の秋の夕ぐれ」。歌の姿を追い求めた俊成に「鴫立沢……」が鮮やかに映ったのは当然である、としたうえで、小林は問う。では、どういう人間のどういう発想から、こういう歌が生まれたのか、そこに注意をすれば、自ずから鼓動している心臓の在りかは、上三句にあり、そこに作者の心の疼《うず》きが隠れている。小林は、その疼きを孤独とし、「孤独は、西行の言わば生得の宝」である、という結論に至るのである。

涅槃図の釈迦のまわりには、大勢の仏菩薩や仏弟子、動物たちまでが描かれていた。西行は、そのような最期を望まなかったのであろう、たったひとりで死にたいと願った。見守るのは、月の光と散る花。桜樹に身を任せ、散る花のように消える。小林秀雄が「間もなく、その願いを安らかに遂げた」としたのは、そのような姿を指すのであろう。ときに西行、七十三歳。四季になぞらえるならそれは、冬のおわりであった。

浅野内匠頭も、散る花びらの下で春に死ぬ、しかも満月の夜に。しかしそれは、西行のように願ったものではなかった。内匠頭、三十五歳。春の盛りは過ぎようとしている、その名残をどのように受けとめればいいのか、迷うのである。西行の春は如月、花の蕾はまだ固かった。沙羅双樹の花のように散る花は、西行の観想だったのであろう。内匠頭の春は、弥生の花ざかり。散る花は、夢などではなく、現実であった。

3

そもそも、内匠頭の辞世なるものは、ほんとうにあったのか、歴史家のおおくは贋物だと断じる。

たぶん、その通りなのであろう。だからといって、その歌に同情し、心を動かされた多くの人々がいたことも事実である。内匠頭に成り代わり、辞世を詠もうとした男、その辞世を自分の歌のように語りつぐ、もうひとりの男がいた。そこに光をあてよう。

辞世を記録したのは、幕臣の多門《おかど》伝八郎、四十三歳である。「刃傷」の当日、当番の御目付《おめつけ》として内匠頭の尋問をおこない、さらに検死の副使として「切腹」に立ち会った。『多門伝八郎覚書』（日本思想大系『近世武家思想』所収）は、その備忘録である。辞世は、切腹の申し渡しが済んだそのあと。内匠頭は、二つのことを願いでた。ひとつは、介錯の刀に自分の指料《さしりょう》を使ってほしい。二つ目は、硯箱と紙を乞いうけ、指料の刀が届く間に、ゆるゆると墨を磨り、筆をとって「風さそう」としたためた。切腹のあと、その辞世は御徒目付《おかちめつけ》の手から田村家に渡された、という。多門伝八郎の覚書だけをみると、さもありそうなことなのだが、内匠頭を預けられた田村家側の詳細な記録にも辞世のことは、いっさいない。肝心の浅野家にも、辞世は伝えられていないのである。信憑性に欠くので、なかには「うそ」だ、伝八郎の創作だ、という日本史の研究者までがあらわれ、それが大勢をしめるに至っている。

多門伝八郎は、検死の役目が済むと、すぐに退出した。そのあとのことが、田村家の『浅野内匠頭御預一件』（「赤穂義人纂書」二）に記録された。遺体の処理である。引きとりにきた浅野の家臣には、死骸とともに「小サ刀、大紋、鼻紙袋、烏帽子」の遺品。さらに遺言が伝えられた。そのときのことである。内匠頭は、「家来方へ手紙」を遣わしたい、と希望したが許されなかった。それゆえ、口頭での遺言になった、という。その遺言は短いもので、前もって伝えておきたかったが不慮の出来事だったので、できなかった。さぞかし、不審に思うであろう、とただそれだけの遺言であった。

このはなしは、『元禄世間咄風聞集』（岩波文庫）という、当時の随筆にもみられた。ある太守（殿様）のための夜咄としてあつめられた逸話集である。内匠頭が「料紙」を所望し、「大法」ゆえ差し上げられない、というところまでは同じだが、遺言が違った。家来は二人で、一人目の遺言は田村家の「御預一件」をさらに要約したものだが、二人目になると「於殿中首尾能候間、左様に相心得可申」と要領を得ない。筆者自身がその内容についてうろ覚えのようで、「だいたい右の趣」というのだから致し方ないのであろう。その一方で、詳細に語られたのは、遺品であった。太刀箱に入れ田村家に届けられた内匠頭の小さ刀を見ると、身幅は一尺六、七寸で「なるほど身細なるもの」だ、と感心。刀の先二三寸がさび付いているのも見逃さず、吉良を切ったときのものであろう、それゆえ「のり（血）」も切っ先に付いている、と推量する。お大名の夜話なので、興の向くままに、はなしが膨らむさまが手に取るようにわかるのである。

多門伝八郎の「覚書」で多くの紙幅が割かれたのは、庭前の切腹に対する異議申し立てであった。伝八郎がこだわったのは「武士道の御仕置」である。内匠頭は、かりそめにも五万石の城主、朝廷より五位の諸太夫の官位を賜っている、その官位を取り上げた、ただの又市郎の御仕置とは違うのだ、と息巻いた。正使である庄田下総守にも二度も噛みつき、二度目には双方けしきばって、殿中にて刃傷にも及ぶところであった、とある。同様の理屈で、内匠頭即日の切腹は「余り手軽の御仕置」、上野介を称美する取り扱いは「余り片落《かたおち》の御仕置」だと、異議を申し立てた。たとえ小身《しょうしん》の役でも、御目付を仰せつかった以上、御上の手抜きを申し上げねば不忠になる、という信念により「明日は退役」と覚悟を極めた行動であった。この男が江戸城を退出したのは夜四つ時（午後十時）ころ、月は昼の如くであった、と記している。

もうひとつ、「覚書」でのちに、はなしが膨らむのは、片岡源五右衛門との主従の暇乞《いとまご》いである。源五右衛門は、そのあと遺体の請けとりにくるのだから、それは無理だ。これも「覚書」のつくりばなし、伝八郎の「うそ」だ、ということになる。田村家の記録によると、切腹の申し渡しがおこなわれたのは「出会の間」。そのあと、庭前に移動するのだが、そのときに田村家の侍は遠ざけられた。切腹の場所には、幕府の役人しかいなかったのである。暇乞いのはなしも、辞世とともに、たったひとりになった内匠頭の心情をおもんばかった、その結果、生まれたものだったのであろう。

浅野家には『浅野長矩伝（原題『冷光君御伝記』）』（中央義士会編「赤穂義士史料」中巻）が伝わる。長矩は内匠頭の名乗り、冷光はその戒名、内匠頭の伝記である。辞世、遺言はなく、代わりに切腹の詳細が記された。腹切り刀は三方に載せ、出された。脇差の先二寸ばかりを出し、奉書紙で捲き水引で結ぶ。内匠頭はそれを戴くと、肩衣《かたぎぬ》をとり、押し肌脱ぎ、脇差を左のあばら骨へ押し立て、右の方へ引き回したところで、御介錯、頼み申す、と声をかけたという。内匠頭の婦人阿久里《あぐり》（瑶泉院）付きの家老、落合与左衛門自記の『家秘抄《いえひしょう》』（別名『江赤見聞記』）よりの引用である。伝記には本文に続き、小書きがある。死骸の請け取りの、家来たちの言である。介錯のしそこないであろう、耳の脇に疵があった、それでもご主君は動じることはなかった、と。さらに、介錯が切った首をとりあげて、検死に向かい「あげ首」にしたことに触れて、大目付の指図には似合わない、という風聞が立ったことも記されている。家老の落合は、この証言を小書きで自記した。多門伝八郎の「覚書」では、ただ「切腹相済、見届け候」とあるのみ。『仮名手本忠臣蔵』の作者たちは、浅野家の記録に寄り添ったのである。

内匠頭の辞世を語り伝えた、もうひとりの男がいた。京都の浪人の息子、宍戸与一。廓通いの末に勘当され、浮世草子を著作して糊口をしのいだ。その筆名は、都の錦。赤穂義士の討ち入りのあと江戸に下って取材中、無宿の浪人として検挙され、流刑囚となって薩摩の金山に流された。いちどは脱走したものの捕縛、ふたたび牢舎。恩赦であろうか、赦免されたのち諸国を経巡り歩き、その生涯をおえた。「今西行」の異名をもつ漂泊の俳人、行脚山人三千風《みちかぜ》に憧れ、みずからも行脚道人二千風と称した。俳諧研究の岡本勝は、三千風の遺稿集『三千風形見草』に描かれた三千風は、ほんものではなく贋物、二千風こと都の錦であろうと推定した（「『三千風形見草』をめぐって」）。破れ衣をいといもせず、携えているのは自作の「赤穂記」一巻、小硯一つ、小刀一本、鬢櫛一枚、煙筒一本腰に差し、紙一折、煙草入れを懐中し、急ぐも笑止、うかうかと駆け回る。生まれたときは裸だと思えば他に何が必要だ、と意気軒高な男である。

自作の「赤穂記」とは、実録の写本である。江戸で捕縛される前、深川で執筆された『武道不断枕』をはじめ『播磨椙原』『内侍所』など、複数が伝わる。これら写本をタネ本に、求めに応じては語り、あるいは譲り渡したのであろう、自筆と考証される写本も複数伝わるのである。興味深いことは、写本によって文体が異なることである。漢文の訓読体もあれば、講釈調もある。相手に応じて、タネ本を使い分けていた、と想像されるのである。

薩摩で入牢中、流人鉄舟と名乗り「牢訴状」をだした。「赤米一合も無汁」なので飢え疲れ、いっそのこと首をはねてくだされ、という嘆願書であった。自分は佐用姫大明神の神主だと称し、父は家康公より諱《いみな》を賜り、母は大納言の息女、祖先をたどると右大将頼朝公同腹の兄左衛門尉知家の二十一代の末裔である、と大ぼらを吹いているのだから、ほんとうに出された訴状ではなかったのであろう。ただ、牢役人たちに望まれて、日置流の弓術や笠掛犬追物の故実を講じたというのは、あながちウソでもなかったようだ。「赤穂伝」や兵学だけではなく、『源氏物語』や『徒然草』まで講じたと伝えられているのである。

内匠頭の辞世は、『介石記』などの実録、写本などに記載はない。江戸に下った都の錦は、当地で多門伝八郎の「覚書」の情報を入手したのであろう。それに、手を加えている。『不断枕』では「さらでだに暮れ行く春の散りがてなる花の色……年頃和歌の浦波に思いを寄せて、筑葉山に心をはこび、優《ゆう》にやさしき意もありけらば、辞世に」と、ずいぶん長い詞書が付けられた。歌の引用も少し違い、初句は「風さそう」ではなく「風にうき」、二句以下も「花よりも又、我は猶」と「なお」と「また」が入れ替わった。切腹のあとにも、全体を総括して「嗚呼、留《と》どめ得ぬ無常の殺鬼……行年讒《ざん》三十二、甲斐なき名のみ曙の春の夢とぞ消えにける、はかなかりし最後なり」と詠いあげた。『播磨椙原』『内侍所』では、初句が「風さそう」になおる他、諸書により相違もある。印象的なのは『内侍所』に添えられた「武蔵野の夜の月は晴れずして、虚名の雲に入る、されば貴賤涙を滴《ひた》し、これを慕う、遠近声を呑まるごと死を悲しむ。嗚呼、この日いかなる日ぞ、元禄十四年三月十四日」であろう。

もうひとつ特徴的なのは、短刀は用いず「扇腹《おうぎばら》」になったことである。『不断枕』には、「長矩肌を解《と》き、扇に手を掛ける否や、首は前に落ちぬ」、さらに「だいたい切腹人に刀を出さず、作法なり」と注記がつく。とくいの兵法による弁舌があったのであろうか。いずれにせよ、あばら骨を掻き切ったとする浅野家の記録とは、方向を異にする記述であった。

薩摩に伝わる、流人鉄舟の伝説があった。小屋の障子に和歌を書き残し逃亡、その後、四十七士の寺阪（寺坂）吉右衛門信行の名を借り、寺子屋の師匠となり、この地に没した。出水町には、その墓がある、という。九州には、このような伝承を生み、はぐくむ風土があったのであろうか、維新の後、博多からひとりの男が出て、全国に義士伝を広めることになるのである。

月の巻

1

「雪」の話からはじめよう。家庭用のテレビが普及し始めたとき、東京のわが家の野球中継はジャイアンツであった。魔術師三原脩ひきいるライオンズファンの少年は、ひとりはなれてラジオを聴いた。わざと大きな空振りをして、そのあとホームランを打つ中西太が大好きだった。もちろん稲尾和久は稲尾様、神様ほとけ様であった。秋になりオフシーズンになっても、そのまま畳の上で寝転がってラジオを聴く習慣は続く。しばらくすると、聴こえてくるのが講談の「赤穂義士伝（忠臣蔵）」である。「一うち二うち三ながれ」と打つ、大石内蔵助の山鹿流の陣太鼓。どん、どんどん、どんどんどんどん、と語られる名調子。その声が降りしきる雪の音に聴こえたのである。のちに、歌舞伎を見るようになって大太鼓の「雪音」を聴いても、少しの違和感もなく受け入れることができたのは、そのためであろう。『忠臣蔵』の雪の体験は、視覚ではなく聴覚ではじまったのである。

そのころ、『忠臣蔵』は十二月の風物詩であったが、意外にも人形浄るりでの初演は旧暦の八月、秋の盛りである。歌舞伎でも、五月、七月、九月に出るのが普通だったのである。考えてみれば当然で、旧暦の十一月は顔見世、初春は江戸では「曽我狂言」、京坂では「けいせい狂言」と決まっていた。臨時の興行を除けば、『忠臣蔵』に出る幕はなかったのである。江戸幕府の瓦解に向かって、弛んだ芝居の年中行事の間隙を縫うように十二月に『忠臣蔵』が出るようになるのだが、その傾向に拍車をかけたのが講談、浪曲であった。それが映画にも波及、テレビドラマに受け継がれた。『忠臣蔵』は、ついこの間まで冬の風物詩として日本人に親しまれてきたのである。その象徴が降りしきる雪になるのだが、この雪もほんらいの『忠臣蔵』には見られなかった。山鹿流の陣太鼓とともに、のちに『忠臣蔵』に加えられた演出だったのである。

『忠臣蔵』は、誰でもが知っている人気狂言なので、その都度、台本をつくることもなかったし、せりふの「書抜き」も渡されなかった。役者である以上、『忠臣蔵』のせりふぐらいは諳んじていなければならなかったのである。国立劇場で復活上演された鶴屋南北の『盟三五大切《かみかけてさんごたいせつ》』は、『忠臣蔵』の外伝である。再演に際し、補綴演出の郡司正勝先生より、「大切」に「討入」を増補したいのですが、明治以降の活歴調は避けたい、なにか江戸の旧い台本はありませんかという問い合わせがあったとき、手元のノートでは二種類の台本しか確認できなかった。二つとも本式の「仮名手本」ではなく、『松浦の太鼓』など増補版の「討入」だが、このような作品でないと「討入」は読むことができなかったのである。そもそも、江戸の歌舞伎では、はじめから「討入」をだすことは稀であった。評判が良くて、ひと月ほど大入りが続くと、その御礼として追加されるのが普通であったから、上演頻度のわりに「討入」は少なかった。江戸では、大坂や京とは異なる、このような慣習があったことも、『忠臣蔵』を考えるうえで押さえておかなければならないポイントなのである。

江戸の「討入」の特色は、大勢の義士たちがずらりと並ぶ、その人数にあった。明和二（一七六五）年五月の中村座は、比較的に早いその例である。「討入」のために売り出された「辻番付」（ポスター）に描かれた、義士の数は都合十七人。門の外に七人、屋根の上に二人、館の内に八人、そのうち四人は師直を取り囲んでいる。人数がすぐわかるのは、義士は皆、黒地に白いギザギザの「雁木《がんぎ》」模様の衣裳を身に着けているからである。文化三（一八〇六）年五月の市村座になると、その数は二十九名になった。「大道具大仕掛け」で客席の土間の上に「両国橋」をせり上げると、その上を義士たちが揃いの衣裳で通りぬけて行くのである。天保十二（一八四二）年五月市村座の『花菖《はなあやめ》いろは連歌』は「忠臣蔵四十七段返し」と謳った増補版である。台本を読むと、花道から西組（表門）の義士十七人、仮花道からは東組（裏門）の十七人。都合三十四人が本舞台で落ち合って、それぞれの姓名を名乗った。京坂にくらべて役者の人数が格段に多い、江戸ならではの見せ場であった。さらに明治になると勢揃いは四十七士、「討入」のあとの「引揚」では平右衛門が欠けて四十六士、全員がそろうようになる。それが洗練されて、今日の舞台になるのである。

義士たちの「勢揃い」あるいは「引揚」をカーニヴァルの行列に見立てたのは、丸谷才一であった。そのきっかけになったのは、昭和二年に菊池寛の『文藝春秋』の座談会に招かれた歴史家、徳富蘇峰のひと言であった。四十七士の仇討ちの扮装について、ホスト側の芥川龍之介が「あれは元禄でなければ無い華美な服装なものですね」と切り出すと、蘇峰は「彼等はなか〳〵遊戯気分でやっているんです」と応えた。昭和五十九(一九八四)年の丸谷のベストセラー『忠臣蔵とは何か』は、蘇峰の「遊戯気分」ということばからはじまったのである。

徳富蘇峰が「近世日本国民史」の『赤穂義士』(元禄時代義士篇)の執筆に取り組んだのは大正十二年、大震災の前後であった。単行本として出版されたのは二年後、さらにその二年後の春に『文藝春秋』の座談会に招かれた。一杯やりながらの気楽な放談だったのであろう、というのは丸谷の推測。野暮な席では、遊戯気分云々なんて切れ味のいい意見は出なかっただろう、というのである。芥川の念頭にあったのは史実なのか芝居か、蘇峰はどうなのか、あれこれと考えるうちに、「彼らはむしろ、史実と芝居を打って一丸とした歴史そのものについて語った」となり、「服装を軸にして討ち入りをとらえればどうなるか(中略)ひょっとすると揃いの火事装束は、忠臣蔵の本質に迫るための有効な手がかりかもしれないのである」という考えに至るのである。そこからはじまる、冬の王(師直)を春の王が討つという丸谷の「カーニヴァル論」には抵抗もあるが、それでも、火事装束を遊戯気分なのだとする、その視点には惹きつけられるのであった。

蘇峰が描いた義士たちの装束は、『寺坂信行筆記』による。大石らの供をした、中間の寺坂吉右衛門の記録である。それを読むと、丸谷が「てんでんばらばらでありながら華美でしかも機能性に富む」としたことも、納得がいく。たとえば、頭巾の外廻りは銘々の「物好み」。肌着は、浅黄無垢あるいは白無垢の綿子。着籠《きごみ》（肌着）の上も銘々の「思わく次第」で襦子、襦珍、さらし緞子などで包んだ。下帯（ふんどし）は、多くは緋縮緬か緋紗綾だが、老人は白紗綾。足袋や草鞋も、面々の「存じ付き次第」、と「てんでんばらばら」。ひとつだけ統一されていたのは上着、裏地は自由だが、表地は「いずれも黒小袖定紋付き」、両袖口には白い「さらし」を縫い付ける、これが味方の「相印」になるのだ、という。これは、夜討ちの暗闇で同士討ちを避けるための工夫であった。芝居では、それをギザギザの「雁木」にして強調、成功して忠臣蔵のトレードマークになったのである。

『江赤見聞記』に収められた義士たちの別な記録でも、世間では揃いの装束であったかのように言われるが、それは虚説で、それぞれに「思い〳〵の支度」をしたとしながらも、全体的には何となく火消しの役人に見えるように、という指示はあったという。夜道で人に見とがめられたら、火消しの役人だ、と応えることになっていた、とも記された。「てんでんばらばら」でも、何となく火消しに見えるように、黒の小袖の袖口に目印の白い切れを付ける、という統一はとられていたのである。

文藝春秋から池波正太郎の『おれの足音―大石内蔵助―』が出されたのは、昭和四十六（一九七一）年。丸谷の『忠臣蔵とは何か』の十三年前である。その年の暮れ、池波は『歴史と人物』十二月号に「元禄義挙について」を寄稿、そのなかで内匠頭の祖父で、同じく内匠頭を名乗った長直にふれ、「浅野の火消し、消防隊ですね。これは当時、日本一だった」と語った。「資料にもちゃんと残っています」とした、その資料というのは加賀藩主前田綱紀の言行を記録した『松雲公御夜話』のことだったのであろう、それを丸谷才一が紹介している。大名火消しとして名を馳せた、祖父の内匠頭長直の武勇伝であった。改めて原本から、その内容を紹介することにしよう。

「先年、申の年か、二月朔日やらん」とあるのは、寛文八（一六六八）年戊申のことなのであろう。『武江年表』には、この日、昼の「未の上刻」と「夜五つ」と二つの火事が記録された。内匠頭が出動したのは、赤坂の夜の火事のほうで、浅野本家の中屋敷も類焼した。その消火方法は、火が付いた長屋の屋根に登り、梁《うつばり》を切るとその長屋を引き崩し、延焼をふせぐ、というものであった。水をかけて火を消す消火方法は、江戸時代にはまだなかったのである。勢いがついたのであろう、町屋に繰り出すと今度は内匠頭自身が屋根にのり、建物を踏み潰した、というのである。徳富蘇峰のいう、まさに「遊戯気分」なのである。

この武勇伝には、導入部がある。厳有院（四代将軍家綱）の御代までは、幕府直轄の「定火消し」の制度はなかった。そのころの話である。火消しを仰せつけられた大名たちは、隊列をくんで静かに行進したという。幕閣の老中方から、なぜお急ぎになりませぬ、と問われたところ、急ぐと疲れて、火元についても充分な働きができかねる、と応えたという。そうこうするうちに、大火が続いた。火が燃え盛ってからでは消しにくくなるので、急いでくだされということになり、われ先にと争って急ぐ「一騎駆け」になった。武勇伝は、そのころの話なのである。火消しでたびたび名を挙げた内匠頭は、家臣らの「ならしの詮議（訓練）」に怠りなく、長刀を抜き身で持って、臆するものがあれば手討ちにせん勢いであった、と結んである。ここらあたりが、大名の夜話の面白いところなのである。

『おれの足音』の「火消しの殿」の章で、池波正太郎は「前田綱紀の夜話」を引用するのだが、その際、内匠頭を祖父の長直から孫の長矩にすり替えた。「大名火消し」や「奉書火消し」で名を挙げた内匠頭は、消防訓練に怠りなく、参勤交代で戻った本国でも一年間に四度も繰り返すのである。ときは、元禄四（一六九一）年、内匠頭二十五歳、それを見守る大石は三十四歳。祖父の内匠頭が名を挙げた赤坂の火消しから数えると、二十三年も経過している。承知の上の脚色なのであろう。「遊戯気分」はそのまま、小説家の領分でもあった。

2

「大星伝」と書いて「タイセイデン」と読む。山鹿流の兵法の秘伝である。『忠臣蔵』の大星という役名は「山鹿流兵学秘伝たる大星伝に因んでのことであろう」としたのは、延広真治。「民族芸能を守る会」の機関紙『民族芸能』に連載された「講談速記本ノート」69「大石山鹿送り」は、この指摘で締めくくられた（昭和六十三年十月九日発行『民族芸能』第二七〇号）。史実の「山鹿送り」（赤穂配流）は、寛文六（一六六六）年。大石は、わずか八歳の少年であった。江戸から赤穂までの護送を指揮することなどできようはずもなく、講釈の真っ赤なウソである。このとき、山鹿素行を迎え入れたのは、大石の祖父良欽であった。この祖父も内蔵助を名乗った筆頭家老であった。このことをうまく利用して、講釈では「山鹿先生も内蔵助の人物には感嘆をする位、終に山鹿流の奥義を授けられ、大星大機《たいせいたいき》の伝まで会得いたしました」(『講談全集』)ということになったのである。

播州赤穂の浅野家と山鹿素行のつながりは、少なくとも慶安三(一六五〇)年までさかのぼる。この年、長矩の祖父、内匠頭長直が素行に入門を許された。翌年、長直は素行を赤穂藩に招き、さらにその翌年、素行は赤穂の地を訪れ、築城の指導にあたった。そのとき、実施の指揮をとったのは祖父の内蔵助良欽である。このような縁もあって、山鹿の流謫の地として赤穂が選ばれた。素行が赤穂に着くと、その日のうちに良欽は旅宿を訪れていた。「日本兵法全集」五『山鹿流兵法』に所載の「山鹿兵法系譜」の五「赤穂浅野伝系譜」には、藩主長直、その子長友、孫長矩、弟長広(大学)らとともに大石良欽の名も見える。祖父の内蔵助も、山鹿の直門だったのである。

孫の内蔵助良雄はというと、山鹿の伝系には見えず、「甲州流兵法系譜」(「日本兵法全集」一『甲州流兵法』所収)にその名を連ねた。すなわち、甲州流の流祖、小幡景憲の直門で「小幡門四哲」とされた四人の最高弟のひとり「西国兵学第一」と称された浅野の家臣、近藤三郎左衛門正純の系譜で、良雄はその孫弟子にあたる。三郎左衛門は、良欽のもとで赤穂城の築城にあたった軍師でもあった。指導をした山鹿素行も、かつて小幡景憲から甲州流の印可を授けられた、同門の兄弟子だったのである。

山鹿流の「大星伝」は、「北辰北斗伝」とともに「二星相伝」とされた秘伝である。したがって、山鹿流の教科書である『武教全書』などには載らない、口伝であった。「大星」とは、日輪(太陽)のことで、天照大神の信仰に根ざす、昼の伝である。一方、「北辰北斗」は北斗七星の夜の伝である。「大機」は、普通「大気」と書く。秘伝にいう「察気」など気を察することを指すのであろう。山鹿流の「兵法奥義」では、気は朝は鋭く、昼は惰《おこた》り、日が暮れてふたたび鋭くなる、それゆえに敵の気の鋭いときは避け、惰るときに討て、と説くのである。大石らは、その伝のごとくに夜も深まってから、朝方近くに討ち入りを決行した。

日本思想史の前田勉は、日本の「兵法」を大将の「兵法」と士卒の「兵法」に分けた（『近世日本の儒学と兵学』）。士卒の兵法は個人技で、剣術、槍術、柔術など武芸。大将のそれには荻生徂徠の『鈐録《けんろく》』を引用、「卒伍の模様より兵器を組合せ、人数の手配、備《そなえ》を立て、合戦の仕様、備の餝、号令の作法、行軍、陣営より兵糧の手遣、武器の仕形に至」とした。討ち入りののち、大石はこの大将の兵法で評価を高めたのである。

三か所に分かれて装備をととのえた四十七士は、両国矢の倉の堀部宅に集結、隊伍を組んで両国橋を渡り、本所松坂町の吉良邸を目指す。部隊は、表門の追手（東組）二十四名と裏門の搦め手（西組）二十三名の二手に分かれた。「先手」は三人ひと組で館に切り込み、後陣の「備え」は門を固め、近隣の対応にあたった。用意された兵器は、槍、長刀、弓など、槍は柄を切った手槍、弓も半数は半弓、室内戦のための工夫であった。ほかに道具は、金槌、鎹《かすがい》、大のこぎり、かな梃子など、壁を壊したり、敵の逃げ道を塞ぐための大工道具である。なかでも際立っていたのは、二つ。先端に「捕り鉤《かぎ》」を付けた、長い「捕り縄」。これを塀の内側に投げて、よじ登るのである。もうひとつは、「掛け矢」（大きな木槌）。これで門や塀を打ち破るのである。どちらも、火消しの技術の応用であった。

「大星」という役名は、このような兵法家としての大石に因んで付けられたものだったのであろう。命名をしたのは、近松門左衛門であった。「大星」の姓とともに「由良之助」という名乗りも、近松の工夫であった。石のように固いだけの内蔵助ではなく、ゆらゆらと遊び呆《ほう》ける由良之助、その本性に大星を据えた。『碁盤太平記』で近松が試みた、大星由良之助。忘れられていたこの名は、「仮名手本」により復活され、もっとも輝かしい男の名のひとつになったのである。

近松は、「忠臣蔵（赤穂一件）」を二度、脚色していた。討ち入りの翌年に書き下ろされた、歌舞伎狂言の『けいせい三《みつ》の車《くるま》』。二度目は人形芝居の『碁盤太平記』で、討ち入りから八年目であった。二度とも、「忠臣蔵」の上演ブームでの競作となったのだが、確実な資料に乏しく、上演年代の考証等が難しく、混乱しているというのが実情である。それらを整理しつつ、近松ら初期の忠臣蔵（赤穂一件）物の諸作を整理しておく。

はじめのブームは、討ち入りの翌年、元禄十六年であった。江戸山村座の歌舞伎『傾城阿佐間《あさま》曽我』では、十二月十四日の討ち入りの模様を正月狂言の最後に取り込み、三日で上演停止になった、という。その知らせは、京都の近松にも届き、急遽、早雲座の二の替り狂言『けいせい三の車』（「近松全集」16）の結末に「討入」が仕組まれた。近松の脚色で大石に相当するのは、姫丸縫之介という架空の大名である。近松は、この大名に浅野内匠頭の役割も任せ、全体を御家騒動物の現代劇に仕立てたのである。御家を横領したのは叔父、みたけ兵庫。縫之介は、その叔父に殺された傾城野風の敵を討つのである。夜討ちをかけたのは、縫之介だけではない。「絵入狂言本」には、都合六人の名が連ねられた。筆頭は縫之介、続いて、縫之介の許嫁の姫君の傅《めのと》かめい團右衛門。草履取り元八、野風の親長三郎。縫之介を敵と狙う竹ぶさ六十郎、熊谷龍左衛門も義によって、加勢に加わった。六人は「皆、白装束に鉢巻、手槍を持ち（中略）敵の門へ、外より梯子を掛け、縫之介上り、内へ飛び下り、門を開けば……」となり、敵兵庫の首を野風の位牌に手向け、「兵庫が首を引き下げ、行列正しく、しんづ〱と立ち帰る」。絵入狂言本は「あっぱれ武士の鑑はこれならん」と語り収めるのである。近松の脳裏には、のちに大星に譬えられることになる、兵法家の面影がすでに胚胎していたのである。

江戸の『傾城阿佐間曽我』（新日本古典文学大系「江戸歌舞伎集」所収）は「五番続」で、現代劇ではなく源頼朝の時世になぞらえた、歴史物であった。「忠臣蔵」の「討入」は曽我兄弟の「夜討ち」に仕立てられ、敵を討つのは十郎五郎の兄弟、討ち取られるのは工藤祐経になった。売り出された絵入狂言本を見ると、「かくて集まる与力のものども（中略）思ひ〱の物の具して、介経が閨に忍び入り、終に敵を討って、名を一天にあげたりしを、誉めぬものこそなかりけり」と、ごく簡単

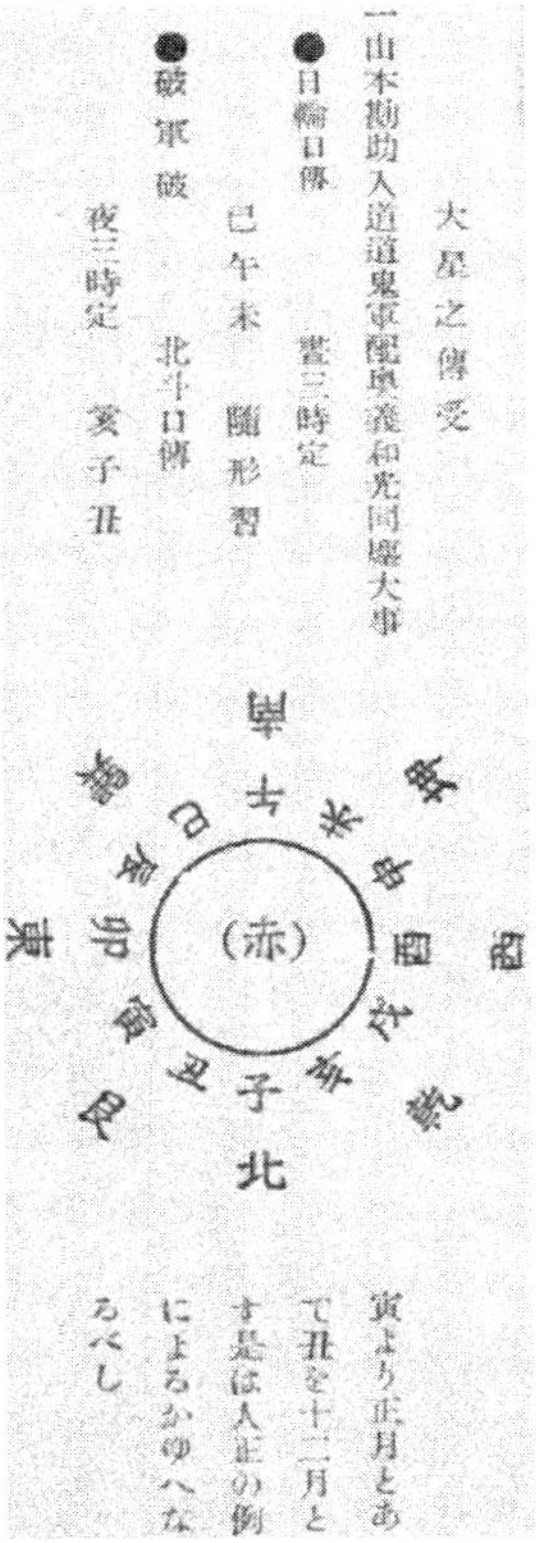

「山鹿流大星伝」の図（国立国会図書館蔵「軍事史研究」1-3より）

なのは、上演停止の影響であろうか。「与力」とあるのは加勢のことで、挿絵には四人の女武者も含めて九名、兄弟二人を加え十一名、揃いの鎧姿で描かれた。注目すべきは館の塀で、そこに梯子を掛けて、女武者たちが上っているのである。そこらあたりが抵触して、上演が停止になったのであろう。よく知られているように、『徳川実記』の二月の項に「前々も令せられしごとく、当世異事ある時、謡曲、小歌につくり、はた梓にのぼせ売ひさぐ事、いよいよ停禁すべし」という禁令が記録されているが、具体例として示されたのは「堺町、木挽町戯場にても、近き異事を擬する事、なすべからずとなり」であった。

近松の上演に至る過程で、江戸座の俳諧師其角との間で交わされた、往復書簡がある。其角からの書簡は、天明五（一七八五）年刊行の『古今いろは評林』の序文（発端）で紹介された。宛先は「浪華の何某」とぼかされているが、近松である。「境町勘三座にて（二月）十六日より曽我夜討に致し候て、十郎に少長、五郎に伝吉致し候へども、当時の遠慮もあるべき由とて、三日して相止み候」とある。「前後略」とあるので、情報はこれだけである。中村座は山村座の間違いで、配役も十郎は中村七三郎少長だが、五郎は坂東又太郎で、宮崎伝吉は鬼王に扮した。若干の齟齬はあっても、大枠は『傾城阿佐間曽我』に該当するのである。

近松の返書は、のちに軸装されて鶴屋南北の家宝になった。この当時、作者道を志す者は、近松の画像を飾り、昼夜に拝むべきである、とされた（享和三年刊『役者一番鶏』）。南北は、画像の代わりに真筆を飾ったのである。その軸には、南北の師匠である金井三笑の「極《きわめ》」とともに、その発句「報恩やげに残されし、お文《ふみ》さま」も添えられた。南北にとって、二重の家宝だったのである。「近松翁文之写」とされた書簡は、南北自作の合巻『いろは演義』(文政十年刊)の口絵で披露された。宛名は「東都其角様」で日付は「如月廿五日」、近松は江戸で「曽我夜討ち」に取り組まれたことを「花やかなる御しらせ」とし、この方でも「愚案」に仕立てようと思っているので、詳しいことを知らせてください、と締めくくった。その「愚案」が『けいせい三の車』の「夜討ち」になったのであろう。なお、近松の真筆は、南北没後、桐生の何某が所蔵することになり、曲亭馬琴は乞われて賛を添えたという(『異聞雑考』)が、現在は所在不明である。

補足をひとつ。三日で停止されたという江戸の「曽我夜討」には、のちに『曙曽我夜討』という名題が付けられた。関根只誠の『東都劇場沿革誌料』は、その早い記録であろう。ただし、この名題は「五番続」の全体を覆うものではなく、五番目の「夜討」に付けられたものなのであろう、のこりの四番は「忠臣蔵」の脚色ではなかったのである。

大坂の竹本座に書き下ろされた『傾城八花形《やつはながた》』も、「忠臣蔵」の劇化であった。京の宇治座でも『難波染八花形』と改題されて、再演された。考証の結果、大坂の初日は「忠臣蔵」の「討入」の前、いや後、と分かれるのだが、「討入」の描写からすると、後とするのが妥当であろう。まずは、丸本が売り出されているので、その内容を概観しておこう。大石に相当するのは、宇都宮弥三郎友綱。源頼朝のもとで京都の守護をつとめた実在の武将であった。それに対して、浅野内匠頭には、泉州天川の領主、木戸兵庫正秋高という架空の役名が用意された。ことの発端は、正治元(一一九九)年中秋、兵庫正(史実の内匠頭)が殿中で刃傷に及び、相手とともに、双方即死。本編は、その後日譚である。天川の城(赤穂城)請けとりの責務を果たした宇都宮友綱は、帰路そのまま色里で遊び呆けている間に、家老の塵塚無量之介に御家を横領された。それを取り戻す、御家騒動物である。ポイントは、夜討ちの様子である。友綱が二人の家臣とともに、敵の館の「高塀」を難なく乗り越え、閂《かんぬき》、えび錠をもぎ放して、三人一緒に門扉を「えいや〳〵」と押し破る。そこらあたりに、「忠臣蔵」の「討入」が投影されている、と思われるのである。

3

「忠臣蔵（赤穂一件）」物の二度目のブームは、宝永七（一七一〇）年におこった。前の年の正月に五代将軍綱吉が亡くなると、三月に大赦があった。『徳川実記』には、将軍家宣自身が「前代の罪案」を調べ、罪の軽重をはかったものだ、とある。恩赦に与ったのは、およそ九十二人。大名以下の家々では、およそ三千七百三十七人に及んだ。総人数のあとに、具体例として示されたのは「浅野内匠頭長矩が家人等」、すなわち大石らの子供たちであった。『実記』にいわく「先に主の讐を報ぜんとて、吉良上野介義央を討たるをもて死をたまひ、その幼子みな親戚にあづけられたるも、このときゆるし下さる」と。許された子弟らは、諸大名が争って扶持せられた、という（福岡日南『元禄快挙録』）。

浅野内匠頭の舎弟大学長広の大赦は、少し遅れて八月二十日になった。将軍家宣への拝謁を願い出て、許されたのは翌年、宝永七年六月十八日である。『徳川実記』には、「さきに浅野内匠頭長矩が事により罪蒙りし長矩の弟大学長広、願いのままに拝謁ゆるさるべしと、宗家安芸守吉長に仰下さる」とある。拝謁が実現したのは九月十六日で、そのとき大学は五百石を賜った。二度目のブームは、これらいちれんの大赦をうけたものだったのである。

大坂道頓堀の人形芝居では、西の竹本座、東の豊竹座と、東西二座で新作が書き下ろされた。近松門左衛門の『碁盤太平記』は竹本座、豊竹座の『鬼鹿毛無佐志鐙《おにかげむさしあぶみ》』の作者は紀海音である。丸本も伝本があり、それぞれの全集などで翻刻、紹介されているのだが、上演の年月が確定しない。京坂の番付では、初日の月日だけで、年号を記載する慣行に欠けていた、それゆえ考証が難しかったのである。ちなみに、戦前に公刊された「近世邦楽年表」『義太夫節之部』では『碁盤太平記』は宝永三（一七〇六）年と大赦の前、『鬼鹿毛無佐志鐙』は大赦後の正徳三（一七一三）年、競演どころか七年もの隔たりがあった。戦後に編纂された祐田善雄稿『義太夫年表　近世篇』では二つとも訂正されて、宝永七年の項の末尾に「この年（推定）」として並べられるのだが、どちらが先に上演されたのか、肝心なところは分からない。ただ、この年におちついたのは、大赦を視野に入れた祐田善雄の「『仮名手本忠臣蔵』成立史」（『浄瑠璃史論考』所収）にしたがったからである。

はじめのブームのとき、近松は姫丸縫之介という架空の大名を主人公に、現代劇を書いた。二度目のブームでは、内匠頭の役名を塩冶判官にする。かつて、江戸で「曽我夜討ち」を借りたように、歴史の中で事件を描こうと試みたのである。それに対して紀海音は、内匠頭の役名に小栗判官を選んだ。昔の武将だが歴史ではなく、説経節で語り継がれたフィクションの主人公である。タイトルの「鬼鹿毛」は、人喰いの暴れ馬の名で、小栗がこの馬をいとも簡単に乗りこなして、碁盤の上で曲乗りを見せるところは、説経節のハイライトであった。「武蔵鐙」は、鬼鹿毛の鞍の鐙のことだとされることが多いが、裸馬だから説明に無理がある。むしろ、江戸の明暦の大火の惨状を克明に描写した、浅井了意の随筆『むさしあぶみ』に重ねて、東国の印象を強調しようとしたものだったのであろう。了意の念頭にあったのは、『伊勢物語』十三段であった。「武蔵鐙」は、鞍の両側に足を掛けることから、京の女と武蔵の女と、二人の女と深くなずんだ男の告白であった。それをうけて京の女は、武蔵鐙にかけて「問わぬも辛し、問うもうるさし」と応えた。了意にとっても、江戸の惨状を語る事は、問わぬも辛し、問うもうるさい、ことであった。

京坂では、歌舞伎の番付にも年号は記載されないが、さいわいなことに年ごとに役者評判記が売り出され、それにより大まかなことが特定できる。ブームの口火を切ったのは、大坂の篠塚次郎左衛門であった。『役者大福帳』（宝永八年三月刊）「大坂之巻」に「去夏、六月十一日より九月十一日まで無佐志鐙、四十七人の敵打、百廿日大当」とあり、さらに一それから京大坂かぶき芝居、残らず敵打して銭もうけ」と続く。初日の五日後に浅野大学の拝謁が許され、千秋楽の七日後にそれが実現、その間、八月に閏月があったので足掛け五か月、百二十日のロングランになった。篠塚の役名は大岸宮内、これが大石内蔵助のことである。「遊女をよんで茶碗酒のあたり」の芸が評価された。京都では、大岸宮内に山下京右衛門と小佐川十右衛門の二人が扮した。評判記の「京之巻」には二人とも「去秋」とあるので七月以降、宮内の一子、力太郎の心底を見る芸が注目された。三人の宮内のうち、絵入狂言本によって筋立てが分かるのは、山下京右衛門の『太平記さざれ石』とその後編『硝《さざれいし》　後太平記』だけである。

浄るりだけでなく、歌舞伎でも、京の山下京右衛門は「太平記」、大坂の篠塚次郎左衛門は「無佐志鐙（小栗判官）」と分かれた。大坂の「無佐志鐙」はひとつの作品だが、京の「太平記」は二つである。塩冶判官の「刃傷」「切腹」「城明渡し」から「討入」までは前編。後編では、討ち入りのあと三家（史実では四家）お預けの義士たちの切腹になるのだが、その際、大岸親子をはじめ三家の義士たちは一緒に並んで腹を切る。異様なこの場面は、粉本となった『太平記』巻二十一「塩冶判官讒死《ざんし》の事」で、最後まで塩冶の妻子に付き従った二十二人の家臣らが思い思いに腹を切った、その場面の翻案でもあった。

祐田善雄の考証にしたがうと、まず七月に『太平記さざれ石』全三巻が上場、ついで九月にその後編『硝後太平記』全三巻が出た。だとすると、その間に、将軍の拝謁が許され幕切れには、大赦のニュースが取り込まれ、「判官一子塩冶六郎を世に立（中略）四十八人が子供残らず家臣と」なすという御教書が読み上げられたのである。

印象深いシーンをもうひとつ挙げるなら、判官の御台所《みだいどころ》が義士の子たちを集めて、二十三夜待ちをするところであろう。版本の絵入狂言本『硝後太平記』（東京都立図書館蔵）では、三人の子役のほか「四十八人の衆の子供、あまた出申候」とあり、『西沢文庫脚色余録』所収の転写本では、全部で十人の子供たちの配役が記載されたのである。大赦のニュースを受け止めた、多くの人たちの同情は、義士の子供たちのほうにあった。

近松の『碁盤太平記』も、『兼好法師物見車』全三巻の「下の巻」として追補された。前編に相当する「上の巻」「中の巻」の主人公は、吉田兼好である。高師直の艶書の代筆をした兼好が世をはかなんで出家する物語で、判官の「刃傷」も「切腹」も、物語の裏面に押しやられ、直接、語られることはなかった。江戸の「曽我夜討ち」のことが思い起こされたのであろうか、近松は、いざ

二代国貞画「義士本望の図」（早稲田大学演劇博物館蔵）

となったら「下の巻」を切り離そう、と思っていたのかもしれない。

近松の考案と思われる、大星由良之助という役名は、「下の巻」『碁盤太平記』になって、現れた。それ以前、「兼好法師」の「中の巻」では、八幡六郎という名であった。「八幡」とかいて「はちまん」と読む。『太平記』「塩冶判官讒死の事」で、判官の妻の最期にかけつけ、忘れ形見の二男を託された男であった。近松は、作者の傍ら、講釈師と組んで『徒然草』の講釈もしたというのだから、講釈の本道である『太平記』にも通じていたのであろう。たった一か所にだけ登場する、この男に白羽の矢を立てた。生き延びた六郎は、大星由良之助という仮名を使って、亡君の讐を討つのである。

歌舞伎の『太平記さざれ石』にもどると、廓では大岸も、「小幡」という替え名を用いた。実説で、大石が学んだとされる「甲州流」の軍学の祖、小幡景憲の姓である。山鹿流の「大星伝」に因んだ、近松と相通じるものがあったのであろうか。歌舞伎の作者たちは、軍学の講義になぞらえて、上の巻「仁義講」、中の巻「礼智講」、下の巻「武勇講」、とサブタイトルを付した。「大星伝」を掲げた近松は、由良之助に「人、静まって清気《せいき》は沈み、空に朝霧、横おれて、濁気《だくき》、上を覆う」と大気をよませた。夜回りの拍子木の数を数えると、「数は九つ、老陽金剋《きんこく》木火剋金《こくきん》、自滅の相あられたり、破軍は巽《たつみ》に向う」と下知させるのである。歌舞伎と浄るり、それぞれが試みた軍学の表現であった。

大石の役名は、歌舞伎の三人と紀海音は大岸宮内、大星由良之助は、近松、ひとりであった。姓名の名のほうは、時とともに少しずつ由良之助が有力になるのだが、姓はなかなか動かなかった。大岸から大星へ、その分水嶺となるのが「仮名手本」であった。近松の末裔である竹本座の作者たちは、大星に夜に輝く星を重ねた。「大序」の語り出しを『礼記』にもとづく諺「嘉肴《かこう》ありといえども、食せざればその味わいを知らずとは」で語り始めると、「国治まってよき武士の、忠も武勇も隠るるに」と続け、「たとえば星の昼見えず、夜に乱れて顕るる」と語った。タイトルに添えられた宣伝文句の「カタリ」は、「夜目に輝く苗字の大星」で締めくくられたのである。太陽の理想だけではなく、それに加えて夜の星の輝きを付け加えた、大星由良之助の誕生であった。

最後に、大石の辞世、正しくは討ち入りのあとに詠んだという、和歌を紹介しておく。

あら楽し思いは晴るる身は捨つる浮世の月にかかる雲なし

雪の巻

1

『忠臣蔵』の江戸初演で、三座一の由良之助と評されたのは、山本京四郎であった。江戸を皮切りに、京で二度、大坂で一度、伊勢で二度、名古屋で一度、都合七回、由良之助で当たりをとった、最初の大星役者であった。「討入」は、江戸では省略されたものの、京坂では人形芝居の原作通りに出された。兜頭巾に陣羽織、胸には丸胴の鎧、小手脛宛の臨戦態勢で、床几にどっかと腰を掛け、指揮をとる、その勇姿は「絵づくし」の表紙をいろどることになった。京四郎の没後、しばらくすると、京坂の「絵づくし」の表紙も「討入」から「七段目」あるいは「九段目」に替わり、さらに時が過ぎると「討入」じたいの上演が間遠になった。代わりに「七段目」のあとに「植木屋」(『義臣伝読切講釈』)など外伝物が増補されるようになるのである。それと入れ違うように、江戸では「討入」が盛んになった。錦絵に描かれたその姿は、極彩色の陣羽織ではなく、黒装束の火事羽織、袖口には白く「雁木」の模様が浮かび上がる。床几に掛けていた由良之助は立ち上がり、手には采配、または陣太鼓を持つようになる。そのような流れのなかで、外伝物の『松浦の太鼓』が生まれたのである。

背景には、寛政年間に大坂から江戸へもたらされた廻り舞台の技術が文化文政年間に発展して、「幕なし」の『忠臣蔵』が出現したことが挙げられよう。紙上歌舞伎だがその早い例は、文政九(一八二六)年に刊行された、鶴屋南北の合巻であった。『忠臣蔵』の大序から十一段目までに加え、各段ごとの「大意の裏」を見立て、新作を書き下ろし、都合二十二段（二十二幕）にした。「仮名手本」を手本に綴った裏張りなので、『四十七手本裏張《かながきてほんのうらばり》』というタイトルが付けられた。この構想は、南北の没後、天保四（一八三三）年三月河原崎座で実現、狂言の名題は『仮名手本忠臣蔵』のままだが「幕あり幕なし、十一段の表と裏を引かえして二十二幕」とあるので、その通称は『裏表忠臣蔵』になった。三年後、天保七年には、その通称で合巻になり、上梓されるに至るのである。国立劇場の「正本写合巻集」12で紹介されたのは、その合巻の方である。ここではじめて、「討入」で太鼓がうたれたのである。

　合巻の『裏表忠臣蔵』十一段目の裏は、高師直の屋敷の外と内と、二つの場面からなる。屋敷の内では、やわらかい口調で婦女子にも人気のあった講釈師太琉《たいりゅう》のちの桃林亭東玉を招き、年忘れの酒宴のまっ最中であった。ときならぬ太鼓の音に耳をそばだてたのは、師直、敵の本人であった。「アレ、あの太鼓の音こそは、正しく甲州信玄流の陣太鼓（中略）こりゃ疑いもなき塩冶浪人、我が屋敷へ押し寄せたり」となる。これには、粉本があった。幕臣の戯作者、柳亭種彦の『伊呂波引《いろはびき》寺入節用《てらいりせつよう》』（文政十一年刊）で、この合巻も全段ではないが「裏表」である。講釈師太琉の代わりに招かれたのは、女舞の笠屋新勝姉妹、姉は義士の女房、女と見えた妹は大星の嫡男力弥。敵を討つために女装の芸人となって乗り込むのは、『南総里見八犬伝』の女田楽旦開野《あさけの》こと犬坂毛野のパロディであった。この師直は、太鼓の音を聞くと、「ハテ心得ぬ、ありゃ正しく、かかり太鼓」と反応する。「かかり太鼓」は、進撃を知らせる太鼓のことである。

　師直の屋敷の外は、その前日である。十二月十三日のすす払いに使う、すす竹を売る町人に身をやつし、吉良邸の様子を偵察する義士の大高源吾は、俳諧の宗匠其角にばったり出会う。源吾の俳名は子葉、俳諧友達である大高に、其角が「年の尾（瀬）や水の流れと人の身は」と呼びかけると、子葉はそれに応じて「明日《あした》待たるる、その宝船」と付けた。ここまでは、現在の『松浦の太鼓』と同じだが、結末が違った。少し考えた其角は、「なるほど、本望たっするよき瑞相」と悟って、たがいに別れるのである。吉良邸の内と外、この二つを結びつけて、『松浦の太鼓』は成立した。

　師直に代わって、太鼓の音を聴くのは、平戸藩主、松浦《まつら》鎮信《しげのぶ》（歌舞伎では「まつうら」とよむ）である。十三年前に家督を譲り、隠居して剃髪、名の重信を鎮信と改めた。鎮信は、平戸藩の初代藩主である曾祖父の名であった。直系の子孫、松浦厚伯爵がまとめた『素行子山鹿甚五左衛門』（大正二年刊）には、その夜の鎮信の姿が伝えられた。本所牛島の屋敷で、茶の湯を愉しんでいる、そのときであった。隅田川の川面を伝い聴こえてきた、その音を「越後流のカケリ太鼓」と聴きとった平戸侯は、侍臣を呼び、駒を走らせた。報せを待つその間に、ひとり莞爾として、茶筅を削り、暁天を迎え、削り上げた茶筅に「夜打」という銘を刻した、というのである。茶人として鎮信《ちんしん》流をおこした人にふさわしい逸話であった。鎮信は、山鹿素行の直門でもあった。その面影も伝えられた。太鼓の音を聴いて、火事だと慌てる女房たちを制し、これは「尋常の鼓《たいこ》に非ず。軍中の法節なり。きわめて、防火の鼓にはあらじ」と宣った、という。鎮信侯にまつわる、この二つの話が『松浦の太鼓』になるのである。

　書き下ろしは、安政三（一八五六）年五月森田座、大名題は『新台《しんぶたい》いろは書始《のかきぞめ》』。このときも、「表は狂言の仮名手本、裏は実録の忠臣蔵」、それを「幕なし、引返し」で見せる「裏表」の『忠臣蔵』であった。以下、早稲田大学演劇博物館所蔵「弁天座本家」旧蔵本による。本所の松倉（松浦）家の下屋敷に招かれたのは、其角になった。大高源吾に出会ったのは、前日から当日の夕刻、場所も両国橋のたもとになる。松倉緑翁というのは鎮信侯のことで、其角から「年の瀬や」のことをきくと、これを発句にして「年籠りの百韻」を催すことにしようということになり、とりあえず、表の八句を詠む。敵、師直方の間者《かんじゃ》を遠ざけると、大高の句から読み取った、「復讐のきざし、なけりゃ叶わぬ」とする、その真意を明かすのである。緑翁は、「この鑑定、よもや相違はあるまいて」と言い切った、そのとたんに、遠くから「誂えの太鼓」の音が響く。老侯は、太鼓の数を数え、指にて繰り、「陰の数より打ちはじめ、陽にうつして、陰に返し、陽数重ね、打ち納むる」、この撥数を用いるのは、山鹿流ならずして、打つものなし。山鹿素行の軍法を用いるものは諸家にもあれど、軍学の真義まで伝授されたとなると、「塩谷高貞が城代家老、大星由良」と言いかけて一息つき、「彼ならずして、外にはあるまい（中略）復讐の義と見ゆるわえ」と言い切るのである。「誂えの太鼓」とあるのは、今日の下座でいうところの「陣太鼓」に相当するのであろう。望月太意之助はその著『歌舞伎下座音楽』で、「陣太鼓」を「一打ち三流れとて一点を強く、あと三点を弱く打つのが定法」とした。

「両国の場」は、三つの場面からなり、それを「ぶん廻し」（廻り舞台）でつなぐ。三場目で、すす竹売りの大高源吾と其角が出会うと、途中から雪が降り始めた。台本のト書きに「雪おろし、はげしく」とあるのは、ツナギの鳴物。「雪おろし」は「雪の音」のことで、大太鼓を太撥で、「ドン、ドンドンドンドンドン」と打つ。「雪、だん〳〵降ること」とは、舞台の上から「雪籠」を使って、紙の雪を降らせることである。「両国の場」は、いったん幕を閉めても、鳴物の「雪おろし」でつなぎ、大道具の準備ができ次第、「引返し」で幕を開ける「返し幕」であった。「松浦（松倉）邸」と「高埜邸（吉良邸）夜討ち」も全部で五場あるが、これも「ぶん廻し」でつなぐ。ツナギの鳴物は、「どんどん」。大太鼓で「どん、どん、どん」と打つので「三つ太鼓」とも。捕り物など、立ち廻りに使われる鳴物である。この「どんどん」で場面をつないでいくのだが、途中、一か所だけ、「どんどん、寄せ太鼓」になった。「寄せ太鼓」は、「寄せる」（攻める）ときの太鼓であろう。昭和二十五年十二月に黒美寿会が編纂した『仮名手本忠臣蔵』の付帳《つけちょう》では、「どんどん」はすべて「討入太鼓」。その「討入太鼓」には、「陣太鼓」と「三つ太鼓」の中間を行く攻め太鼓」という解説があり、さらに「一つ強く打って、あと三点をゆるく流して打つ」という型もある、という。具体例は、「一打ち、三流れ」と称された、山鹿流の陣太鼓の打ち方なのであろう。舞台は一面が雪の世界で、「どんどん」の太鼓の音を聴くと、まるで雪が降っているような気分になるのである。

合巻の『裏表忠臣蔵』の両国橋の勢揃いの挿絵には、由良之助のうしろの義士が背中に担いでいる、丸い大きな太鼓がある。由良之助は、この太鼓を打つのであろう。『裏表忠臣蔵』と『松浦の太鼓』の間、天保十二年五月市村座の『花菖いろは連歌』では、その太鼓を大部屋の俳優が二人で担いで出た。棒にさげて荷《にな》うので、「荷い太鼓」と呼ばれるものだったのであろう。「裏表」に描かれた形からすると、その太鼓は歌舞伎の御囃子で使う「楽太鼓《がくだいこ》」の一種で、俗に「平丸太鼓」と称される平べったい太鼓である。御囃子部屋では、この太鼓でも「雪の音」を打つ。『松浦の太鼓』の前後から、太鼓を打つ大星のその勇姿が錦絵に描かれるようになった。四年後、安政七年には、桜田門外で井伊大老が暗殺される。これも雪中の出来事であった。ときはすでに、幕末の擾乱を迎えていたのである。

山鹿流では、陣太鼓を「押し太鼓」とよんだ。その伝授書『武教全書』では、太鼓のその形が図で示された。御大将の押し太鼓は、胴を黒く塗る。諸手（部隊）の太鼓は、その胴が木地のまま。太鼓の皮の模様は、二つ巴。御大将は青の左巴で、諸手は墨の右巴である。現在、泉岳寺の土産物屋で売られているのは、黒塗りの御大将の太鼓である。『武教全書』の「押し太鼓、打ちようの事」には、「表九文字、臨兵闘者皆陣列在前」とあり、さらに「序二、破三、急四」とし、「打ち留ればとどまり、打ちはじむれば又、行く」とある。最後には、「もっとも夜軍のとき、なお太鼓あるべし」とまとめられているが、大石らは太鼓を持って行かなかった。合図に使ったのは、小笳《こぶえ》と銅鑼であった。そのことを踏まえた福本日南は、「そもそも鼓《こ》して兵を進め、鐘《しょう》して衆を収めるは、兵家の法」だが、「今はすなわち小勢の討入り、おまけに枚《ばい》をも含みたい夜襲であるから、陣太鼓は廃した」とした（『元禄快挙録』）。「枚《ばい》を含む」は、夜討ちのときなどに声が出ないように、口に箸のようなものを咥えることをいうのだという。もっともな解釈なのだが、それでも多くの人たちは、しんしんと雪の降る中で、大星に山鹿流の陣太鼓を打たせたい、と願った。

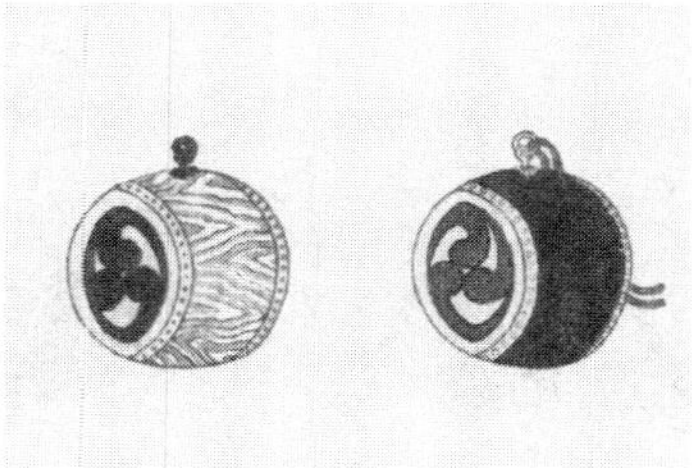

山鹿流の押し太鼓（国立国会図書館蔵『武教全書』）

2

山鹿流の陣太鼓と言えば大石と誰でもが思うようになった、その背景には講談・浪曲があった。とりわけ、大きな役割を果たしたのは、桃中軒雲右衛門である。明治三十九（一九〇六）年に九州から東上、東京の本郷座で興行、ひとりで十日間を満員にし、浪花節を寄席の芸から大劇場に押し上げた、中興の祖である。その雲右衛門が本名の岡本峰吉の名前で著作した『雪の曙義士銘々伝』全三編には、山鹿流の陣太鼓を打つ人と、その音を聴く人と、二つがある。「大高源吾」は後者で、宝井其角らが寝静まったあと。雲右衛門は、「響く太鼓は山鹿流」とひと節、歌い上げた。それに続けて、「ドーン……ドン、ドン、ドン、……」と太鼓の音を読み上げた。そこからは、吉良邸に討ち入る、義士たちの描写になる。「火事よウ、火事よ」と呼びながら、四十有余の忠臣義士は、東組西組と名付けて、表門に向かうは総大将内蔵助をはじめ二十四人、裏門は若年ながら倅主税《ちから》良金を大将として二十三人と、雲右衛門は語る。いや、歌った。長い文句を息も吐かずに、ひと息で歌い上げる、これが「三段流し」と称えられた雲右衛門の節調であった。太鼓を聴く主人公は、大高源吾になった。

太鼓を聴く方の例をあと四つ。義士の横川勘平は、伯母に止められ遅参、両国橋に来かかるところで「川に響いた太鼓の音、ドン……、ドン〳〵」になり、「ウム、さては内蔵助が打つ山鹿流、遅れたるか残念な」と言って橋を渡り、吉良邸に駆けつけるのであった。二つ目は「高田軍兵衛」。伯父の娘との婚姻を迫られ、途方に暮れているところに、「トタンに、ドウーンドーンと響くは、大石の打ち出す陣太鼓、南無三もはや討ち入りなるか」と茫然となった。亡君への忠と伯父への義、義と忠の二道にはさまれて自害した男が聴いた太鼓であった。三つ目は、ご存じ俵星玄蕃、宝蔵院流の槍の師匠である。酒に酔って寝たところに、「ドーン、ドン〳〵」。ハッ、起きた玄蕃先生、「オオ、近くに打って遠くに響き、遠く打って、これを近くに聴くが如し、言わずと知れた山鹿流儀の陣太鼓、しかも一二《いちに》三流《さんなが》れ（中略）俵星玄蕃、心ばかりの助勢いたさん」と、雪を蹴立ててまっしぐらに駆け付ける。四つ目は松浦侯、太鼓の音は「ドウーンドン〳〵、と枕に響く太鼓の音」。指を折って数えてみれば、正しく山鹿流の陣太鼓、寝ていた老侯は「思わず刎ね起きた」となる。四者四様、聞いた太鼓の音も異なれば、反応した言葉もそれぞれ。雲右衛門は、それを読み分けたのである。

　太鼓を打つ大石には、「ドーン」「ドウーン」「ドン」など、擬音は要らなかった。「第一番に大石内蔵助、倅主税良金、差し添えとして小野寺十内、吉田忠左衛門……」と義士の名を読み上げるのは、読み物の伝統。続いて「総勢ここに四十と七人、黒地の半纏、山道（ジグザグ模様）だんだら筋、白き木綿の袖印……」とその出立《いでたち》を読み上げるのも、読み物の常套。最後に「中にも目に立つ扮装《いでたち》は、頭取大石内蔵助」とその扮装の詳細に及び、「月に輝く星兜、猪首に被《き》なし、六十四枚、金切割《きんきりわり》の采配を、鐶《かん》の孔底《こうてい》に納めまして、山鹿流の陣太鼓、しかも一二三流れ、十二陰陽、五個切返し、山と川との合言葉、女子供に目をかけるな、逃げるは追うな、邀《むこ》うは斬れ、と吉良の屋敷へ夜込み乱入のお話、一寸ひと息いれまして……」と読み納める。内蔵助の口吻とともにその姿は、聴衆の心に刻み込まれたのである。

桃中軒雲右衛門と「義士伝」を結びつけたのは、九州であった。その九州との縁を取り持ったのは、支那浪人こと宮崎滔天である。中国革命の挫折から、なんと浪曲師への転身をはかった滔天は、明治三十五（一九〇二）年三月に雲右衛門に入門、桃中軒牛右衛門と名乗り、東海道の巡業を経て、十月には東京の神田錦輝館で「新体浪花節桃中軒」の公演を二日にわたりおこなう。それが「読売新聞」（明治35・10・3）で報道されるのだが、注目をされたのは雲右衛門ではなく、滔天であった。筑前琵琶二番、浪花節二番（雲右衛門、数右衛門）のあと、最後に登壇した牛右衛門こと滔天は、「慨世奇談」と題する「北米土人の酋長某」の波乱万丈の伝記を演説口調でまくし立てた。割れ鐘のようなその声は外にまで鳴り響き、場内は立錐の余地もなかった、とある。

滔天は、九州肥後荒尾の郷士の倅で、若き日に徳富蘇峰が福岡に開いた大江義塾に学んだ。その関係で、玄洋社を組織した国家主義の黒幕、頭山満《とうやま》をはじめ九州の言論界に多くの知友をもつ。その支援を受け、雲右衛門の九州巡業が実現したのは翌年、明治三十六年六月であった。門司を皮切りに大牟田から、博多の雄鷹座《ゆうたか》でブレイク。一週間の予定が二週間と延長。「博多を制する者は九州を制す」の格言の通り、若松、佐賀、長崎、佐世保ときて、佐世保で滔天と決裂した。それでもなお、新聞各社の支援を受け、九州の浪曲界を制覇するに至るのである。

雲右衛門は、滔天に向かい「君は吾に依って芸道を学べ、吾は君によりて知見を弘むるを得ん」（宮崎滔天『三十三年之夢』）といった。さらに、「歌は教えるから読物の改良は君がやって呉れ」（同『軽便乞丐』）とも。滔天が去ったのち、その役割は九州のジャーナリストたちに託された。雲右衛門はその協力を得て、昔ながらの「安中草三《あんなかそうざ》」や「四谷怪談」など関東節の演目から「義士伝」へと脱皮したのである。「九州日報」では、明治三十九（一九〇六）年八月一日から桃中軒雲右衛門講演・社員筆記「義士銘々伝」の連載がはじまり、翌年二月に完結をすると、同じ月に『雪の曙義士銘々伝』と銘打って、単行本になった。印刷は東京の博文館だが、発行は博多の林虎太郎磊落こと美盛堂。筆記は、九州日報記者の小林桃雨と渡邊停舟。小林は、九州で雲右衛門の支配人も兼ねたジャーナリストであった。出版に際し、題字を贈ったのは警察官僚のトップ古賀廉造、玄洋社の頭山満、九州日報社長兼主筆の福本日南、序文は福岡日日新聞社長兼主筆の葆淙漁人こと郡保宗《こおりほそう》、九州の言論界の大物の揃い踏みであった。出版は好評で重版を重ね、翌年の二月には第二編。さらにその翌年の十二月には、出版社を大阪の精華堂に替え第三編が出た。このとき、それまでの第一編第二編も再版されたのである。今、手元にあるのはその再版本で、それぞれ四十二版、四十一版、三十二版である。大ベストセラーであった。

その間、雲右衛門は、明治三十九年の夏に大阪道頓堀の大劇場、弁天座に登場。初冬には東上、本郷座で十日間、毎日二千五百人の大観衆を唸らせた。翌年、明治四十年三月、神戸の楠公前の大黒座では、「赤垣源蔵」の一席を聴いた日清日露戦争の英雄、伊東祐亨元帥に「この間はこの老爵を泣かしたな」と言わしめた。その元帥の推奨で、有栖川宮の舞子《まいこ》の別荘に静養中の妃殿下に招かれ、「南部坂雪の別れ」「赤垣源蔵徳利の別れ」では泣かせ、「不破数右衛門芝居見物」では笑わせて、「こころざし世に並びなき雲右衛門、雲をつらぬく心地こそすれ」の歌を賜る、栄に浴するのであった（正岡容『日本浪曲史』）。そのことは、さっそく『雪の曙義士銘々伝』の重版の冒頭に「有栖川宮大妃殿下、御前講演の栄を賜う」と大書して、喧伝されたのである。その後、「権大教生」

桃中軒雲右衛門の肖像（『雪の曙義士銘々伝』第壱編より）

と肩書を名乗るのも、神道教導職総裁であった有栖川宮から赦されたものだ、という主張だったのであろう。

本郷座ではじめて見たときの印象を、東京のジャーナリスト松崎天民は、「二つ巴の五つ紋、長髪に波うたせて弁じた雲右衛門節は、浪花節を好む東京の人心をも、極度に昂奮させずには置かなかった」と記録した（三宅雪嶺編『近世名人達人大文豪』所収「桃中軒雲右衛門」）。倉田喜弘が指摘したのは、そのスタイルである。長髪で、羽織袴の雲右衛門は、机のうしろに立ち、三味線弾き（曲師）の姿を隠した、という（『芝居小屋と寄席の近代』）。まるで政治家の講演会のようなので、「桃中軒雲右衛門講演」と称したのであろう。雲右衛門の机には、玄洋社とか騎兵第六連隊将校団など寄贈者の名前が縫い込まれた豪華なテーブル掛けが五枚も飾られていた、という。そのうしろに立って弁じる雲右衛門の姿は、それまでの講談にも落語にもない、浪花節の新しいスタイルになったのである。

羽織の「二つ巴の五つ紋」は、大石内蔵助の家紋であった。背景の襖も、「二つ巴の紋散し」だったという（芝清之『浪曲人物史』）。下手には、大石内蔵助の肖像を飾り、それに供物を捧げたとも、うしろに四十七士の像を掲げ、それにも供物を飾った、とも。神道の流れをくむ、教導職の権大教生らしい演出もこらされていた。そのなかで、雲右衛門は大石内蔵助その人に、なりきろうとした。「九州日報」（明治四十年二月十三日）に載せられた『雪の曙義士銘々伝』の出版広告には、「桃中軒氏が義士伝を演ずるに当ては、聴く者皆酔るが如く」としたうえで、「殊に忠臣孝子烈女の事蹟に至りては彷彿目前に顕るるが如く」である、と記された。雲右衛門の友人でもあったジャーナリストの松崎天民は、「大石内蔵助を語れば、彼は立派な内蔵助に為りきって、極めて鮮やかな印象風の節調に依り、聴衆をチャームし尽くして居た」と回顧している。

『夢の曙』第二編の出版に際し、天民のいう「印象風な節調」にこだわったのは、大阪関西速記社主の丸山平次郎であった。「地」と「詞」を分けたのは、これまでの講談落語の速記を踏襲するものだったが、さらに「地の内の曲節《ふし》」と「詞のうちの曲節」の左側に大きな傍点を付したのである。講談の「よみ」や「かたり」、落語の「はなし」にはない、浪花節の「うたう」、部分である。のちには、傍点の代わりに活字を大きくするようにもなった。読者は、そこのところを「うたう」のである。レコードの吹き込みが、それに拍車をかけた。〽お納戸羅紗《なんどらしゃ》の長合羽《ながかっぱ》」（「南部坂後室雪の別れ」）、あるいは〽山は雪、麓は霰《あられ》、里は雨」（「中山安兵衛生立」）と、誰でもがひと節うたうと雲右衛門になり、大石ら義士になったのである。

3

雲右衛門の『雪の曙』第一編の「大石内蔵助」には、「後年、大石内蔵助、我れ一代に四度の大功」とした内の「御薬献上」と「山鹿護送」が収められた。前者は十二歳、後者は十六歳。どちらも、史実にはない、ウソである。そのウソとウソに挟まれたのは、大石の綽名「昼行燈」の由来であった。この話が広がって、「昼行燈」といえば大石、という構図が生まれたのであろう。ウソのはじまりは、内蔵助は実子ではなく、養子だということで、十二歳の大功は養子になる前、岡山藩の城代池田玄蕃の孫、池田久馬であった。内蔵助の祖父大石頼母（正しくは大叔父、祖父良欽の実弟）に見込まれて、貰われてきたのは十三歳。はじめは「発明者じゃ、怜悧者《りこうもの》よ」と噂が立ったが、十三、十四、十五のとき、怜悧な内蔵助が「ボーッ」と気抜けがしたようになった。左に差すべき大小を右に横たえ、雪駄を片っ方、下駄を片っ方、よだれを垂らして、口を開いて歩く。御城代の御養子が馬鹿になった、何か綽名を付けてやろう、「世の中に有っても無くても宜いものは何だろう」ということで「昼行燈」になった。ここからが、この話の眼目である。それを知って、祖父の頼母が家中一同を招いて「倅の行燈披露」の「内祝」をすれば、「親馬鹿、子瓢箪《ふくべ》」だというので、親爺にも「大《おお》行燈」の綽名が付いた。今度は、大殿が「内祝」で総登城を命じた。「昨日、予の次室《つぎ》に於いて、大石頼母を大行燈、倅内蔵助を昼行燈と言うた者がある」と聴いたときには一同、今度はお手討ちかも知れぬ、と色を失った。殿様は、「アア、内蔵助を昼行燈とは、宜う附けたのう頼母」と呼び掛け、「希《こいねが》う、この行燈に、生涯燈火《あかり》を点《つ》けたく無いものじゃ」というのがオチ。雲右衛門は、〽流石浅野中興の御名将……生涯昼行燈で暮らしたら、浅野の御家に、何の騒動は無いのじゃけれど、末に元禄十五年、極月中《なか》の四日、昼行燈に燈火を点《とも》し、四十七士を引率なし、吉良の邸に夜込み乱入」と語り収めたのである。

「昼行燈」という綽名はもちろんのこと、魯鈍だという噂も、古い昔の記録にはない。『翁草』に神沢杜口が「大石良雄が生質《うまれつき》、平日魯鈍に見えて、政事以下万端大野九郎兵衛が指揮に漏るる事なし」と記したのは、安永天明年間である。『忠臣蔵』の初演から数えると、四半世紀が経っていた。『忠臣蔵』大序の冒頭で語られた、「たとえば星の昼見えず、夜に乱れて顕わるる」の影響であろう、杜口は「大儀に及ぶ時、その器、必ず顕わるるなり」と結んだのである。伊藤仁斎の講義で居眠りをした、という逸話も同様である。いずれにせよ、刀を逆に差し、涎を垂らして歩いた、など、有ろうはずもなかった。雲右衛門の武士道鼓吹も、昼行燈に火がともる、そのところに力点があった。

大石良雄が養子だったというのは、まったくの嘘でもなかった。実父が祖父の家督を継ぐ前に亡くなったため、孫の良雄が祖父の養子となって、大石の家を継いだ。孫のままでは、家督を継ぐことができなかったからである。講談浪曲のウソは、血縁の孫ではなく、他家からとった養子とした点にあった。もうひとつのウソは、養父を祖父の良欽ではなく、その弟の頼母にしたことである。頼母は、幼君浅野内匠頭長矩の守り役（傅）をつとめるとともに、若き日の内蔵助良雄の後見人でもあった。山鹿素行の熱烈な信奉者で、赤穂配流の間には、自邸の隣に素行を招き、一日たりとも面会を怠ることはなく、日に二度、肴菜を届けた、と伝えられている。初老を過ぎて子のない頼母が備前岡山三十一万石の御城代、池田玄蕃の次男を見初め、養子に取った、というのはウソである。頼母は、藩侯より息女鶴姫を賜り、四男一女を儲けた。早世した二人を除くと、男子は藩主の養子となり、それゆえに絶家。ここらあたりの経歴が講談、浪曲をして、頼母を大石の養父に仕立て上げさせたのであろう。

「御薬献上」の話は、池田久馬こと大石が服薬を嫌う備前侯に薬湯を呑ませ、出世。五百石の筆墨料を賜る。久馬、十二歳であった。寵臣を手離すにあたり、備前侯は「なぜ惣領に生まれてこなんだ」と嘆く。次男は、いずれ養子に行く身だったからである。それゆえに「生みの親より、育ての大切な事を忘るるな」と、教訓した。

雲右衛門の浪花節「大石内蔵助（妻子別れ）」は、吉良方の間諜（スパイ）の目をかわすため、妻子を離縁して、妾を入れる話である。大石の義母、すなわち頼母の寡婦が登場、頼母の位牌を取り出して、大石に迫った。本心を隠し、表向き大石は「義理ある父と思えばこそ、父《おや》の末期水《しにみず》まで取った（中略）養子の役はこれまで」と、位牌を庭に放り投げた。嫁姑、子供たちにも「阿父様《おとう》は犬にお成り遊ばした」とののしられても、じっと我慢。妻子とともに義母を見送り、ようやくその本心を訴えるのであった。雲右衛門節を引用しておこう。

生みの親より育ての親、十三才のその折より、四十余才の今日《こんにち》まで、御恩は海山《うみやま》忘れねど、親より大事なお主《しゅう》の為め、今の怒りの御涙《おんなみだ》、僅かのうちに嬉し涙と、変る時節もあるならん、お免しなされて下され

討ち入りのあとに、大石が提出した「親類書」を見ると、実父は三十一年前、実母は十二年前に病死。養父となった実祖父も二十八年前、実祖母も十五年前に、病死している。親のいないはずの大石に、雲右衛門は育ての親を配し、親よりも大切な主君のためにこらえる、人物像を提示したのである。その背景にあったのは、仏教の「三世相」にもとづく、江戸の民間信仰であった。親子は

一世、夫婦は二世、主従は三世。親子の縁は薄く、この世（現世）かぎり、夫婦はこの世だけではなく、あの世（来世）まで。主従の縁はそれよりも深く、「前世」「現世」「来世」と三世まで続く。肉親の情より、君臣の義理を重んじる、道徳観であった。

そもそも、敵討ちとは、親の敵を子が討つ、ものである。儒教の『礼記』では、その範囲を親子から兄弟、交遊（朋友）に広げ、親子の讐《あだ》には「不倶戴天《ふぐたいてん》（ともに天を戴かず）」、兄弟には「不反兵（兵に返らず）」、交遊（朋友）には「不同国（国を同じくせず）」と、それぞれの道徳的な規範を示した。「不倶戴天」というのは、親の敵がこの世のどこかで生きていると思うことは、子として忍び難い。どこまでも、追い詰めて親の敵を討ちたい、という心情である。江戸の武士ならば、そのために藩を致仕《ちし》し、浪人となって、敵の行方を捜し求めたのである。交遊の「国を同じくせず」は、友達ならそこまでですることはない、ということ。兄弟の「不反兵」は、少し視点が異なり、敵に巡り合ったときに、いつでも討てるよう武装を怠るな、という心構えであった。親子、兄弟、交遊に加え、主君の敵討ちが加わったことに、江戸の武士道の特色があった。『忠臣蔵』は、その象徴であった。

平出鏗二郎《ひらでこうじろう》の『敵討』（明治四十二年刊）の「江戸時代敵討事蹟表」に掲げられた敵討ちの数は、百四件。そのうち、主人の敵を討ったのは三件だが、三件目は、主人とともに親の敵でもあった。純粋な主人のための敵討ちとなると、『忠臣蔵』と「女忠臣蔵」（加賀見山）の二件だけ。『敵討』には、幕末以降に売り出された敵討ちの番付が二点、紹介されたのだが、二点とも、東の大関は忠臣蔵（赤穂義士）。横綱はなく、大関が最高位である。さらに、中央には勧進元として、意外なことに「太閤山崎主仇討」「山崎敵討」が挙げられた。山崎の合戦も、主人織田信長の敵、明智光秀を羽柴秀吉が討ち取った、敵討ちだというのである。数は少なくとも、主君の仇討ちは、特記されたのである。

赤穂義士が討ち入りの際にのこした趣意書、「浅野内匠頭家来口上」に「君父の讐《あだ》ともに天を戴くべからざるの儀、黙止《もだし》がたく」と入れたのは、大石の指示だ、という。『礼記』の「父の讐」を「君父の讐」としたことに、不安を感じた堀部安兵衛は、友人の儒者、細井広沢に相談、お墨付きを得た。この「君父の讐」に、佐藤直方ら儒者の反論が出た。内匠頭は、吉良に殺されたのではなく、裁かれて切腹した。讐（敵）というのは、お門違いだ、と。大石らの「口上」でいう君父の讐は、吉良を討ちもらした、内匠頭の末期の「残念の心底」にあった。家来として、そのことを思うと、忍び難い。それが「不倶戴天」の「君父の讐」なのである。儒者の中でも室鳩巣は、大石らのこの志に心を動かされた。『仮名手本忠臣蔵』七段目で大星はいう、「寝覚《ねざめ》にも、うつつにも、ご切腹の折からを、思い出しては無念の涙、五臓六腑を絞りしぞや」と。

『敵討』で平出鏗二郎は、江戸のはじめには一家一族が協力して、敵討ちをする風がある。それは、戦国時代に武士の一家一族が生死存亡を共にした風が、存して衰えなかったからでありましょう、として、例に挙げたのは寛文十二（一六七二）年の「浄瑠璃坂の敵討ち」であった。討ち手の数が四、五十人にも及ぶ、大規模な敵討ちだが、その大半は助太刀であった。外叔父を筆頭に、その従弟、従弟の子、娘婿、朋友から召使いまで、外叔父の伯父も加わった。それだけではなく、もうひとりの従弟には、従弟を寄親とする寄子の武士が三人、付き従った。まさに一家一族が寄り集まった、敵討ちであった。

「忠臣蔵」「浄瑠璃坂」とともに、江戸の三大仇討ちに数えられる「伊賀越」は、さらにさかのぼり、寛永年間の敵討ちであった。敵を討つ、討ち手には、外様《とざま》の大名が付き、討たれる敵には、江戸幕府の旗本らが後ろ盾になる、代理戦争になった。足掛け四年の攻防を経て、決着するのだが、ここでも双方に助太刀が付く。討ち手側には、新陰流の達人、荒木又右衛門が姉婿の縁で脱藩、義理の弟の助太刀になった。敵の側でも、剣術師範の叔父に加え、妹婿の槍の名手が警固に加わった。これも、戦国武士の余風なのであろう。

「忠臣蔵」は、四十七士と大人数でも、すべてが浅野内匠頭の家来であった。その思いはひとつ。亡君の鬱憤を晴らすために、不倶戴天の讐を討つ。

降りしきる雪の中で、大星が打つ、山鹿流の陣太鼓は、高鳴る義士たちのこころをひとつにする、統率のシンボルになるのであった。

もうひとつの花

1

福本日南の「元禄快挙録」が「九州日報」に連載されたのは、明治四十一年八月から四十二年九月まで。大好評で、十二月には出版、すぐに重版を重ね、「元禄快挙」は「忠臣蔵」の新たな代名詞になるのである。日南は、その冒頭に「赤穂浪人四十七士が復讐の一挙は、日本武士道の花である」と謳った。さらに「士流のために一挙の顚末を講演し、一つには武士道の一端を発揮」する、とも。日露戦争のあとの、ナショナリズム台頭の潮流に棹さすものであった。雲右衛門が「武士道鼓吹者」と名乗って登場した、歴史的な背景はそこに見られたのである。

雲右衛門の浪曲では「山鹿護送」、講談では「山鹿送り」という。山鹿素行が赤穂配流となったのは、寛文六（一六六六）年である。そのときの大石の年齢は、雲右衛門では十六歳、講談では二十二歳（『講談全集』）、正しくは八歳である。実際に警固にあたった赤穂の藩士は、矢田利兵衛ら騎士三名、大川惣兵衛ら歩卒五名と、その姓名も伝えられている（『素行子山鹿甚五左衛門』）。福本日南も、大石の山鹿送りは「空談を捏造」または「妄誕無稽」と片付けたが、「九州日報」の記事を読んだ読者から投稿があったようで、単行本『元禄快挙録』にその内容が補われた。差出人は、厳木陰士利を名乗った。厳木は「きょうらぎ」と読む、肥前の国旧松浦藩の地名である。「陰士」というので、士族であろうか。投書には、山鹿送りは謬伝（ウソ）だと思ったら出典があった、なるほどウソも種なしでは、手品も遣われぬか、として「呵々《かか》」と笑った、とある。そのときに、『忠臣蔵』七段目のお軽のせりふ、「お前のは嘘から出た誠でなくして、誠から出た嘘々」が引用されていたので、日南はこの投稿に「誠から出た嘘」というタイトルを付したのである。

陰士利が「誠」とした出典は、享保の改革のさなか、享保十四（一七二九）年に出版された『六道士会録』である。著者の佚斎樗山《いっさいちょざん》は、老中も勤めた幕閣の久世大和守の三代に仕えた、丹羽忠明という武士であった。晩年に至って、『田舎荘子』をはじめ「樗山七部の書」を刊行、江戸の談義本の端緒を開くことになったが、その本来の目的は、幼童の啓蒙にあった。「六道士」というのは、三途の川の六道の辻に集まった勇士たち、のことである。樗山自身のことであろう、松谿子《しょうけいし》という武士が夢の中で出会った、六道の勇士たちの話をまとめた。武士というものは、難しい局面に遭遇したとき、どのようにふるまうべきか、それを具体的にわかりやすく示した、寓話である。写本が多く伝えられているところから、飯倉洋一は「武家教訓書としてよく読まれたことを物語っていよう」（叢書江戸文庫『佚斎樗山集』解題）とした。厳木陰士利も、この写本を用いて蒙を開かれた幼童のひとりであったのであろう。

「山鹿護送」の出典となった話は、「囚人警固の物語、ならびに心得の事」である。実名は避けられたが、播州に送られる囚人、栗田氏某が山鹿素行である。山鹿には、門弟三千人、あるいは四千人、五千人とも。それら門弟が結党して、素行を奪いにくるともいわれた。そのような噂から生まれた話であった。奪いにきた門弟は二百人ばかり。大勢に取り囲まれた警固の士は、栗田の右脇に付き添い、少しでも色めくけしきがあれば、栗田を刺し殺し、自分もその死骸の上で自害をする覚悟であった。幸いにして、門弟たちは栗田みずからに諭されて、事なきを得た。「六道士」の語る警固の「何某とかやいう物頭《ものがしら》」を若き日の大石にすり替え、話をふくらませて師弟対面の前後で二段に分けるのは、講談も浪曲も一緒だが、その描き方に違いが生まれたのである。

講談では、力ずくで山鹿甚五左衛門（素行のこと）を奪わんとする門弟らを、弁舌で言い負かした、ここまでが前段。そのあと、後段の子弟の対面になって、いざとなったら、甚五左衛門を刺し殺し、切腹をする覚悟をするのであるが、その段取りが詳細になった。山鹿を助けるふりをして、左手で帯を摑む。これは、山鹿を取り逃がさないため。両刀を投げ出して安心させ、右手を懐に入れた。その懐に、菊一文字の匕首《あいくち》を忍ばせていたのである。門弟らが再び力ずくで奪おうとしたら、多勢に無勢、匕首でただ一刺し甚五左衛門を刺し通し、返す刀で切腹をする、内蔵助の決心であった。幸いにして、山鹿の説諭で事なきを得るのは、「六道士」の通りなのであるが、雲右衛門はこれに異議を申し立てたのである。

「忝けなしと甚五左衛門、乗り物から出んとす、時に良雄、左の手を延ばし、山鹿の右の袂を丁《ちょう》と押え、己の右の手懐中せしは、用意の懐剣、山鹿が逃げんとしたならば、鞘を払うて只一ト突きの考がえであったと言うが」と語ると、ここからは雲右衛門の「節（うた）」になった。「嘘じゃ、嘘じゃ、そりゃ嘘事《そらごと》じゃ、ソンナ小さな肝玉《きもだま》じゃ、後年天下に名は残らぬぞ」と、歌い上げたのである。内蔵助は、乗り物から出てきた山鹿の方を見向きもしない、ただ床几に腰を掛けて、泰然として箱根の景色に見入った、というのである。

雲右衛門の語る、前段の大石は、後段とは違って行動的であった。山鹿の門弟三百人がドッと鬨《とき》の声を挙げて現れると、その咄嗟に大石は馬からヒラリと飛び降り、槍を受け取り石突きを突くと、鞘走《さやばし》った、という。抜き身の槍をシゴクと駕籠の扉を開け、山鹿の胸先にピタリと突き付け、門弟らに「ヨンド欲しくば只一ト突き、死骸に致して渡そうか」と切り返したのである。同じ説得でも、両刀を差し出した無腰の講談とは、まったく異なる勇者の姿だったのである。人口に膾炙したという、雲右衛門節を引用しておこう。

節「罪ない師匠と言うたじゃないか、罪ない師匠を何方《いずれ》へ連れて逃げる気じゃ、西（道）は九州鎮西の、アノ不知火の道しるべ、南は南海熊野路や、北は越後か佐渡が島、東は銚子あらおひか、津軽南部や蝦夷松前の極端までも、皆徳川将軍の御支配地にあらざるはなし、何地《どこ》へ連れて逃げるとも、石を起して、草の根分けて、詮索《さがし》だされたそのときは、罪ない師匠に罪が付く、曇りなき身は何時《いつ》かは晴るる、何故に時節を待たぬのじゃ

と歌い、ふたたび「サアー、ヨンド欲しくば只一ト突き、死骸に致して渡そうか、いかがで御座る」と迫ったのである。

『講談全集』の発行は昭和四年、雲右衛門以後だが、その原話とみられる桃川燕林講演、今村次郎速記『赤穂義士銘々伝』（国立国会図書館蔵）は、雲右衛門以前、明治三十年の発兌である。雲右衛門は、それに反撥したのであろう。明治三十年には、邑井一《むらいはじめ》の講談『義士銘々伝』も売り出されている（吉沢英明『講談明治期速記本集覧』）というのだが、確認ができるのは、雲右衛門の『雪の曙』の直後、明治四十三年に博文館から売り出された『講談義士銘々伝』（国会図書館蔵）である。邑井一の大石は、「武士の情けを以て」師弟の対面を許し、「拙者、決して死を恐るるものならねば、また大勢を驚かず」と言って、床几に「閑々《かんかん》」（こころ静かに落ち着いて）と控えた、という。「嘘じゃ、嘘じゃ」と、雲右衛門も否定したように、匕首を隠し持つような卑怯なことはさせない、肝っ玉の太いところを見せた。そのことに付言して、邑井は「一説には、内蔵助が甚五左衛門の手を執りて、刀を引抜き胸に押当て対面させたとございますが、同じ嘘ならば内蔵助を大きく読む方が、本意でもござりましょうかと存じまして、私は斯《こ》う喋舌《しゃべ》ります」と釈明をするのだが、雲右衛門の

大石が山鹿の胸に抜き身を突き付けたのは刀ではなく槍、それも師弟対面の前であった。対面のときに刃物に手を掛けたのは、桃川の内蔵助だが、刀ではなく匕首、甚五左衛門の胸板ではなく、自分の懐にしのばせた。微妙なところで、細かい違いを見せているのだが、はっきりしているのは、邑井の大石が槍はもちろん刀を抜くこともなく、懐中の匕首も持ってはいなかった、ということである。

邑井の「山鹿送り」には、後日譚があった。赤穂の重役たちから、ご老中がたの付けた駕籠の封印を自侭《じまま》に破っては済むまい、と問い質されると大石は、封印を切って逢わせたから無事に済んだ、もし逢わせなければ修羅場になって駕籠ごと山鹿の弟子にとられたのだ、公儀から何の御沙汰があるものか、泰然としていると、案の如くご老中からは「浅野には能い家来が有る」と褒められた。そこまで語ると邑井は、講談界の内幕にふれるのである。自分は講談師社会で演じられているままに、ざっと語ったのだが、なかには山鹿と内蔵助は「年暦《ねんれき》」が違うとか、そもそも内蔵助は大石頼母の実子だとか、申します。忠臣義士の棟梁様である由良之助の履歴が明らかでないので、講談師先生が力で拵えたのでありますまいか、とした。そのうえで、けれど「誠らしい虚言《うそ》は、虚言らしき誠」よりも宜しゅうございますから、わたくしは覚えたとおりを取り次ぎました、と。こう語っておいて、すぐにまた「さて、これからは誠実《ほんとう》の履歴へと這入ります」と、誠のようなウソを語りはじめるのであった。

邑井一は、旧幕府の御家人の子で、十四歳で家督を相続したものの、「武門《さむらい》の端くれなんぞになるよりは、いっそ講釈師となって名を挙げた方が宜い」（川尻清潭『演芸名家の面影』）と考え、隠れて寄席に出ていた。それが見つかると、今度は田安家に仕え門番となり、替え玉を使って寄席に出続けた（吉田修『東都講談師物語』）。御維新のときも、昼は彰義隊で上野に詰めていながら夜になると抜けて寄席に出た、という（関根黙庵『講談落語今昔譚』）。天保十二（一八四一）年の生まれだというから、まさに江戸生き残りの「天保老人」であった。博文館から『講談義士銘々伝』が出された、その年の四月八日に七十歳の天寿を全うした。古き良き江戸をそのまま生きた老人であった。俳諧をよくしたという辞世は、「眠らばや囀る小鳥聞きながら」（『東都講談師物語』）であった。

2

『六道士会録』の著者佚斎樗山こと丹羽忠明は、万治二（一六五九）年に生まれた。大石良雄と同じ年である。十八松平と称された三河の深溝《ふこうず》松平家の末流で、父定信の代に久世家に仕えた。そのさい松平の姓を憚り、丹羽十郎右衛門と改めたという。樗山の忠明も、父の通り名を継いで十郎右衛門を称したのである。大石家が赤穂の浅野家に仕官したのは、良雄の曾祖父、内蔵助良勝の代であった。祖父良欽、良雄も、家の通り名の内蔵助を称した。良雄の実父良昭が内蔵助を名乗らなかったのは、家督を相続する前、三十四歳で早世したからである。曾祖父の良勝が仕えた浅野長重は、常陸の国笠間藩の藩主であった。その子、浅野長直の代に転封して赤穂藩主になるのだが、その間、城代家老としてその一切を取り仕切ったのは、曾祖父の内蔵助良勝であった。樗山の父、丹羽十郎右衛門が仕えた久世広之が徳川家の旗本から抜擢され、一万石の大名になったのは、樗山が生まれる十年前であった。その後、広之は若年寄、老中に出世、下総の関宿藩の藩主となったのは、樗山が十一歳のときであった。赤穂の浅野藩は五万三千石、関宿の久世藩はのちに加増して六万八千石になるが、この当時はまだ、五万石であった。赤穂も関宿も、五万石以上の「城持ち」と称された中堅大名であり、大石家も丹羽家も、その草創から仕えた、重代《じゅうだい》の家柄であった。たまたま、内蔵助は亡君の恨みを晴らすために仇敵吉良上野介を討ち、義士としてその名を後世に遺した。無事に家督を倅に譲り致仕、剃髪して法体となった樗山は、子孫のための庭訓を遺したのである。

佚斎樗山のことを「先憂の人」と称したのは、三田村鳶魚であった（『教化と江戸文学』）。『六道士会録』で「先憂の人」樗山がまず憂えたのは、武士の俸禄について不平不満を言う、若者たちの風潮であった。樗山は言う、もとはというと自分の立てた手柄ではない、父や祖父の勲功により、その遺跡を継いで与えられた、父祖の禄ではないか。その御恩をも顧みず、ご主君の文句を言う。立身のために、他家へ行くなどもってのほかだ。樗山は、その譬えとして、斑鳩《いかるが》平次の「詞《ことば》」と、池田市郎兵衛の「志《こころざし》」を挙げた。その事績は、『武将感状記』にあるので省略する、という断りが付されているので、誰でもが知る逸話だったのであろう。斑鳩平次は、もと上杉謙信の家臣で、浪人ののち加藤清正に抱えられた。そのとき、望みの俸禄を聞かれ、わずかの俸米で結構だ、と応えた。上杉では二千石余の身上だと聞くが、と問われると、それは謙信家での功労だ、当家ではいまだ少しの功労もないのに旧禄を貪《むさぼ》るとは、いまだかつて聞いたことがない。とりあえずは、所領のない「無足《むそく》」でいい、その代わり戦場で手柄を立てたら、一度の槍（手柄）で五百石を下され、と望んだ。その願いの通り、朝鮮陣中で衆に抽《ぬき》んでたること七度あり、三千五百石に取り上げられた、とある。これが斑鳩平次の「詞」であった。池田市郎兵衛も、高名な武将であった。浪人して困窮していたとき、手を差し伸べたのは、唐津藩主の寺沢広高であった。何もしなくてもよいから、「茶の代」として四百石で招いた。その御恩に報いるため、黒田家や細川家から三千石で招かれても辞退した。「臣、すでに饑寒《きかん》（飢え凍える）に及ぶ時、広高の恩を蒙り、今に至りて妻子を豊かに育み候。豊禄にひかれて他家に参らん事、非議に候とて、承引せず」、これが市郎兵衛の「志」である。著者の樗山は、昔の武将の「詞」や「志」を示し、若者たちに武士としての生き方を訓えたのである。

樗山が例示した『武将感状記』の著者熊沢淡庵は、樗山や大石より三十歳の年長であった。大石らの討ち入りを見る前、元禄四（一六九一）年に六十三歳で亡くなった。『武将感状記』の続編『続武将感状記』を編んだ幕末の故実家栗原信充は、巻末に淡庵の事績も紹介した。元は九州の平戸藩で二百石をとった、権八という名の侍であった。家禄を棄てて国を立ち退いたのは、十五歳だという。そのとき、主君から賜った「知行の折紙《おりがみ》」を破り捨てた、という。「知行」は禄高、「折紙」はお墨付きである。それを他国に持っていって、禄を得ることなどするものか、と豪語した。それを聴いた平戸侯は、無礼な奴だが見どころがある、と思ったというのである。仕官をもとめて江戸に下る途中、備前岡山で池田侯に認められ仕官、熊沢猪太夫を名乗ることになった。その経緯も、『続武将感状記』には記された。たまたま出会ったのは、鷹狩だという。何か得意な「芸能」（学問や芸術・武術など）があるかと問われ、和歌を少々と応えた。イヤ、武芸はどうかと問われても、何もできません、と応える。でも、長刀を携えているではないか、と問われると、親祖父《おほじ》の譲り物だから持っているだけだ、と応えるだけ。面白い男だと思ったのだろう、鷹狩に連れて歩くと、淵川に至った。この淵の深さを測ってきてはくれないか、と頼まれると、裸に「手綱」（ふんどし）ひとつになり、刀・脇差を水に濡れないよう水留めをして腰に差し、ざんぶと飛び込むと、波の表をスイスイと、地上を歩くよりも早く泳ぐ、陸に上がると素早く衣服を身に着け、君侯に淵の深さ、タテは幾らばかり、ヨコ幅は何尋《ひろ》と報告した。その手際の良さに感じた君侯は、われに仕えよ、というこことになった。わずか三十年、ひと世代の差ながら、父祖の禄を食《は》む樗山や大石とは異なる、波乱に富んだ人生を送った古武士であった。

『武将感状記』には、斑鳩平次の「詞」や池田市郎兵衛の「志」だけではなく、ほかのエピソードも伝えられた。斑鳩の話は、戦場での体験にもとづく、教訓であった。武功を立て、その栄誉を子孫に伝えんとする、それは「欲心」である。利害を考えて、見合わせ、聞き合わせているうちに、手遅れになり、人に先を越されてしまう。戦場に臨むときは、ここが死にどころだと思い定め、身命を顧みず働けば、自然と武功は付いいてくるのだ、と。これが斑鳩の教訓である。池田が示したのは、日ごろの覚悟である。たとえ、隣家に行くときでも、「鎖具足《くさりぐそく》」と三日分の兵糧を挟み箱に入れ、夜寝るときでも、天井から糸を吊るし、その糸に槍を掛けておく、臨戦態勢であった。熊沢淡庵は、このような昔の戦国武将に思いを馳せたのであった。

『武将感状記』が公刊されたのは、淡庵の没後、享保元（一七一六）年であった。樗山の『六道士会録』の出版は、享保十四年だが、それ以前に元になる写本はあった、という。冒頭に斑鳩平次と池田市郎兵衛の名は挙げたものの、それはあくまでもイントロダクションであった。寓話として樗山が選んだのは、遠い昔の話ではなく、子供のときから見聞きした、今の話だったのである。「囚人護送」（山鹿護送）は、寛文六（一六六六）年。欅山、大石ともに八歳であった。続く「走り込み者、囲ひし物語」も、「昔時（むかし）、大名の下屋敷を預かりたる者あり」ではじまる話であるが、その「昔時」とは「寛文年中の事」なのである。欅山は、三歳から十五歳であった。「走り込み」は「駆け込み」のことで、喧嘩などで人を殺《あや》めた男が武家屋敷に駆け込んで、保護を求めることをいう。欅山は、それを「戦国のときの遺風」だとする。当時は、右も左もみな敵国。自分を頼ってきたものを助けるのは、武士の意地である。その意地のことを「男役《おとこやく》」とした。男として果たすべき、責務だという。それとともに、骨のある侍を惜しむ情けだという。助けておけば、何かのときに自分の役に立つときもあるであろう、という思惑もあった。そのような乱世とは違い、今は「治世」（太平の世）である。大名も武家も、みな親族になっている。命が惜しいからといって、駆け込みをすれば、一家一類、すべてに迷惑が及ぶ。相手を仕留めて、自分の本意を遂げたのだから、駆け込みなどせずに、その場で腹を切って死ぬほうが勝れている、と諭すのであった。

「引き込み」の話の主人公は、大名の下屋敷を預かる留守居であった。駆け込みの者を匿うと、追手の者たちがきて、門番と言い争いになった。追手は、狼藉者は「たしかにこの屋敷へ付け込み候」と迫る。「付け込み」とは、跡を付けて、屋敷に入るところを見届けた、ということである。門番が、そんな怪しい者は見なかった、と突っぱねたところで、留守居の登場。うしろには「槍持ち」と、侍四五人が控えている。大名家の格式を見せた留守居は、まずはじめに「引き込み」とあるならば間違いはない、と相手の主張を認めた。そのうえで、怪しい者が通れば、門番が見咎める、使いの者などに紛れて、通ったのではないか、と。追手がさらに、なぜ門を閉じたのだ、と迫ると、自分は門を閉じたことは、知らなかった。たぶん、常日ごろ、門前で騒ぎがあったときには、狼藉者が入らぬよう、門を閉めるよう言いつけてある。それゆえに、門を閉めたのでしょう。ここからが、この留守居のしたたかなところになる。侍は、相互いの儀でござる。各々様にも追手に出られ、見失ったでは済みますまい。屋敷の内を穿鑿し、隠れていたら差し出しましょう、と。穿鑿の結果、怪しい者も、それを匿った者もいなかった。たぶん、皆さんを恐れて、裏から逃げたのでしょう。下屋敷なので、塀も低く、塀の下には薪など置いてあるので、塀を乗り越えて逃げたのでは。それでも、ご不審ならば屋敷内を捜し召され。でも、そうなると、この方の家中の一分が立たなくなり、やむを得ぬことながら大操動（騒動）になり、互いのご主君にまで累が及ぶことになりますぞ、と。拙者も随分、念を入れて捜しました、ご料簡くだされ、とねんごろに諭されて、追手の者たちは、反論の仕様もなく立ち去った、というのである。続く「同じく心得の談」とあるのは、これらをまとめ、総括したものである。追手に対し、そんな者は決して来ていないとか、出すことはまかりならぬとか、手荒くあしらうときには、相手は面目を失い、ことば争いから喧嘩にもなる。ただ、心に勇を失わず、ことばは柔らかに、追手の者の言い訳も立つように。言い方、仕方を間違うと、主人と主人の「言い分」（いさかい）になるものだ、と。樗山が伝えようとしたのは、「治世」の武士の処世術であった。

3

徳富蘇峰の『赤穂義士』は、大正十二年九月の関東大震災をはさんで、足掛け五か月で書き下ろされた。二年後、単行本にする際の「例言」は、「大震災を中間に挿み、最も物質的に困厄《こんやく》の際に出で来たるもの」ではじまり、「国民新聞社バラックの中にて、熱汗《ねっかん》を拭いつつ」で結ばれた。震災前、筆を起こしたのは、八月十七日であった。この夏の旱魃《かんばつ》で苦しむなか、ようやく一夜の雷雨を得た。雨雲がいまだおさまらぬうち、蘇峰はおもむろに筆を執り、楼前の百日紅《ひゃくじつこう》の火のごとき花に対峙して、この稿を起こす、と宣言したのである。

冒頭に蘇峰が語ったのは、元禄時代の「泰平気分」であった。「元亀・天正の戦闘気分が全く熄《や》んで、天下泰平の気分が溢るるように、否《いな》、徹底的に隅から隅まで充実（中略）平和の気分が乾坤《けんこん》に満ち来った」とした。そのような泰平の御代に、赤穂四十七士のごとき快挙が生じたのである。

蘇峰は、指摘した。赤穂の義士のなかに、背盟者、違約者、裏切り者が続出したことは、ある意味においては、封建制度の破産を示す「鉄案」（動かぬ証拠）だと。封建制度は階級制度であり、世襲制度である。にもかかわらず、赤穂の義士らが「爪はじきして、擯斥《ひんせき》」した連中を見ると、「高禄にして譜第（譜代）」の者が多い。それに反して、もっとも勇敢にして、決死の働きをしたのは、「微禄にして新参者」であった。階級とは何のためぞ、世襲とは何のためぞ、いざという場合には、ほとんど階級も、世襲も、何の役にも立たなかったのではないか、と訴えた。「浅野家分限帳」によると、高禄の筆頭は大石の千五百石。ほかに千石どりが二人。三人の家老を含め、四百石以上も八人、都合十二人。そのうち、義挙に加わったのは、内蔵助ひとりであった。蘇峰の脳裏には、先にブームを捲き起こした、福本日南の『元禄快挙録』の「ピラミード論」があったのであろう。そこでは、四十七士の三分の二は「歴々の上士《ごようし》」で、華奢風流の元禄時代になっても高禄の武士には、崇尚すべき連帯責任《レスポンシビリテー》が守られていた、と主張されていたのである。雲右衛門の口吻に倣えば、「嘘じゃ、嘘じゃ、そりゃ嘘事じゃ」というところなのであろう。蘇峰は日南に異を唱えたのである。

四十七士のうち、大石に次ぐ高禄は、片岡源五右衛門の三百五十石、次いで原惣右衛門の三百石、近松勘六の二百五十石、吉田忠左衛門、堀部安兵衛ら七人の二百石、と続く。ここまでが、通常、馬に乗ることが赦される騎士である。槍を持つことが赦された、「槍一本」の侍を加えても、その半数に満たないのである。日南に仕掛けた論争は、蘇峰に軍配が上がった。

禄高とともに、蘇峰が指摘したのは、譜代か新参か、義士たちの出自であった。不義士らを痛快に筆誅した神崎与五郎は、新参のなかでも微禄。わずか五両三人扶持の徒歩《かち》、士分ではなく軽輩であった。もとは津山藩譜代の家臣であったが、主家が断絶。浪人となったところを浅野家に拾われた。それ故であろう、譜代の裏切り者たちをやり玉に挙げて批判する『絶纓自《ぜつえいじ》解《かい》』を漢文で叙し、前原伊助の『赤城盟伝《せきじょうめいでん》』の註とした。神崎はその自註を「憤註」と称したのである。蘇峰は、義士の身分を調査すれば、新参でなければ小禄であり、あるいはその両者を兼ねるものも少なくない、として、首領たる大石はその除外例である、と位置付けたのである。

『仮名手本忠臣蔵』でいうと、四十六番目の義士となる早野勘平、そのモデルとなる萱野三平も、新参であった。長兄は、父の跡を継ぎ、五千石の旗本大島出羽守に仕え、用人として三百五十石を拝領した。三男の三平も、大島出羽守の推挙で、浅野内匠頭に見いだされ、中小姓として近侍した。十三歳のときで、十二両三人扶持であった、という。その後、成人してひとかどの士分になったのであろうが、その禄高は伝えられていない。内匠頭の讐が討ちたい。敵討ちの連判に加わったものの、実父が承知しない。譜代の御恩ではない、一代限りの新参だ、改めて仕官し、やり直せばよい、というのが父の考えであった。亡君の忠、父の孝、忠孝ふたつの義理に引き裂かれ、自刃して果てるのであった。『忠臣蔵』では、早野勘平を新参ではなく、譜代にした。譜代の侍が新参の腰元と恋に堕ち、追い詰められて腹を切る、悲劇にしたのである。幕末も近くなると、原作の義太夫にはなかった、「入れ事」のせりふが書き加えられるようになる。刀を腹に突き立てた勘平は、苦しい息で、「いかなればこそ勘平は」と、その身の上を振り返った。父、三左衛門の嫡子と生まれ、十五の年より御近習勤め、代々塩冶の御扶持を受け、束の間、御恩は忘れぬ身が……。このあと、「色に耽ったばっかりに」という、有名な入れ事のせりふになるのであった。

『忠臣蔵』で新参から譜代になったのは、勘平（三平）だけではない。塩冶判官（浅野内匠頭）の切腹を見届けた諸士は、館《やかた》を立ち去るそのときに、「御先祖代々」「われわれも代々」と、みな譜代になった。昼夜詰めたる館の内、今日を限りと思うにぞ、名残り惜し気に、見返り、見返り立ち去るのであった。蘇峰が新参、微禄と指摘しても、その一方で福本日南が称賛した、高禄譜代を崇尚しようとする精神も生き続けていたのである。

赤穂流謫のとき、山鹿素行が記した『配所残筆』には、高禄で抱えられた古武士の例が数え挙げられた。素行自身が、かつて浅野家を致仕する際に、これ以降は一万石以下では奉公するな、と言われたという。そのことからはじまる話であった。槍の勘兵衛こと渡辺勘兵衛も、そのひとりであった。十六歳の初陣から、織田信長、明智光秀、羽柴秀吉らに認められ、たびたび武勲を挙げた「渡り奉公人」であった。慶長年間には、藤堂高虎に二万石という破格の待遇で招かれたものの、大坂の陣ののち浪人となり、睡庵《すいあん》を名乗る。そのとき、五万石でなければ「主取《しゅうど》り」はしない、と豪語したという。『江戸の兵学思想』の著者野口武彦は、睡庵を「あっぱれ見事な侍大将」であり、「有能この上ない現場指揮官」であった、とした。その睡庵が孫のような山鹿の兵学講義を聴いて、ひとことも口を挿むことができなかった、という。野口武彦は、そのとき睡庵が目を輝かしたことは、想像に難くない、と評した。そして、このエピソードには、戦国以来の「兵法」と、江戸の「兵学」との落差が、じつにくっきりと表れているとした。山鹿素行の兵学とは「歴史上まれに見る天下太平の時代の産物であった」と、総括するのであった。

野口には、少し誤解があったようで、『配所残筆』に「当年五十三歳、老学恥じ入り候」とあるのは睡庵ではなく、睡庵の話をした村上宗古であった。睡庵のような「渡り奉公人」ではなく、実父の跡を継いだ譜代の幕臣で、家禄は大石と同じ千五百石であった。実父は戦国の武将、その気風を継いだのであろう、武芸などは人に習ったことなどなかった、と言い放つのである。古武士の風格を持つ、この旗本が五十三歳で致仕し、十歳も年下の山鹿に惚れこんで、「誓詞」を入れて山鹿流の門人となった。古武士といっても、合戦の経験などない。その経歴に記されたのは、江戸城内の普請の奉行であり、将軍の日光参詣の宿割り、などであった（『寛政重修諸家譜』二三六）。ふたたび、野口武彦の言を引用することにしよう。

江戸時代の兵学思想は、徳川幕府の手に権力をもたらした戦火の余燼がまったくおさまり、戦闘体験を語りつぐ戦場生き残りの武士たちが次々と死に絶えつつあった時期に、誰ひとり実戦

を知らぬ世代によって、はじめて体系化されたという事実であった

『配所残筆』の冒頭に山鹿素行が記したのは、学問の履歴であった。六歳で学び始め、八歳のころまでには、儒学の「四書五経」に加え、兵学の「七書」、さらに「詩文」もおおかた読み覚えた、という。九歳のときには、幕府儒官の林道春（羅山）に面会を許され、「無点の唐本」で『論語』の序を読まされ、以後は「無点」で読むようにと諭され、十一歳までに、それまでに読んだものを無点で読み返した。その成果であろう、漢詩もつくるようになり、十四歳のときには、公家の飛鳥井大納言や烏丸大納言に招かれ、詩文の贈答をするようになった。はじめて、講釈（講義）をしたのは、儒教の『大学』で、そのとき十五歳だという。翌年からは、五千石の幕臣や三千石の大名の家老、一万石の大名の隠居らに招かれ、『孟子』『論語』などを講釈した。その一方で兵学も学び、印可を得るに至るのだが、合戦はおろか、喧嘩口論で刀を抜いた、という記録すらない。十七歳のときには、神道を学び忌部神道の口訣《くけつ》も相伝、さらに二十歳までに『源氏物語』をはじめ『伊勢物語』『大和物語』『枕草子』『万葉集』『百人一首』など歌書の相伝も受けたのである。のちに、浅野侯に招かれて、築城の指導をすることになったものの、生涯、戦場で戦う機会を得ることのなかった、兵学者だったのである。

野口武彦は、いう。山鹿素行にとって、おおむね抽象的な存在であった「敵」は、幕末の吉田松陰に至って、現実のものになる。松陰の兵学は、目の前の敵の危機感から生まれた、「危機の兵学」である、と。山鹿流の兵学を家学とした松陰は、十一歳のときに藩主の前に伺候して、山鹿流の教

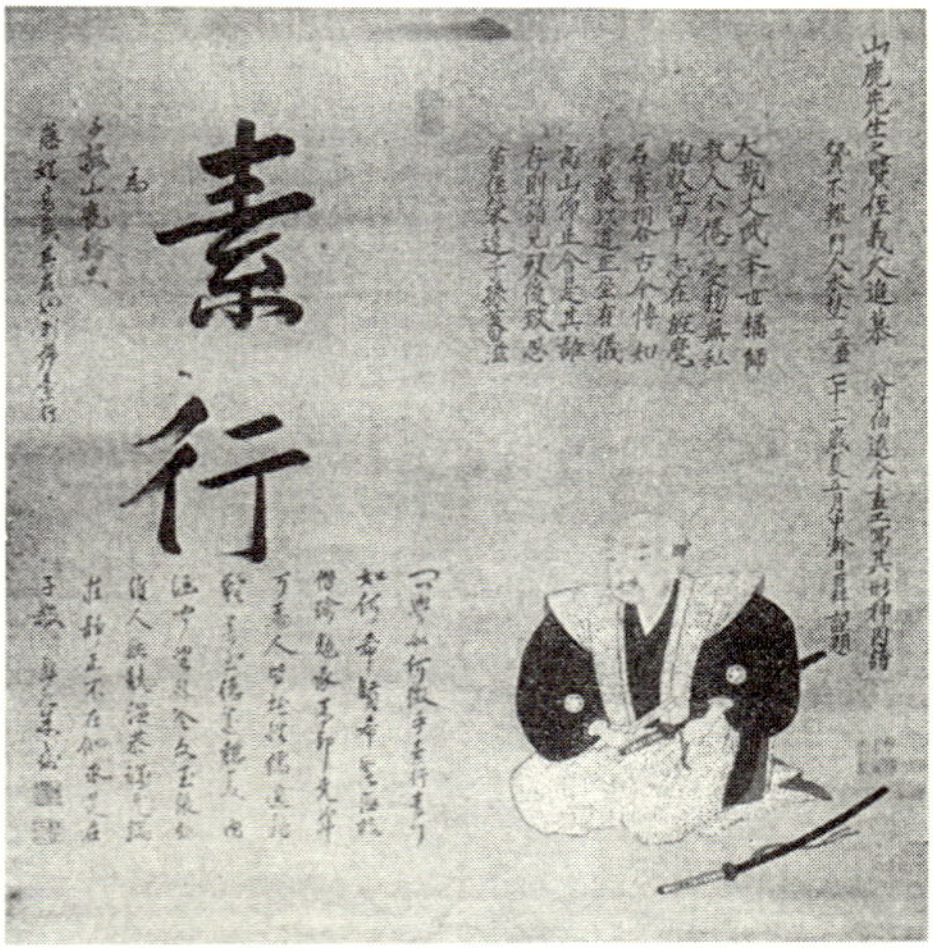

松浦伯爵家蔵「山鹿素行自賛肖像」（伯爵松浦厚『素行子山鹿甚五左衛門』より）

科書である『武教全書』（巻之四）の「戦法篇」のうち「三戦の条」を講義したという。巻之四の後半は、河の戦にはじまり、水攻め、舟の戦、伏兵、火の戦、夜の戦、そのほか雑戦と、具体的な戦術を語るもので、「戦法篇」は、その末尾に添えられた総括であった。その内容は、「三戦の事」に続いて「五戦の事」「二の勝心得武功」「戦法心得の事」「奇正の事」「虚実の事」「心気力の事」「必勝の事」「離勝の事」と分かれる。「三戦」とは、「先をとる事」「後の勝の事」「横を用ゆる事」の三つで、「先をとる事」では、兵学のバイブルである『孫子』の「先勝、而後戦」にもとづき「味方備えよくして、敵のたつるを見て、これをうつべし」と説く。『武教全書』の本文は、ごく短いものなので、そこに家学として伝えられた口伝を織り交ぜて講義をしたのであろう。兵学とはいえ、その内容は実学ではなく、机上の空論であった。

松陰の関心が目の前の現実に向けられる、そのきっかけとなったのは遊学であった。嘉永三（一八五〇）年には、平戸、長崎、熊本など、四か月にわたり九州を跋渉《ばっしょう》。このとき松陰、二十一歳であった。翌年には、藩主に従い江戸に下り、佐久間象山に入門、西洋砲術を学ぶ。その年の暮れには、東北の各地遊歴を企図するのだが、藩庁からの手形がおりない。出立は十二月十五日、赤穂義士復讐の日と期していた松陰は、約束は山よりも重し、俸禄捨つべし、士籍擲《なげう》つべし、と決行。翌年、そのために士籍を失うのであった。憂国の念は、いよいよ募り、嘉永七（安政元）年には、間諜（スパイ）となってアメリカに渡る決意をし、小舟に乗って夜陰に乗じ、下田沖のアメリカ戦艦に忍び込んだものの、乗船を拒否され、入獄。松陰の『回顧録』には、「墨夷（アメリカ）を膺懲《ようちょう》（成敗）するの挙あらば、固《もと》より一死、国に報ず」と決意が示された。三月二十七日、決行の日の「夜記」（回顧録）には、その冒頭に「赤穂義士、復レ讐、賜レ死」ともある。下田から江戸に護送の際、茶菓などの差し入れがあったが、それらは固辞した。松陰がその理由として挙げたのも、下田の獄舎で読んだという『赤穂義士伝』であった。討ち入りののち、諸家に預けられた赤穂の義士たちは、まるで打ち合わせたかのごとく、「厚味美食」を辞して、食さなかった、と。江戸に送られる途中、義士たちが眠る高輪の泉岳寺では、「かくすれば、かくなることと知りながら、已《や》むに已まれぬ大和魂」と、その志を和歌に託した。嘉永から安政と、松陰の行動が激しくなる、その一方で『忠臣蔵』では、大星由良之助が立ち上がり、雪の降る中で山鹿流の陣太鼓を打ち鳴らすようになるのであった。

　萩に幽閉されたのちも、松陰の言動は激しさを増し、ついには、老中間部詮勝の要撃に、自ら刺客としてその先鋒たらん、と決意するに至るのであった。その計画も頓挫、再び獄中の人となった松陰は、松下村塾の門弟の野村和作に書簡を送った。野口武彦が、その文面から注目したのは、

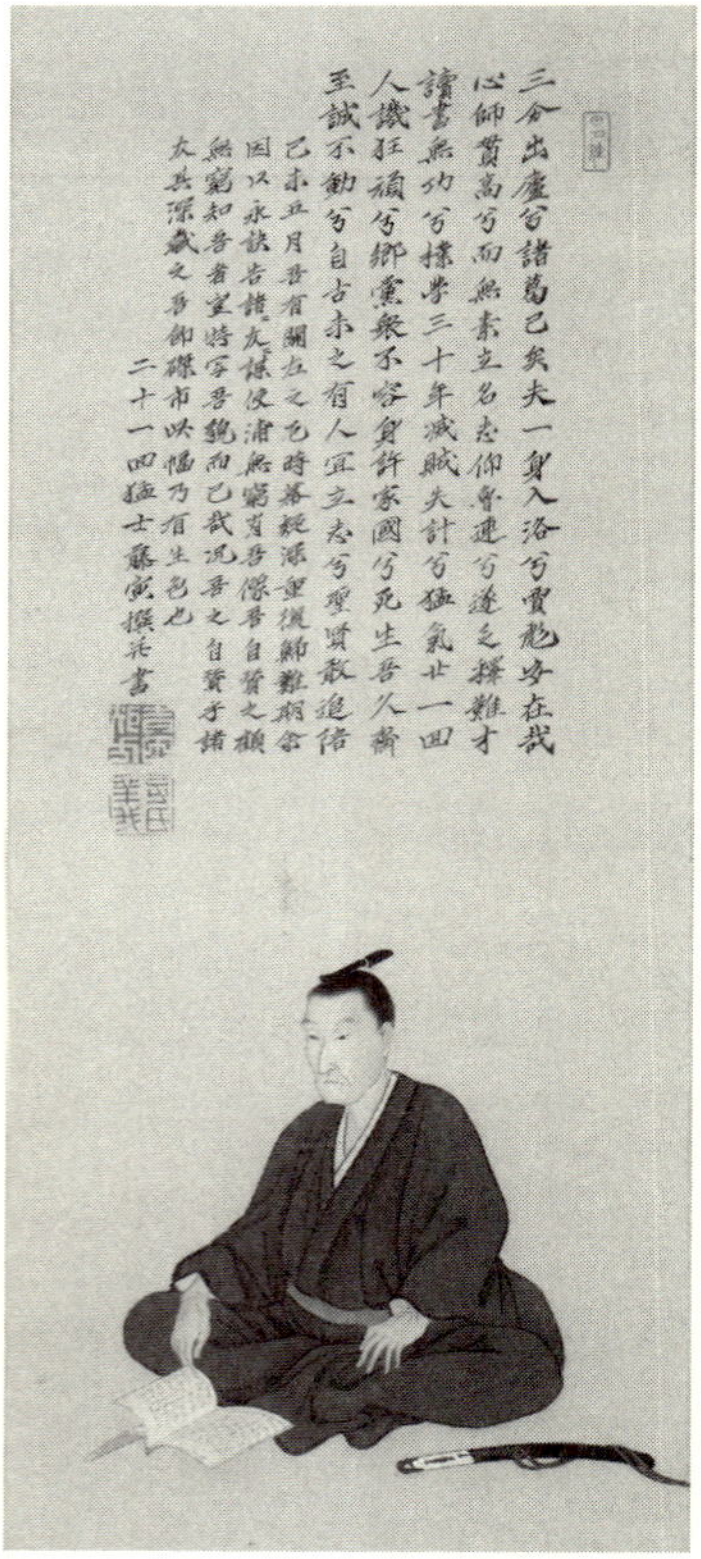

吉田松陰の自賛肖像（山口県文書館蔵）

「死」の想念であった。曰く「（自分）一人なりと死んでみせたら朋友、故旧」など生き残ったものどもも、奮起するであろう、と。松下村塾の塾生に示した「士規七則」では、『論語』泰伯篇の「死《し》而後已《してのちやむ》」の四字で締めくくった。武士たるものは、斃《たお》れてはじめて終わるのだ、と。「先師」である山鹿素行の示した「士道」にはない、危機の武士道であった。

「武士道《シヴァリー》はその表徴たる桜花と同じく、日本の土地に固有の花である」ではじまる、新渡戸稲造の『武士道』が英文で書き下ろされたのは、明治三十二（一八九九）年であった。武士道を生み、育てた社会は消えて久しい。しかし、昔あって今はない、遠き星がなお我々の上に輝くように、武士道の光は、今もなお我々の道徳の道を照らしている、と。その徳目を数え上げた。その最後には、本居宣長の「敷島の大和心を人問わば朝日に匂ふ山桜花」に続き、吉田松陰の「かくすれば、かくなるものと知りながら、やむにやまれぬ大和魂」が例示されたのである。武士道の花は散っても、その香気は遠き彼方の見えざる丘から、風に漂ってくるであろう、とその将来を見つめた。

「自殺」(切腹)と「復仇」(敵討ち)の両制度も、明治の刑法法典の発布とともに、その存在理由を失った、と新渡戸は指摘するのだが、制度としての切腹や敵討ちは消えても、その香気は風に吹かれて、漂うのである。切腹と敵討ち、そのシンボルが歌舞伎の『忠臣蔵』であった。武士道の復興が危惧されたからであろう、太平洋戦争のあと進駐したGHQは「復讐」と「自殺(切腹)」をテーマとする歌舞伎を禁止した。関係者の努力により、禁止が解かれ今日に至る。「復讐」と「切腹」は、『忠臣蔵』のなかで、どのように生き続けたのであろうか。そろそろ前説は切り上げ、本編に入ることにしよう。

忠臣蔵の春

太平記と「大序」

1

『忠臣蔵』初段の冒頭、大序《だいじょ》には〽ころは暦応元年二月下旬」と、元号が明記された。暦応は北朝の元号で、後醍醐天皇の南朝では延元三年、西暦では一三三八年になる。暦応元年閏七月には、新田義貞が北陸で亡び、八月には足利尊氏が北朝の光明天皇から征夷大将軍を叙任、それを室町幕府のはじまりとみた。『忠臣蔵』は、義貞敗北の戦後処理から、物語を語り始めたのである。

『忠臣蔵』の二段目は、初段の翌日だが、〽空も弥生の、たそがれ時」ではじまるので、初段の「二月下旬」は二月の晦日ということなのであろうか。三段目「喧嘩場」はさらにその翌日、四段目「判官切腹」までは数日であろうから、これも弥生、春三月の物語であった。『忠臣蔵』では、義貞や尊氏の閏七月から八月という史実を枉《ま》げてでも、塩冶判官（浅野内匠頭）の春の名残を描こうとしたのである。

『忠臣蔵』の各段には、それぞれに名称があり、初段は「鶴岡《つるがおか》の饗応」である。人形芝居では、のちに前後二段に分け、それぞれを「兜改めの段」、「恋歌《こいか》の段」とした。「恋歌」とは、高師直が塩冶判官の奥方に贈った和歌のことで、その出典は『太平記』「塩冶判官讒死《ざんし》の事」（巻二十一）であった。師直は、拒否された腹いせに塩冶を讒訴、追い詰められた判官は、「七生《しちしょう》まで師直が敵となって、思い知らせんずるものを」と怒り、馬上で腹を切り、さかさまに落ちて死ぬ。この関係を「赤穂一件」の浅野内匠頭と吉良上野介に当てはめて脚色したのは、近松門左衛門であった。『兼好法師物見車』では、師直（吉良）の横恋慕から喧嘩、判官（浅野）の切腹までを取り込み、その後編『碁盤太平記』で大星（大石）らの討ち入りが描かれたことは、すでに触れた。『忠臣蔵』は、その近松を手本に、書き下ろされたのである。

「兜改め」も、その原話は『太平記』の「義貞自害の事」（巻二十）であった。負け戦となった新田義貞は、北陸道を落ち延びる途中で馬を射られ、落馬。そのとき、眉間の真ん中に白羽の矢が立った。急所の痛手に、もうこれまでと覚悟して自害、義貞はみずからの手で首を掻き切る。近松門左衛門の『吉野都女楠』は、この「義貞自害」に「小山田太郎高家、青麦を刈る事」（巻十六）や「義貞の首獄門に懸くる事、付けたり勾当内侍の事」（巻二十）を加えて脚色された。「兜改め」も、近松のこの浄るりを手本にしたのである。

『太平記』に描かれた義貞の最期は、壮絶であった。切った首を泥田に隠し、その上に横たわって臥した。義貞は、死に首を敵に奪われることを、嫌ったのである。あとから駆け付けた郎党は、義貞の死骸に跪《ひざまず》き、腹を切って、義貞の遺骸の上に重なり臥した。これも、主君の首がさらされることを恥とした、武士の忠誠心であった。『太平記秘伝理尽鈔《りじんしょう》』という注釈書には、その数は二十二人に達した、とある。にもかかわらずその首は、すでに奪われていた。奪った男は、端《は》武者ではない、と思った。敵方の大将は、手ずから首を改めて、矢疵を確認。さらに、遺された二振りの太刀は源氏重代の鬼切、鬼丸、肌に付けた守り袋は後醍醐天皇の宸筆、義貞の首に相違ない、と確信した。死骸は、葬礼のため寺院に運ばれたが、首は別で、唐櫃に入れ京都に送られ、獄門にさらされたのである。

近松が注目をしたのは、その首であった。二年前、湊川の合戦で、窮地に追い込まれた義貞の命を助け、討ち死にした小山田太郎に結びつけ、獄門にさらされた首はほんものではなく、小山田の贋首であった、という物語に仕立てた。獄門の首に取り付くのも、義貞の妻、勾当内侍だけではない。贋物の内侍として小山田の妻も登場させ、首がほんものかどうか、見極めた根拠は、名香の香りであった。義貞が言い遺したのは、出陣の際には、帝から賜った蘭奢待を内兜に焚きしめる、それゆえ、鬢《びん》の髪に名香が薫る首を取ったという人があれば、それが義貞の討ち死にと思え、と。『忠臣蔵』では、首のかわりに義貞の着すての兜の真贋を、この蘭奢待の香りで見極めることになった。

「兜改め」は、前後二段からなる。前段は、蘭奢待の名香にまつわる記憶で、『忠臣蔵』では、近松の『吉野都女楠』の義貞の遺言を、ここに当てはめた。「兜改め」は、後段である。兜の種類は、「星兜」にはじまり、「とっぱい頭《がしら》」「獅子頭」或いは「ちょっぺい」「筋兜」と続き、五枚兜の竜頭《たつがしら》を見て、顔世《かおよ》が「これぞ」と言わぬそのうちに、名香の香りが、ぱっと立った。蘭奢待の香りが、目利きの決め手になったのである。

新井白石の『本朝軍器考』が出版されたのは、没後十五年が経過した、元文五（一七四〇）年。『忠臣蔵』の初演に先立つこと、八年であった。幕臣であった白石は、この著述に「筑後守従五位下、源君美」と署名した。清和源氏の嫡流、新田流を標榜する徳川将軍に準じ、自分も同じく源氏の流れをくむ、という主張だったのであろう。白石が試みたのは、八幡太郎義家はじめ頼朝など、源家の故実を軍器により、考証することであった。そのために、保元物語、平治物語、源平盛衰記(平家物語)、太平記等、軍記をはじめ膨大な資料を渉猟、比較検討して、その正当性の立証に努めた。軍器の範囲は、旗幟から鞍轡まで、十二類。「甲冑類」は、その九番目であった。白石の考証の中心は、武家の家々に伝えられる重器であった。数え上げられた、その中に「源義貞朝臣の薄鉄」とあるのが新田義貞の甲冑。「薄鉄」と書いて「ウスガネ」と読む。この名称は、元をたどると八幡太郎義家にまでさかのぼる、「月数」「日数」「源太が産衣」「八竜」「沢潟」「薄鉄」「盾無」「膝丸」など、のちに「源氏の八領」、あるいは「八甲《はっこう》」と称される重宝のひとつである。白石は、義貞のウスガネが赤縅《あかおどし》なので、義家伝来のものか、と推測する一方で、木曽義仲が名乗ったウスガネとは、別の系統のものなのか、という見解も示した。義貞の最期についても、流れ矢が眉間の真ん中に立ったという『太平記』を引用、このころにはまだ、顔を覆う「目庇《まびさし》の板」はなかったのであろうか、とも推測するのであった。

白石の調査は、文献だけではなかった。法隆寺をはじめとする古刹や、藤森神社など由緒ある神社にも及んだ。石清水八幡に、義家が奉納したと伝わる甲冑は、紺糸縅の鎧、大星の冑(兜)のほか、唐櫃などもそなわる。白石は、その唐櫃をふくめ「古代の物なり」と見極めるのである。鞍馬寺の義経の甲冑は、ある人の仲介で奉納されたものだが、なかでも冑は「希代の物」だ。大星の五枚冑に、一尺六寸三分の鍬形、吹き返しには黄金の獅子が打たれ、重きこと「大十斤」、世の常の人が耐えられる重さではない。同じ御曹司でも義経ではなく、剛力で知られた八郎御曹司為朝の「八竜」に擬したものなのではないか、と自問自答するのである。『本朝軍器考』は、軍器の鑑定の難しさを示すものでもあったのである。

　八代将軍吉宗も、武家故実の研究を奨励した。白石を排斥するその一方で、白石の研究を継承する伊勢貞丈を登用した。寺社だけではなく、諸大名家など旧家に伝わる重宝を江戸城に集め、それを模写。鞍馬寺の義経の兜は、その模写をもとにレプリカまでつくらせ、奉納したものである。『享保名物帳』は、その刀剣版であった。吉宗は、その鑑定を本阿弥家十三代、本阿弥光忠に命じた。鑑定のその極め書きのことを「折紙《おりかみ》」と呼ぶ。「折紙付き」でなければ、どんなに切れる刀でも、お家の重宝にはなりえない、そんな時代を迎えることになった。延享二（一七四五）年吉宗は将軍を退位、寛延四（一七五一）年に息を引き取る、その間に『忠臣蔵』の「兜改め」は成立したのであった。

新田義貞の兜（藤島神社蔵）

　因みに、現在、義貞の着用とされる兜が二つ伝わる。ひとつは義貞を主神として祀る、越前の藤島神社の所蔵で、江戸時代に入り、明暦年間に土地の農民が田から掘り出し芋桶として使っていたものを、福井藩の軍学者が鑑定、義貞着用の兜として、藩侯より奉納された。「鉢」という兜の本体だけで、竜頭や鍬形の前立《まえたて》など飾りや、左右の錣などを欠く。細く切った鉄を、タテに繋いだ「筋《すじ》兜」で、四十二面の鉄には、銀の象嵌で宮中守護の「三十三番神」が描かれた精巧なもので、現在、国の重要文化財に指定されている。同じく藤島神社蔵、狩野探幽原画の模写「新田義貞公御肖像」には、補正された兜が描かれていて、そこには、目印の鍬形、竜頭、五枚兜の錣もそなわった。伝義貞のもうひとつの兜は、淡路島洲本《すもと》の炬口《たけのくち》八幡神社に所蔵。この兜も炬口の城主の奉納であった。こちらも、国の重要文化財である。腹巻（鎧）は古風なものだが、それに比べると新しく、補正が加わっているのであろう、金の鍬形など、立派な前立も付く。このような形で、伝義貞の着すての兜は、流布されたのである。

「兜改め」が済むと、のこったのは顔世ひとり。ここからが「恋歌の段」になる。よき幸いと師直は、かねて用意の結び文を、自分の袖の袂から顔世の袂に、そっと忍ばせた。それを恋文と見て驚いた顔世は、物をも言わずにその文を投げ返した。それを拾い取った師直は、もうこれまでだ、「口説いて、口説いて、口説きぬく、（中略）塩冶を生きょうと殺そうとも、顔世が心、たったひとつ」だと、顔世のうしろから抱き付く。そのとき、「顔世どの、顔世どの」と捨てぜりふで、顔世にすり寄るのが、歌舞伎の型。色欲で上気した師直の顔に、唖然とする顔世の顔が重なる、その色気は人形では表現することのできないものであった。戸板康二の『忠臣蔵』には、このところの芸談が紹介されていて、昔から大序で、しげしげと顔世の顔を見ることができるのは、横恋慕する師直ひとりに限る、としたうえで、「つまり、他の人が顔世を見ないことによって、師直の見る演技が強調される」、とした。師直は、もう一か所、顔世が語る姿に見ほれ、思わず、〽小鼻いからし、聞きいたる」で、一瞬、エロティックなポーズを見せる。たった、それだけである。

2

芝居の方では、「大序」のことを「ただしんこの幕」といった、ということが戸板康二の『忠臣蔵』に書かれている。「ただしんこ」というのは、縁日のしんこ細工で、鳥などのかたちを模したものではなく、ただの「しんこ」に色を付けて並べたものだという。大序の舞台面は、師直の黒、若狭助《わかさのすけ》の浅黄（薄い水色）、判官の卵色、それに加えて顔世の裲襠《うちかけ》の紫、着付の赤、端役の大名の大《だい》紋《もん》にも、幾通りの色が混じっている、それを「ただしんこ」に見立てた。『忠臣蔵』の大序は、コスチューム・プレイでもあったのである。

松竹衣裳株式会社の出版した『歌舞伎衣裳附帳』で、現行の衣裳を確認すると、直義は「指貫」、これは、公家の装束である。師直はじめ大名は、みな大紋《だいもん》。公家の有職にしたがった武家装束だが、生地が異なる。師直は、麻。桃井と塩冶は、絹の精好。大名の木綿は、もとは座元の「蔵衣裳」だったのであろう。麻や精好は、ほんらいは役者の自前であった。それぞれの染にも注文があったのであろう、戸板康二は、それぞれ色のあがりのむずかしい大紋があった、と指摘した。

顔世を除く男たちは、みな烏帽子を着ける。もっとも、高位なのは直義、金の三位《さんみ》烏帽子である。大紋の大名は、黒の引立《ひきたて》烏帽子という大きな烏帽子をかぶる。「兜改め」の雑式（下侍）は、黒でも小さな侍烏帽子、御供の仕丁たちも糟《かす》烏帽子をかぶる。衣裳とともに烏帽子も、公家の有職に則った時代絵巻で統一されているのだが、舞台面がそこまで洗練されるまでには、かなり長い時間を要したのである。

ほんらいの構想は、義太夫の丸本を読んだだけでは分からないが、書き下ろしの際に売り出された人形芝居の「絵づくし」には、それがはっきりと表れていた。公家の有職に則ったのは、直義、師直らで、判官と桃井の二人は武家の故実にしたがった、裃《かみしも》を着した。もちろん、烏帽子などはかぶらず、月代を剃った江戸の武士であった。今日のように、桃井も判官も、大紋を着し、烏帽子をかぶるようになるのは、文政の末から天保にかけて、それが型として確立されるのは、天保の改革以降、弘化嘉永とくだる。それまでの百年ちかくは、公家と武家が視覚的に、はっきりと対比されていたのである。ただし例外も、あった。その早い例は初演から二十三年目、明和八（一七七一）年五月、江戸中村座の『忠臣蔵』である。夏芝居ながらも大当たりとなり、「芝居絵本」が売り出された（国立国会図書館蔵）。このとき、判官も師直とともに烏帽子大紋になるのだが、桃井だけは長袴の裃で、烏帽子もなく、月代をさらした、江戸の大名であった。桃井は、團十郎を襲名したばかりの五代目の初役で、この大当たりで桃井は、團十郎の家の芸になったのである。顔世をかばい、師直に盾を突く、それが「弱きを援け、強きを挫く」江戸っ子の精神に通じたのであろう。江戸の大名も、その多くは江戸で生まれ、江戸で育った、江戸っ子であった。

七代目團十郎の当たり役で、とくに京坂で評判になったものに、『ひらかな盛衰記』の梶原平次景高があった。この役も、若狭と同じ大名の次男坊である。初下りの大坂で御目見えに出したところ、さすが、江戸は将軍のお膝元、小道具衣裳はもちろん、「お大名のご子息という腹、きっとわかりました」と褒められた（文政十三年刊『役者始開暦』）。『忠臣蔵』の若狭助も、祖父の五代目譲りの七代目の持ち役で、やはり、ほんもののお大名を見るようだ、と喜ばれたのである。敵役の平次は、駄々っ子。若立役の若狭は、癇癪持ちであった。師直に「小身者だぞ（中略）あぶねえ身代、それでも武士か、侍かよ、馬鹿な面《つら》だ」と罵倒され、こらえきれずに、手に持った中啓の扇を天高く放り投げ、刀の鯉口に手を掛けた。そのとき、代参をおえた直義公の帰還を告げる先ぶれの「還《かん》御《ぎょ》」の声がした。師直に「還御だ」と、胸を中啓で叩かれ、じっとこらえる若狭。直義公らが通り過ぎると、若狭も立ち上がって、帰ろうとすると、師直の「早えわ」のひと声。この「早えわ」が三度、繰り返されて、こらえきれずに、ふたたび刀の鯉口に手を掛けると、塩冶判官が割って入り、止めるのである。緊迫したこの幕切れを、戸板康二は江戸歌舞伎の「曽我の対面」を見るようだ、とした。曽我の工藤の見得は、「鶴見得」。富士の山に飛翔する、鶴の姿を模した、盤石の姿である。師直の方は、同じように正面を切っても、体を放り出すように、斜めに傾く。どちらも、一座の座頭の役どころだが、曽我の工藤は、実悪。曽我兄弟の親を殺した悪人でも、時節が来たら討たれてやろう、と貫禄を見せる実事師でもあった。大役でも、師直はあくまでも、敵役。その憎々しさが本領になる。正面を向いて、体を斜めにするそのポーズは、役者絵にも描かれる、師直の象徴になった。

　判官とともに、桃井も烏帽子大紋になる、それにも早い記録があった。寛政七（一七九五）年に江戸三座で『忠臣蔵』の競演があった。各座の芝居絵本に拠ると、そのうちの都座と河原崎座で、判官と桃井が烏帽子大紋になり、師直と揃って三人が公家装束になった。ただし、これはこのとき限りであった。ふたたび、烏帽子大紋で三人が揃うのは、寛政から数えて二十九年後、文政七（一八二四）年正月の江戸市村座。『仮《か》名曽《なでそ》我當蓬萊《がねざしのふじがね》』という名題で、江戸の曽我狂言に『忠臣蔵』を取り込んだ、書き替え狂言であった。ときは、太平記の室町から曽我の鎌倉、鶴岡八幡宮の代参は頼朝の嫡男頼家、「兜改め」は義貞から義経になっても、その段取りは『忠臣蔵』のままであった。在鎌倉の執事は師直から比企頼員、饗応の大名のうち安達宗成が塩冶、三浦義村が桃井に相当した。この大序が影響を与えたのであろうか、文政の末年から、少しずつ烏帽子大紋になり、天保の改革を過ぎると、大紋で定着、その演出は京坂にも及んだ。人形芝居でも、嘉永の末から安政に至ると、烏帽子大紋で三人揃った「大序」は、呼び物になったのであろう、番付の絵面に大きく描かれて、売り出されたのである。

大名の式服の色について、『徳川盛世録』（明治二十二年刊）に興味深い指摘があった。三位以上の将軍・大名の「直垂」、四位の「狩衣」、五位の「大紋」、ともに「色定めなし」だが、ただし、直垂には将軍の江戸紫、その嫡子の緋色、二代将軍秀忠、三代将軍家光の着用した浅黄・萌黄は、憚られた。さらに、黒は凶事のものなれば忌みて着せず、と。大紋にも適応されるものだとすると、芝居では、あえて桃井に浅黄、師直に黒と、禁色を配したのである。

3

書き替え狂言の「仮名曽我」の口上人形は、ほんものの人形ではなく、惣領甚六という道外形の役者が扮した。大部屋の役者が二人、黒子《くろご》姿の人形遣いになり、幕の隙間から手を出して、惣領甚六を人形のように操った。別な役者が幕の内側で、「役人替名《やくにんかえな》」という「役ぶれ」の巻物を読み上げる。読みおえると、「ゆる〳〵〳〵」のところで、人形の首が回るのだが、甚六は人間なので、人形のように首は回らない。首を回そうとしても、回らない演技で、笑いを取ったのか。あるいは、衣裳の内側に人形の胴体を仕込んで、甚六の体ごと首を回したか。勝手なことを言えば、回らないように見せてから回る、その方が見物は喜んだに違いない。

「口上人形」の誕生秘話を紹介したのは、代々江戸の囃子方の頭を勤めた六代目田中伝左衛門であった。嘉永六年（一八五三）に没する前、天保の改革で江戸三芝居が日本橋から浅草猿若町に移転したそのあとのことだったのであろう、昔から家に伝わる囃子の式法を記録した。それが『芝居囃子日記』（『日本庶民文化史料集成』六『歌舞伎』）である。「明和五年の秋」とあるが正しくは明和六年（一七六九）九月、市村座で義太夫狂言の『小野道風青柳硯』が出されたときであった。二代目沢村宗十郎の江戸名残の演目で、座元の九代目羽左衛門が頼風ひと役であったことを気の毒に思い、狂言方が相談をしたところ、羽左衛門は「大序の口上人形になる」と相談が決まった、という。人形の役なので、鬘は「縮緬張り（の月代）」、両鬢に「ぼっと（せ）」を付けた田舎者。花色熨斗目の小袖、柿色の裃に人形芝居の肥前座の紋を付けた。扮装は決まったが鳴物がない。そこで工夫されたのが「太鼓なき片シャギリ」であった。「口上左様」と読み上げたあと、「天王立」の鳴物で「座元いろいろ思入」あって、幕の内側に引っ込んだ。囃子方の秘伝なので、原題は「あやつり狂言、大序片シャギリの事」。片シャギリは、ほんらい市村座のものだが、のちには、どの芝居でも使われるようになった、としたうえで、「忠臣蔵」の大序に話が及び、近ごろは「忠臣蔵」の大序の鳴物も賑やかだが、昔は至ってシンプルだった、と語り収めるのであった。

このとき、幕の内側で、役ぶれを読んだのは、羽左衛門門下の敵役、坂東重蔵であった。市村座の口上で、ふだんは幕ごとに幕前に重蔵が出て、巻物を読んだのである。昔は、口上が幕前に出ると、「イヨ口上」と茶化した。まじめに聴く客などいないので、なにしろ早口で、巻物を目まぐるしく巻き取ったという（手柄岡持著『後《のち》は昔物語』）。稲荷町（大部屋）の頭などの軽い役を、座元が真似たところに面白さがあったのであろう。そのとき、十五歳の少年であった狂言作者の鶴屋南北は、のちにそれを「仮名曽我」で再現した。古希を迎えた年の春であった。

口上人形のはじまりとして、よく引用される七代目松本幸四郎の芸談『松のみどり』の話も、出典は『芝居囃子日記』だったのであろう。羽左衛門に関する細かな情報は一致するのだが、肝心の演目が『小野道風青柳硯』から『忠臣蔵』になった。さらに、もともと人形芝居の方に、口上人形があって、それを歌舞伎が真似た、というのも間違いで、人形芝居の役ぶれは、義太夫の太夫と三味線に限る、それも幕の前ではなく、幕が開いた後。そもそも、人形の配役を知らせる役ぶれなど、なかった。

口上が済むと、また、知らせの柝で、鳴物「天王立《てんのうだち》、下《さが》り羽《は》」に掛かる。大序では、幕開きから幕切れまで、鳴物はこの「下り羽」で通す。もとは、能の「下り羽」を写したものだが、大序の「下り羽」だけは特別で、現行では大小の鼓を省略し、能管と太鼓だけのシンプルな演奏になる。笛は、「ラア、ラア」と吹くので、「ラアラアの下り羽」とも称した。「ラアラア」は、笛の音を口で言う、「唱歌」である。元は、神楽の笛の音を抽象化したもの。能の下り羽も、のんびりとしたものだが、大序ではそれが、より一層、のんびりとなる。「仮名曽我」のト書きでは、それが「ゆたかに幕開く」と表現された。

幕が開いたときに、直義はじめ仕丁まで、全員がじっとして、うなだれる。「人形身《にんぎようみ》」といって、人形になっている、つもりである。浄るりで名前を呼ばれると、直義はじめ順々に頭をもたげ、動きはじめる。歌舞伎ではじめた演出だが、文楽でも踏襲。戸板康二は、その気分を「豪華な金唐革の書物の、扉を重々しく明けるような気持ち」だ、とした。うまい比喩である。

ここで、人形芝居における「大序」の成立について、整理をしておく。『義太夫年表』「近世篇」の「影印」で番付を通覧すると、「大序」と銘記された初出は、延享三（一七四六）年竹本座の『楠昔噺』。ついで、寛延二（一七四九）年の『源平布引滝』。竹本座では、この間に『菅原伝授手習鑑』『義経千本桜』『仮名手本忠臣蔵』の三名作が初演されるが、「大序」の表記はない。「大序」は、竹本座だけではなく豊竹座にも波及。共通しているのは、五段物の本格的な時代狂言で、「大序」の「大」の字は、規模の大きさではなく、その正統性にあった。

「大序」は、「紋下《もんした》」とされる最高位の太夫が語るものであった、というが、その伝承は大序という名称が現れる以前、初段と呼ばれた時代にまで、遡る。『義太夫年表』の番付を繰ると、享保年間の四点のうち、竹本座の三点は政太夫（のちの二代目義太夫、播磨少掾）、豊竹座も越前少掾、と紋下が語った。紋下には、その日の第一声をだすことも求められたのである。美声を誇った越前少掾に対し、小音の政太夫は腹から絞り出す声で対抗。豊竹座の「東風」、竹本座の「西風」と、それぞれの語り口を競った時代であった。政太夫こと播磨少掾の没後、竹本座の紋下になった此太夫もそれを受け継ぐのだが、忠臣蔵の騒動で此太夫が抜けた後は、紋下ではなく二番手、さらに三番手、四番手も語るようになる。三名作の初演でいうと、『菅原』『千本』は紋下の此太夫、『忠臣蔵』は四番手、五番手の文字太夫であった。

語り出しの文句には、決まりがあり、作品のテーマを象徴する、和漢の故事が引用された。『菅原』なら『荘子』。〽蒼々たる姑射《こや》の松」にはじまり、〽末世に伝えて有難し」まで、文字譜は二つ。語り出しは「序詞」、最後は「ヲクリ」である。文字譜の「序詞」は、「序」と「詞」に分かれる。「序」は、三味線の前弾きであろう。それに続く「詞（コトバ）」には、三味線が入らないのが原則である。最後の「ヲクリ」になって、三味線がメロディを弾き、浄るりも少し歌うのである。現在、歌舞伎でも文楽でも、演奏されている大序はこの形式で、息継ぎの三味線が「ツン」と入ることはあっても、三味線がコトバに絡むことはないのである。しかし、初演以来の『忠臣蔵』の丸本の文字譜は、「序詞」ではなく「地中」であった。これも「地」と「中」に分かれ、「中」は浄るりの音の高さ、「音高」である。節付は「地」で、「詞」とは対照的に、浄るりの文句に三味線が絡むのが原則であった。伝承の過程で、コトバに絡む三味線の音色が消されていたのである。

もう一度、人形芝居の番付に戻ると、『忠臣蔵』の「大序」の初出は、寛政二（一七九〇）年。初演から数えて、四十二年目になる。大坂道頓堀の筑後の芝居、竹本徳松座で、紋下の三代目政太夫と江戸下りの住太夫の共演、九段目の切では二人の掛合になった。続いて二年後、寛政四年にも、「大序」。大坂道頓堀の東の芝居、竹本千太郎座で、このときは政太夫、住太夫に加え、豊竹麓太夫《ふもとだゆう》も加わった。麓太夫も江戸で人気を博した人で、番付には「江戸表にて仕り候通り、大序より大切敵討ち迄、幕なし」という口上が出た。このとき、大序を語った氏太夫という人が、翌年、名古屋で「大序より大切まで幕なし」の『忠臣蔵』を出すのだが、そのときには、出語り出遣いで『翁千歳三番叟』を付けた。寛政十年には、道頓堀東の芝居で、政太夫と麓太夫が「幕なし」の『忠臣蔵』を再演、麓太夫自身が大序を語った。いちれんの流れの中で、『忠臣蔵』の大序は、ほんらいの「地中」から「序詞」へと、その語り口をかえたことになったのであろうか。

歌舞伎の大序（初段）は、語り出しだけではなく、全編にわたり三味線の手が少ない。文楽では、それを補うためもあるのであろう。「兜改め」では下座の鳴物が活用された。「いかに師直」にはじまる直義の長ぜりふには、太鼓の「ドン」という音に、「カラカラ」という鈴の音が加わる。鶴岡の社殿で奏されているであろう、神楽である。「下り羽」の笛の「ラアララア」のように抽象的ではなく、具体的で、おごそかな神社の雰囲気が漂うのであった。続く顔世の呼び出しにも、笛が入り、「兜改め」になると三味線にノッテ、派手な顔世の「物語」になる。さらに「恋歌」になると出語りで、三人の太夫の掛合になった。文楽のこのような試みを歌舞伎では、拒否するのである。たんたんと進む、厳粛さは、能の『翁』にも譬えられた。

視覚的な面にも、特色はあった。鶴岡八幡の名物の大イチョウは、春の気配に芽吹く、鮮やかな緑であった。役者絵に描かれた、春のその景色は、やがて色づく紅葉になった。江戸の中村座の櫓幕の「隅切銀杏《すみきりいちょう》」に敬意を払ったとか、それゆえ市村座では「橘」にしたとか、来由はさまざまだが、結果として、春の息吹きは消えた。代わりに、師直の黒、判官の卵色、若狭助の浅黄、と抽象化された色が動くのである。三人の織り成す構図も、能の翁、千歳、三番叟に譬えられた。

ふと、学生時代の正月の能楽堂の体感を思い出した。昔ながらの見所《けんしょ》には暖房がなく、オーバーコートを着たままの人もいる。寒さのせいだろうか、シーンと静まり返った場内に、「お調べ」の笛の音、小鼓の調べが漂う。清めているのであろう、切り火のカチカチという、音だけが響き、やがて揚幕の向こうから、面箱を先導に、翁に扮する翁太夫が素顔で出てくる、続いて千歳、三番叟、囃子方から後見、地謡まで、大勢の役者がしずしずと登場、その間、いっさい音はしない。翁太夫が深々とお辞儀をして、定位置に居並ぶと、小鼓の演奏になり、翁太夫が、〽とうとうたらり、たらりら」と、謎の呪文を唱えた。これは、笛の音を口で唱えた、「唱歌」だという。千歳が舞い、翁が舞い、三番叟が舞うころには、寒さも忘れ、固くなっていた身も心もほぐれるのであった。昔の能楽堂の初会の印象であった。

「刃傷」から「切腹」まで

1

「二段目」は、桃井館。若狭助は、辱めをうけた師直を討つ、決死の覚悟を示す。と、止めると思った家老の本蔵は、庭先の松の枝を伐《き》り、まっこのごとく、と激励した。それゆえ、通称を「松伐り」という。満足して、もう逢わぬぞよ本蔵、と奥に入るのを見届けた本蔵は、「馬引け、早く」と、馬で駆け付け、師直に賄賂を贈り、事なきを得る。大人の判断であった。若狭助が秘密を打ち明ける前に、本蔵が「金打《きんちょう》」で誓い、松伐りの前には草履で寝刃《ねたば》を研ぐ、武家の作法が描かれた。正式な名称は「諫言の寝刃」であった。

「桃井館」を「建長寺」にした、改作もある。海老蔵こと七代目團十郎の新工夫で、初演は天保十（一八三九）年六月江戸市村座で、二段目の名称は「建長寺、諫言の禅学」であった。若狭助が建長寺を訪れ、妙覚禅師と禅問答をするという内容だが、ベテランの海老蔵には相応しくても、若手には似合わない。そんな余裕があるなら、刃傷にも及ぶことはなさそうである。かといって、元の桃井館なら、若狭助が軽率になる。どちらにしても、逆効果。上演時間の都合もあって、現在では「二段目」は上演されなくなった。

なお、「建長寺」の初演は通常、二年前、天保八年九月市村座の『忠臣蔵』とされているが、これは『続歌舞伎年代記』などで番付の情報が入れ違ったための誤りで、この年の海老蔵は暑中休暇で旅興行に出て、江戸を留守にしていた。ただし、このときの二段目にも「菊貰う使者は奇麗ぞ寺小姓」と寺院が暗示されていた。伝承通り、海老蔵が台本を用意させ、それが二年後に実現した、ということも視野に入れておく必要がありそうである。

「松伐り」の前、二段目の口は「力弥上使の段」という。塩冶家の使者大星力弥を、許嫁の本蔵の娘小浪が迎える、通称を「梅と桜」という、少年少女のあわい恋である。力弥は、二段目、四段目、七段目、九段目にも出るが、すこしずつニュアンスが違い、いくぶんか大人びてくる、と指摘したのは戸板康二である（『忠臣蔵』）。力弥の年齢は、浄るりの本文では、「まだ十七の角髪《つのがみ》や」とあるが、史実の大石主税は十四歳、討ち入りで十五、切腹をして果てるのは十六歳であった。その年齢も投影されているのであろう。「梅と桜」の力弥には、幼さがのこった。

小浪の年齢は示されていないが、評判記では「おぼこ」あるいは「かわゆらし」とされた。「裸人形」を抱いて出る演出もあった（安永二年三月刊『役者清濁』）。裸人形は、おままごとでも使う着せ替え人形である。使者の力弥にお茶を出す役目だが、恥ずかしいのであろう、茶台の穴から覗き見る、可愛い演出も生まれた（享和二年刊『役者宝舟』）。『古今いろは評林』（天明五年刊）で、配役の変遷を見ると、はじめは色子といって、女形に出世する前の子役が多かった。女形が演じるようになっても、その多くは娘形を兼ねた。女形は、鬘の前髪に「帽子」を付け、鮮やかな紫の切れで前髪を飾った。それが、不自然な鬘の生え際を隠す効果を合わせ持ったのである。昔の子役は、鬘を使うことなく、自分の髪を結った。娘形になっても、女形にはその風習がのこり、前髪の生え際だけは「地髪《じがみ》」、すなわち自分の髪を活かしたのである。その鬘のことを、「地髪鬘」、あるいは「半鬘」と称した。女形の小浪は、地髪鬘の前髪に緋縮緬の布を結んで飾りにした。赤い飾りは、十三、四歳の幼い娘のシンボルだったのである。

江戸の『忠臣蔵』の上演史は、そのまま「娘形」の成立史に重なった。娘形という役柄が生まれたのは、『忠臣蔵』の初演に先立つこと、十年ほど前。はじめは、子役から若女形になる、過渡期の役柄であった。『忠臣蔵』の初演から七、八年後、宝暦六（一七五六）年には、娘形の瀬川吉次が二代目瀬川菊之丞を襲名して若女形に出世、そのとき娘形も兼ねた。この人が三十三歳で病没するまで娘形を立て通し、娘形を確立するのである。その影響は、弟分の四代目岩井半四郎や中村松江（里好）に及び、半四郎は五十四歳で亡くなるまで、里好は還暦を過ぎても娘形を兼ねた。娘形の芸は、三代目、四代目、五代目菊之丞、五代目、六代目、七代目半四郎が継承、瀬川家、岩井家の家の芸になったのであった。

二代目菊之丞は、江戸郊外の王子で生まれた。江戸で生まれ、江戸で育った、江戸根生《ねお》いの女形であった。女形は、京大坂から下ってくるものだという常識を覆し、立女形《たておやま》になって女形の頂点を極めた。路考は、その俳名である。王子路考が江戸の娘に扮すると、ほんものの娘たちがその姿を真似、評判になった町内の美人のことを路考娘、と称するようになった。等身大の娘は、江戸では流行しても、京坂では、「地髪鬘」は地味で、かえって老けて見える、と敬遠されたのである（享和四年刊『役者寿』）。

相手役の力弥には、女形が扮することも多かったが、ほんらいは若衆形の役である。浄るりの本文に「十七の角髪」とあるのは、若衆の豊かな前髪のことで、それを剃り落として元服をすると、大人になった。江戸の若衆形は、元服の年齢を過ぎても、前髪をのこしたのである。

「羽二重」という生え際が奇麗に見える鬘の工夫は、江戸後期の文化文政年間であったが、はじめは『鏡山』の岩藤や、「悪婆《あくば》」と称された土手のお六など、限られた役に使われた。羽二重の鬘が一般化して、女形全般に及ぶようになるのは、断髪令が施行された明治以降。そのころになると、江戸以来の娘形の伝統も消えてなくなっていたのである。

文楽の桃井館は、襖に囲まれた、密室だが、役者絵には清々とした、池の水が描かれた。『赤穂義士劇集』（『日本戯曲全集』15）に収められた幕末の台本には、道具書に「柴垣、所々に春の草花」とある。かつて「梅と桜」には、春の風が吹いていたのである。

2

「三段目」は、名目は「足利館」だが、実際には江戸城が写された。前半は江戸城「大手門の下馬先」で、後半は「殿中松の廊下」になる。文楽では、それを「進物の段」「文使いの段」「刃傷の段」「裏門の段」と四つに分けるが、歌舞伎では通常「文使いの段」「裏門の段」を省略。さらに、「進物の段」も簡略化して、眼目の「刃傷の段」をふくらませた。歌舞伎では、それぞれを「進物場」「喧嘩場」と称している。

「進物」というのは、賄賂のことである。駆け付けた桃井の家老、本蔵が賄賂を贈るのだが、歌舞伎では贈る相手の師直の姿は見せない。出ると安っぽくなって、師直の貫目が落ちるからである。代わりに鷺坂伴内という、滑稽な師直の家来が登場、本蔵は昨日の喧嘩の意趣晴らしにきたものと思い込み、本蔵の息の根を止めるための策略を練るのである。それを俗に「エヘン、ばっさり」という。伴内の「エヘン」という、から咳を合図に、うしろからお供の中間《ちゅうげん》たちが、ばっさりと斬る。せっかく、稽古をして待ち構えていたものの、案に違い賄賂の進物。「エヘン、ばっさり」は、から振りになった。そもそも、中間は本身《ほんみ》の刀など差してはおらず、木刀である。戸板康二は、それを承知のうえの、芝居の「そらごと」だとした。このような、浄るりの原作にはないものを、歌舞伎の「入れ事」と称した。大序の喧嘩と、三段目の喧嘩と、緊張した場面の間に挟まれた、ちょっとした、息抜きになるのである。

浅野内匠頭が吉良上野介に刃傷に及んだ、その原因は不明であった。斬り付けるときに、「この間の遺恨、覚えたか」と声をかけたとか、あるいは尋問に「わたくしの遺恨」だと答えたとか、伝えられる。その遺恨とは何か、さまざまな憶測が乱れ飛んだ。映画や講談などで、よく知られていたのは、二百畳の畳替え。慣例により、勅使、院使は、芝の増上寺に参詣する。その休息所の畳替えである。指導役の吉良は、勅使饗応の浅野には必要がない、と指図。その一方で、院使饗応の左京亮には、張替えを命じた。慌てた浅野の家臣らが江戸中の畳職人をあつめて、一夜漬けで間に合わせる。呑兵衛ヤスこと堀部安兵衛ら、江戸詰めの武士が活躍する、このような面白いエピソードは、ことごとく排除されたのである。

　赤穂浪士の義挙に感銘を受けた、儒者の室鳩巣は二人の門弟とともに、『赤穂義人録』を編む。鳩巣はそこで、刃傷に及んだ当日の、直接のきっかけとして、三つの原因を指摘した。ひとつは、勅使を迎えるときの、居どころであった。階上か、階下か、吉良は、そんなことも知らぬのか、と答えなかった。二つ目は、将軍の奥方の使い梶川与惣兵衛がからむ。梶川が饗応役の浅野に問い合わせたことに、吉良はなぜ自分に聞かぬのか、と腹を立てた。その言葉が耳に入ったとたん、内匠頭は自分を若輩だと侮ったか、と色めきたった。さらに、吉良が列座の諸侯に対し、浅野は「鄙野《ひや》の子、しばしば礼に曠《むな》し。また司賓《しひん》の選を辱めざらんや」というに至り、堪えられず、一撃を加えた、と。「鄙野の子」とは、田舎者ということである。礼儀作法に疎く、賓客をもてなす饗応の名を辱めるであろう、というのである。歌舞伎の「喧嘩場」は、この「鄙野の子」という悪口を具体化したものであった。

　顔世御前にフラれた師直の矛先は、桃井から判官に向かった。アア、貴殿の奥方はきつい貞女でござる、貞女、貞女、それゆえ、その傍を離れられず、内にばかりへばりついていて、登城も遅れたか、と当てこすりの雑言、過言。浴びせられた判官は、むっとしたものの、押し鎮め、師直どのには御酒機嫌か。といえば、それがかえって火に油を注いだ。師直は、判官を井戸の鮒に譬えた。わずか三尺か四尺の井の内にばかりいる奴が、井戸替えで外に出て、広い川に放たれると喜んで度を失い、橋杭で鼻を打って、即座に、ぴり〱〱〱、と死にまする。この「ぴりぴり」で、師直は両手を少し広げ、鮒の真似をするのだが、それがとても小憎らしい。歌舞伎ではさらに、そのあと「あちらに、うろ〱、こちらに、うろ〱（中略）鮒だ、鮒だ、鮒侍だ」という入れ事のせりふが入った。「鮒侍」という見立てが面白かったからであろう、文楽でもそれを真似ている。とくに面白いのは、判官の顔が鮒に似てきた、力むと余計、鮒だ、師直、この年になるまで、鮒が上《じょう》下《げ》（裃のこと）を着けて登城いたすをはじめて見た、というところは秀逸で、のちには、鮒が裃を着た、鮒侍の姿が漫画にも描かれるようになったのである。

　このような悪口のことを、江戸の歌舞伎では「悪態」と呼んで、持て囃した。浄るりの本文では、あまりの雑言に判官が、狂気めされたか、気が違うたかと問うと、本性だと居直られ、すぐに刃傷に及ぶのだが、歌舞伎ではそう簡単にはおわらない。悪態の二の矢、三の矢が入った。判官が刀の柄に手を掛けると、それを見た師直は、中啓の扇で手を叩き、「殿中だ」と叫ぶ。ちょうど、大序の桃井を「早えわ」と諫めたのと同じで、判官もいっしゅん怯《ひる》んだ。それを見て、嵩にかかった師直は、「殿中だぞ、殿中だぞ、殿中において鯉口三寸、抜き放さば、家は断絶」と畳み込み、ご承知か、ご承知か、ご承知ならば、切れ切れと、身体を摺り寄せるのである。われに返った判官は、自分の粗忽を詫び、涙をこらえて、手を突いて詫びるのだが、それを見た師直は、可哀そうに、よしよし、「七五三、五五三《ごごさん》」のご作法を、と気を持たせた。判官が喜んで、スリャあの、拙者めに、と勇むと、イヤ、お身じゃない、若狭どのだ、と切り返し、「東夷《あずまえびす》の知らぬことだわ」とののしった。「東夷」すなわち、田舎者となじられて、堪忍袋の緒が切れたのである。

室鳩巣の『赤穂義人伝』に戻ると、そもそもの原因として、賄賂のことが挙げられた。「官歯《かんし》」(官職と年齢)が高い上野介吉良義央は、多くの賄賂を望み、人となり「強梗《きようこう》」(いじっぱり)の内匠頭浅野長矩は、それに屈せず。それゆえ、義央は長矩を指導することを、拒否した。それが、騒動の遠因だとする考えは、当初から広く知れ渡っていたのである。それを、塩冶から桃井に移し、さらに、刃傷の原因ではなく、それを丸く収めた、家老の智恵としたのである。

『忠臣蔵』では、刃傷の原因は師直の恋であった。「新古今」の古歌、「さなきだに重きがうえの小夜衣、わがつまならぬつまな重ねそ」と、古歌に託して諌めた、顔世の返歌が災いを呼ぶ。大きなインパクトを持つこの古歌は、『仮名手本忠臣蔵』のタイトルに添えられた「カタリ」と呼ばれる、左右の対句からなる惹句であった。

高師直が難題は、重きがうえの小夜衣、折紙に煌《きら》めく進物の黄金
塩冶判官が返歌は、つまな重ね、その黒装束、夜目に輝く苗字の大星

「三段目」の師直の衣裳も大紋だが、歌舞伎ではその色をかえた。しかも、「喧嘩場」では、大紋

の上を脱ぎ、紫地に白の暈《ぼか》しを入れた長袴だけで、烏帽子も脱ぎ、「烏帽子下《した》」と称される髷を結った、鬘になる。桃井、塩冶の長裃、大名髷とともに、みな江戸の武家風俗である。松の廊下の襖の絵も、江戸の狩野派。視覚的にも、大序の室町が、三段目では江戸になった。

下座の鳴物は、はじめは静かな「調べ」、そして「序の舞」、風雲急を告げるとそれが「早舞」になった。これも、江戸城で饗応のために奏される、能楽の囃子の音の再現であった。文楽でも、それをそのまま踏襲。下座の活用も、文楽の『忠臣蔵』の特色であった。

「喧嘩場」には、「姿見の師直」という改作もあった。桃井の喧嘩と、塩冶の喧嘩との間の入れ事で、姿見の前で師直が着替えをするので「姿見の師直」。烏帽子大紋の諸大名がひとりずつ出ては、師直に挨拶、お追従をいって付け届けの品を渡す。貰った師直は、「ご貴殿の献上物は松影《まつかぜ》の硯でござったな、あれは結構なお品でござる」とか、伴内に向かって「主水は、だいぶん張り込んだな」とか、楽屋落ちを交えた、たわいのない捨てぜりふであった。五代目菊五郎から六代目菊五郎に伝わり、音羽屋の口伝では梅寿こと三代目菊五郎の型だという（『尾上菊五郎自伝』）。

三代目菊五郎の初演は「裏表忠臣蔵」であろうが、ただし、天保四年の初演ではなく、二年後の再演の確率が高い。いずれにせよ、まったくの新工夫ではなく、タネ本があった。「大序」のところでも紹介した、鶴屋南北の書き替え狂言『仮名曽我當蓬萊』（「鶴屋南北全集」11）の七代目團十郎の比企頼員、それが師直に相当する役であった。大名らが饗応の能狂言の役者にかりだされた、その楽屋である。『道成寺』のシテを勤める師直が能装束に着替える間に、諸大名の付け届けがあった。だから、刃傷で斬られるときは、大紋ではなく、能装束の壺折、という珍型であった。三代目菊五郎は、それを元の「喧嘩場」にはめなおしたのである。

さらに、大名らの付け届けにも、タネ本があった。文化三（一八〇六）年三月江戸中村座の『館《やのじ》結《むすび》花行列』（『鶴屋南北未刊作品集』第一巻）。勝俵蔵こと大南北の「鏡山」の脚色で、「竹刀打ち・草履打ち」の前に入れた「岩藤部屋」の入れ事であった。局の岩藤が自分の部屋でくつろぎ、ご酒を愉しんでいると、奥女中たちの宿元から届いた進上物が披露された。魚河岸の肴から、名店のそば、白酒など、せりふには奥女中に扮した役者たちの楽屋落ちもまざった。岩藤の部屋着の「被布《ひふ》」が問題になり、奉行所の密偵が探索に入ったが、それがかえって話題となって、被布の流行を生むのであった。大南北は、江戸城の大奥の風俗を、今度は御殿にうつして、それを流用したのである。

中村座では三年後、文化六年五月の『忠臣蔵』でも、三代目中村歌右衛門の師直に、この進物のくだりを採り入れた。すなわち、師直が部屋で休息をしているところに進物が届き、それを受納するところである。このとき、「姿見」の着替えもあった、とするのは間違いで、着替えを見せたのは、判官の方であった。師直の嫌がらせで、長裃で出仕すると皆々は大紋、慌てて花道で烏帽子大紋に着替えると、またまた長裃だと、いわれた。着替えといっても、「姿見」のゆったりした着替えではなく、慌ただしい着替えであった。

3

「四段目」の「判官切腹」は、『忠臣蔵』前半のクライマックスである。「刃傷」の咎で判官は切腹、今わの際に大星が駆け付けて、対面。「エェ無念、口惜しいわやい」という、ご主君の存念を大星は受け止め、腹に収めた。「四段目」の名称は、「来世の忠義」。「来世」は、あの世のことである。未来にござる、亡君尊霊の鬱憤を晴らす、それが「忠義」であった。あるいは、復讐を果たしたのちには、お傍に参りお仕えいたします、という想いもこめられていたのであろう。大星は、直接の対面で復讐を誓い、その覚悟を観客も共有するのであった。

この一幕を「通さん場」という。芝居茶屋のあった昔なら、お茶お菓子、酒に肴などを運ぶ、茶屋の若い衆の通行を控え、現在でも、観客の出入りが禁じられる。歌舞伎ではさらに、切腹のあとに「焼香」がつく。判官の遺骸を乗物にのせ、顔世御前、由良之助、諸士の名代として郷右衛門が焼香、抹香の香りが見物席にまで広がるのである。長くて退屈だからやめてしまえ、という声もあるが、やめてしまったら「四段目」の価値もなくなる。厳粛な葬儀に立ち会う雰囲気は、ほかでは経験することのできない、「四段目」の特別な時間なのである。

「四段目」の口を文楽では、「花籠」と呼ぶ。公儀のご沙汰を待つうちの判官の慰みとして、奥方が用意したのは八重九重、いろいろの桜を取り寄せて活けた、花籠であった。花（桜）は、「風が吹けば散り失せる」という不吉な予言、それは判官切腹の前兆になるのであるが、歌舞伎では省略する。華やかさが「通さん場」にふさわしくないからである。文楽でも、背景の明るい金襖を、落ち着いた銀襖に替えた。山場でも「四段目」は、人形遣いがみな蔭遣いになる。出遣いの顔が邪魔になるから。「四段目」では、人形遣いはあくまでも、黒子に徹しなければならなかった。

『忠臣蔵』の「六段目」では、早野勘平も腹を切るが、これは「腹切り」。正式な切腹ではなく、追い詰められて切る、「詰め腹」であった。腹を切って、血みどろになった勘平は、その血で敵討ちの連判に血判を押す。浄るりの本文では、「臓腑をつかんで、しっかと押」、壮絶な血判であった。判官の切腹では、血は見せない。わずかに、九寸五分《くすんごぶ》の短刀に、血痕がのこるだけである。大星は、その短刀を見て、亡君の存念を五臓六腑に収めるのである。

　短刀の血については、六代目菊五郎の芸談がある。血のりのついた紙を懐に忍ばせておいて、お客様が花道の由良之助を見ている間に、すり替えるのだそうである。関容子が、判官役者、故尾上梅幸より聞いた、ちょっといい話であった（『芸づくし忠臣蔵』）。

　静かに幕が開くと、すぐに「ご上使のお入り」という「呼び」になり、二度目の「呼び」で、上使の石堂右馬之丞《うまのじょう》、続いて添え役の薬師寺次郎左衛門が出て、上座に着く。と、正面の襖があいて、判官の出になった。石堂が上意の奉書を読み、判官は切腹、国郡《くにこおり》は没収と告げられても判官は、動じる気配もない。上使のご慰労のため、お盃を用意いたせと、命じるのであった。師直の昵近《じっきん》の薬師寺は、早速に切腹の用意をすべきところ無礼であると息まくと、判官は、おもむろに羽織を取り捨て、小袖も脱ぐと、その下には死に装束。白小袖、無紋の裃を着込んでいたのである。衣裳のこの工夫は、二年前に初演された『菅原伝授手習鑑』「寺子屋」の松王夫婦の応用であった。人形は、内側が空洞なので目立たない、そこから生まれた工夫である。人間だと、小袖の下に裃を着込むと、肩衣のかたちが崩れるので、判官役者は両手の指で、下から上に押し上げて、肩衣をぴんとさせるのである。

　この前後、薬師寺と酒の振舞をめぐる、言い争いになるのだが、上使の趣を聞いた後に、一献を酌むのは、武家の作法。切腹でも、その前に盃を交わした。薬師寺は、そんなことも知らない、うつけ者なのである。

切腹の作法は、武家諸法度や小笠原流などで成文化されたものではない。各家々の口伝であり、武家の教養であった。代表的な規範とされたのは、伊勢貞丈の『凶礼式』「切腹の法」であろうか。沐浴の作法から往古の故実まで十四条、箇条書きに簡潔にまとめられた。沐浴のときは、盥にまず水を入れ、そのうえで湯を注ぐ。これは、死体の湯灌と同じ逆手順である。盃の酌も、銚子を逆手に持つ。肴は、大根の香の物が三切れ、これも逆さ箸。盃は、まず切腹をする切り手が二献、検死が一献ずつ、さらに切り手が二献。これが「凶礼式」のさだめであった。

切腹の作法をしるしたものとしては、ほかにも、上州沼田の武士、工藤行広の『自刃録《じじん》』（天保十一年）、武徳会の剣術家でもあった渡辺克徳の『切腹』（昭和十八年）などなど。取り締まる側の町奉行所の記録としては、『江戸町奉行事蹟問答』が便利である。正式な切腹は、屏風や幕で囲われ、一般には見ることのできない、秘められた空間の儀式であった。諸家に伝えられたその作法が、具体的な手順を踏んで再現される、そこに「四段目」のもうひとつの意義はあったのである。

切腹の座を設えるのは、諸士らである。郷右衛門の「ご用意」を合図に、奥から畳が二枚運ばれ、それを白い布で覆い、四隅には樒《しきみ》を立てた。おもむろに判官が座に着くと、うしろから郷右衛門が鋏で髷の元結を切るのである。ここまでの間、音は全くない、無音。義太夫も、演奏を止めて、待つのである。文楽でも同様だが、そもそも人形芝居では、浄るりの太夫が人形の動きを見計らって、演奏を止めることは、異例。ことに『忠臣蔵』では、書き下ろしのときに、そのことをめぐって騒動になった。九段目の大星の人形を遣う、吉田文三郎が座敷から庭に降りるときに、駒下駄を履く。

その間を、見計らってくれないかと、此太夫に頼んだ。それが、もめごとのきっかけであった。「四段目」では、このあと、判官が切腹の支度をするところでも、無音になる。義太夫も、演奏を止めて、待つのである。『忠臣蔵』の「四段目」には、人形芝居の原則を破ってでも、守らなければならない儀式性があったのである。

もうひとつ、このところを見ていて、疑問に思うのは、諸士たちである。殿、ご存生のうち、ご尊顔を拝したい、と願ったが、由良之助がくるまではと、赦されなかった。奥で控えているはずの諸士が、粛々と仕事をして、立ち去る姿を見て、不思議に思うのである。これはたぶん、のちに組み込まれた、入れ事であったために、生まれた不自然さではなかったのか。上方の絵づくしや、江戸の芝居絵本、役者絵など、通覧すると、そのように推測されるのである。書き下ろしのときには、畳もなかった。やがて、畳が運ばれ、それが白い布に覆われるまで、時間を要した。樒は、さらにそのあとになる。このようにして、「四段目」の切腹は、ふくらんでいったのであろう。

肩衣をはずした判官が、それを膝の下に引き敷くのは、反動で体が裏返るのを防ぐ、口伝である。作法どおりに、九寸五分の短刀に半紙を捲くと、逆手にとって、弓手に突き立てた。弓手は左手のことで、右手で持った短刀に左手の掌を添えて、突く。これも口伝。判官は、腹を左から右へ一文字に切り、その短刀で喉笛を切った。作法どおりなら、介錯人が首を落とすところだが、「四段目」ではあえて、判官が自身で、とどめを刺すのであった。他人に首を切られるのではなく、自分自身で自分を裁く、誇り高い武士の「自裁《じさい》」の意思表示であった。

駆け付けた大星は、花道で平伏、ひと息つく。このとき、腹帯をゆるめるのだとか、締めるのだとか、芸談はさまざま。肝心なのは、本国から駆け付けてきた、ということである。史実なら、赤穂と江戸は百五十五里（約六百キロ）。騒動の一報を伝えた使者は、駕籠に乗り詰めで五昼夜、あるいは四昼夜半。『忠臣蔵』では、本国はさらに遠い伯州（伯耆国）である。理屈をいえば、ありえない。その不可能を、可能にしたのは、主従の想いであった。

判官が切腹の座に着くとき、脳裏をかすめたのは、由良之助である。切腹の覚悟に揺るぎはない。その判官が遠く、花道の向こうを見つめるのである。由良之助は、まだか、と二度、きく。二度目には、少し、上気した。待ちかねた、という気持ちが、奇跡を起こしたのである。主従には、もう言葉は要らない。エエ無念、口惜しいわやい、という存念を、形見の九寸五分に託すのである。汝に、形見、といい、もう一度、念をすように「カタミ」。カタミのミの字を呑みこんで、口の中で「カタキ」、と。存念を受け止めた、由良之助は、判官の耳元で「委細」とのみ、あとは胸をぽんと叩くだけであった。

戦後はじめてのアメリカ公演にも、「四段目」が選ばれた。「ニューヨーク・タイムズ」に掲載された、ブルックス・アトキンスンの劇評を紹介することにしよう。まず指摘されたのは、時間である。われわれの演劇では、このような血なまぐさい場面は、一、二瞬。カブキはそれに十五ないし二十のモーメントを費やす、と。その大部分は、彫像のように、沈黙の中で行われ、勘三郎の判官の品格のある演技と端正な儀式性により、息詰まるほどドラマティックだ。松緑の由良之助も、無言。ほとんど何もいわない。わずかに口をついて出る言葉は、アメリカ人には分からない言葉である。それでも、彼がおこなおうとする、ひとつひとつが、雄弁に、気高く語られるのである。文芸顧問として随行した河竹登志夫は、最後のひとことを「驚嘆すべき演技！」と訳した（『歌舞伎』）。

「城明渡し」と「落人」

1

実説では、浅野内匠頭の切腹は、元禄十四年三月十四日の夕刻。遺骸は、その日のうちに鉄砲洲の上屋敷に引き取られた。江戸屋敷の引き渡しは、三月十七日に鉄砲洲の本邸、十九日に赤坂の下屋敷、二十二日に本所の別邸。本国赤穂の城明渡しが、滞りなく済むのは、四月十九日であった。「四段目」では、足掛け二か月、三十六日間に及ぶ出来事を、或る一夜の物語とした。それは、散りゆく花を惜しむ、惜別の物語でもあった。

内匠頭が切腹を仰せつかったのは、鉄砲洲の自邸ではなく、愛宕下の田村邸である。「四段目」の「扇《おおぎ》が谷《やつ》の上屋敷」というのは、そのために設えられた仮構であった。『忠臣蔵』では、他家の、しかも庭前での切腹に対する同情もあったのであろうか、自邸の座敷での最期になった。再演が繰り返されるにつれ、切腹場は整えられ、切腹の作法も丁寧になる。そこにも、同じような同情があったのであろう。その同情は、同時に、大星らの復讐の決意に、つながるのであった。

本国赤穂に、刃傷の一報が届くのは、十八日の夜。十九日の朝に、内匠頭の切腹と、御家断絶の第二報が入るや、総出仕の触れが出た。十九日から二十一日まで三日間、赤穂の藩士三百余名の評議は二分、『元禄快挙録』の福本日南はそれを、正義派と俗論党と名付け、前者の統領を大石、後者の筆頭には大野九郎兵衛を挙げた。結局、俗論党は退き、署名血判をして誓った正義派による、二回目の評議になる。「四段目」では、二度に及ぶ評議をひとつにまとめ、それを「評定《ひょうじょう》」と位置付けた。武家の最高決議機関である「評定所」になぞらえた呼称だったのであろう。

浄るりの原作では、俗論派は斧九太夫、定九郎の親子である。正義派の千崎弥五郎のモデルは、『絶纓自解』で大野九郎兵衛を筆誅した、神崎与五郎である。御用金の配分を求める俗論派に対し、弥五郎は城を枕に討ち死にを主張。大星が正義派に加担するとみると、斧親子は退席する。それを確かめて大星は、はじめて本心を明かすのである。歌舞伎では、この原作を大幅に増補、改定するのであった。

諸士が大勢、出るのが歌舞伎の特色で、そのうち「評定」にのこるのは、八人ほど。これを「残りの諸士」と呼ぶ。八人が揃って討ち死にを主張すると、意外にも九太夫が賛同。お金配分のことを持ち出すのは、由良之助であった。九太夫が退席した、その跡を追おうとする若侍を、大星が「やれ待たれよ、おのおの方」と、「呼び止め」になる。お金配分に関し、由良之助は頭割りを提議、それに対し九太夫は知行高に割れ、と主張したではないか。まことに討ち死にをしようとするものが、そんなことにこだわりましょうや、と。理にかなった説得に、目を覚ました若侍に、「まだ、ご了簡が若い、若い」と、たしなめるところが大星の、器の大きさを見せるところ。歌舞伎の入れ事だが、早くから人口に膾炙していたようで、『三人吉三』大川端の和尚吉三のせりふにも「そいつは飛んだ由良之助だが、まだ了簡が若い若い」とあった（戸板康二『忠臣蔵』）。

ここからが「評定」の第二段。襖を押し開くと、遠近法で描かれた「千畳敷《せんじょうじき》」という見通しのよい大広間になった。亡君の遺言は何であったか、ご無念のご生害ではなかったのか、恨むべきは、ただ一人《いちにん》でござるぞ、と。由良之助は、諸士に同意を求めた。諸士は、少し離れたところで相談、由良之助と同腹であることを告げた。復讐は、大星ひとりではない。四十有余人、それぞれの決意である。八人の同志を前に、由良之助は正対して、おのれの考えを伝えるのである。これから進むべき道の困難なこと、判断を誤れば亡君の恥辱になる。まずは、すみやかに城を明け渡し、それぞれが住みどころを定め、その上での相談になろう。まずそれまでは、隠密、隠密、と。ここからは、浄るりの本文に戻り、屋敷を立ち去ることになるのだが、歌舞伎では浄るりのその文句を割りぜりふにした。由良之助の「ご先祖代々」に、諸士は「我々も代々」。由良の「昼夜つめたる」に、諸士「館の内」、と。名残惜し気に、立ち去るのである。

「評定」は、人形だと見栄えがしないからであろうか、文楽では省略される。ひとつには、大勢の諸士を並べるのが難しいからである。「ツメ人形」という黒子がひとりで遣う人形もあるが、大勢が並ぶとウソっぽくなる。歌舞伎でも原則として、諸士にはその他大勢の大部屋の役者を宛てることはしなかった。便宜上、諸士とひとまとめにしているが、番付や筋書では義士の何の何某という、立派な役名が与えられた。そのなかから出世して、やがて大星になる人が出るのである。

「四段目」の最後は、「城明渡し」である。大道具が座敷から表門に替わると、外は闇になっていた。葬送から戻った、血気の若侍たちの通称は、「でも侍」。止めても、「でも」と反撥するからである。それゆえ、由良之助は、身体を張って立ちふさがった。そのときに、門の内側より、にわか浪人のざまを見て、笑え、笑え、と薬師寺の声。大勢の笑う声に、「あれを、聞いては」、と若侍は意気込む。由良之助の「ご遺言を忘れたか」のひと声にも、こらえきれずに「でも」。このとき由良之助は、はじめて声を張るのである。退《ひ》こう、退こう、退こうてや、と言い切り、義太夫の〽はったと睨んで」で、はじめて見得を切った。理屈ではなく、力強い行動力が諸士たちを動かすのであった。その説得に押され、若侍も退出するのである。

たったひとりになった由良之助は、紫の袱紗に包んだ形見の九寸五分を取り出し、じっと見詰めた。義太夫の、〽血に染まる切っ先を、打ち守り、打ち守り」は、浄るりの本文では、「判官切腹」にあった。それをここに移し、大星の覚悟を強調したのである。〽無念の涙、はら〳〵〳〵」では、肩が揺れ動くほど泣く。〽判官が末期の一句、五臓六腑に染みわたり」では、短刀の血を舐め、〽さてこそ末世に大星が、忠臣義心の名を遺す、根ざしはかくと知られけり」で、ふたたび大きく見得を切るのである。『古今いろは評林』(天明五年)に「一人残りて遠く城を見返り〳〵館の名残を惜しむ風情にて彳《たたずみ》、しほれて幕を切るは、梅幸より始まれり」とある。梅幸こと尾上菊五郎以後、師直の首を切る形を見せるなど、歴代の名優により、さまざまな工夫がなされてきた。

立ち去ろうとする大星が、浅野家の「鷹の羽」の定紋付きの弓張提灯に気付き、紋所を切り取って懐中する型は、歌舞伎にも文楽にも伝えられた。その早い例のひとつが、三代目中村歌右衛門。江戸初下りのときで、文化六(一八〇九)年五月の中村座であった。提灯の弓張をはずすと、明け烏がカア〳〵と啼き、表門の大道具が仕掛けで「遠望」(遠見のこと)になり、遠ざかる。由良之助は、提灯の火を吹き消して、たたむ、という段取りであった。江戸っ子の戯作者式亭三馬は、それを見て、「新奇を穿《うが》たんとして、その害すくなからず、絶倒々々」と、手持ちの辻番付に書き記した（早稲田大学演劇博物館編『江戸芝居番付朱筆書入れ集成』）。大家の家老みずからが、提灯を持って出るなど、おかしい。小身なるお屋敷の味噌用人のようだ、とその舌鋒は厳しかった。現行では改定がほどこされ、弓張提灯は諸士の面々が掲げてきた、そのひとつになった。烏にも、明け烏ではなく、夜中に啼く不吉な「烏啼き」の烏であろう、という解釈も生まれるのであった。

花道に掛かった由良之助が城（屋敷）を振り返ると、万感の思いから泣き崩れ、平伏。柝ナシで幕が、すーと引かれる。長唄の三味線が幕前に出て、大星の引っ込みになった。三味線の演奏は、「愁い三重」から「送り三重」、あるいは「ひきとり三重」。役者の体に合わせて、演奏される。昭和後期の由良之助役者、二代目尾上松緑の芸談では、三味線の三重には、チンテレチチンと、トッチンチン、トッチンチンと二通りあり、自分は九代目團十郎のトッチンチンを使う、このほうが「哀れな……」という感じが出るように思う、と語った（『松緑芸話』）。城を見返りながら、未練を断ち切って早足に立ち去るまで、『熊谷陣

九代目市川團十郎のブロマイド（『舞台之團十郎』より）

屋』の熊谷と並び称される、幕外《まくそと》の引っ込みになった。

文楽の「城明渡し」には、諸士は出ない。由良之助ひとりで、ここからは出遣いになる。浄るりの文句も、すべて削除。必要なのは、三味線の「メリヤス」と呼ばれる演奏で、「三重」を弾く。鶏鳴とともに、館が遠ざかると、由良之助が小さく見えた。その由良之助が、館を振り返ると、大きくなった。さらに、形見の短刀を見詰め、〽はったと睨んで」の幕切れになると、もっと大きくなった。両脚は、少し地面から浮き加減で、背筋がぴんと伸びる。大きくなった人形の身体を支えるのは、人形遣いの左腕であった。土門拳の撮った、昭和の人形の名手、吉田栄三の左腕の写真に、武智鉄二は、「栄三の左腕、それは人形の背骨である」というキャプションを付けたのである（土門拳『文楽』）。ドナルド・キーンは、そのことを『曽根崎心中』の道行で、徳兵衛の人形の背が高く、立派になった、と評した（NHK人間大学『日本の面影』）。

大星の扮装は、黒羽二重の紋付に麻裃。武家の略礼装である。裃の模様は「あられ小紋」である。細かい霰の雪を散らしたもの。大名家には、決まりの小紋があり、「あられ小紋」は芸州の浅野本家の「定め小紋」であった。紋付の紋は「二つ巴」で、これは大星の人形を初演した、吉田文三郎の家紋だとされた。「あられ小紋」は、降りしきる雪。「二つ巴」は、大星が打ち鳴らす、山鹿流の陣太鼓を連想させる。その意匠は、復讐の予兆でもあったのである。

2

歌舞伎座の二部制では、昼の部は「四段目」まで。少し前までは、上演時間に余裕があったので、

「打ち出し」に清元の『道行旅路の花聟』を付けた。通称を『落人《おちうど》』と呼ぶ、お軽勘平の道行である。原作では「三段目」に置かれたものだが、それを「四段目」のあとに移した。そうすることで、昼の部の「本伝」から独立、夜の部の「銘々伝」の予告編にもなった。

昔の通し狂言では、当たり前のことだが、道行のお軽勘平は、残りの幕でも、同じ役者であった。二部制だと、夜の部には大幹部、昼の部には若手花形、と分けることができた。そのほうが、お客のサービスにもなったのである。

通し狂言だと、同じ役でも幕により軽重が出るので、軽い役のところでは、代わりの役を立てた。「九段目」の加古川本蔵と女房の戸無瀬は、その代表的な例である。「二段目」の戸無瀬には本蔵の妹水無瀬《みなせ》、「三段目」の「刃傷」の本蔵には梶川与惣兵衛、と別な役が用意された。大立者のわがままで、はんぶん無精をすることになるので、幕内ではこれを「半ぶしょう」と称した。人形芝居には必要のない、歌舞伎だけの通言であった。

「三段目」の勘平は、塩冶判官の供侍として、登城。腰元のお軽は、奥方の「文使い」を口実に、勘平に逢いにきた。二人の恋の邪魔をする、鷺坂伴内を追い払うと、お軽は勘平の手をとって、「ちょっと〳〵」と誘うのである。勘平がマア、待ちゃ、といえば、待てませぬ、もう夜が明ける、と。浄るりでは勘平も、〽下地は好きなり、御意はよし」、しかし、ここでは人目があると、手に手を取って、奥に入る。文楽の人形では、勘平の袴の下から手を入れる、お軽の大胆なしぐさも見せるのであった。

勘平の姿を、浄るりでは、〽朽葉《くちは》小紋の新袴」と語る。仕立て下ろしの袴は、歩くたびにざわざわと、音を立てた。徒歩の供なので、袴の裾を高く括って素足をさらす、高股立《たかももだ》ち。麻裃の色は、赤がかった黄色、落ち葉のように鮮やかな朽葉色である。それに小紋の細かな模様が散らされている、爽やかな出立の色男であった。

お軽は、風になびく柳に譬えられた。〽十八、九、松の緑の細眉も、堅い屋敷に物慣れし、奇特《きどく》頭巾《ずきん》の、うしろ帯」。奇特頭巾は、黒の絹の頭巾で顔を覆い、眼だけを出した「目ばかり頭巾」のこと。夜の闇に忍ぶ姿なのであろうが、顔が隠れるので歌舞伎では使われなくなった。年齢が十八、九と、娘盛りを過ぎていた、そのためであろうか、人形の初演の絵づくしでは、着物の袖も短かった。だんだん、その袖も長くなり、文化文政を迎えるころには、歩くと袖が地を払うほどに長い、大《おお》振袖になるのである。

「文使い」の腰元は、女形の芸のひとつであった。余所《よそ》行きに着替え、うきうきと歩く、そのシンボルは、赤い組紐で結わえた漆塗りの黒の文箱《ふばこ》である。左の掌を少し上げ、その上に載せる。文箱の中には、恋文が入っているのが普通で、「文使い」の腰元は、恋のキューピットでもあった。文箱の中の返歌が、内匠頭の刃傷を引き起こすことになろうとは、思いもしなかったお軽は、文箱を勘平に託すと解放されて、自由きままになったのであった。

「三段目」のお軽勘平の後半は、「裏門」。駆け付けた勘平が喧嘩の様子を尋ねると、塩冶判官が師直に慮外、ご主君は囚人同然の網乗物、お屋敷は閉門、うろたえた勘平は、その家来は色に耽り、お供にはずれしと悔やんで、腹を切ろうとした。お軽は、そのうろたえ武士には誰がした、と止め、今ここで死んだら、誰が立派な侍だと褒めましょうや、わたしの親里の父様、母様は頼もしい人、いったんは在所に遁《のが》れましょうと、泣いてすがるのであった。われに返った勘平は、お家の執権、大星の帰国を待って、お詫びせん、と落ち行く支度をする、そのところに鷺坂伴内が姿を見せた。うっぷん晴らしに、「こいつ一羽で喰いたらねど、勘平が腕の細ねぶか、料理のあんばい、喰ろうてみよ」と、歯向かう相手の皆々を蹴散らかし、お軽ともども、落ち延びる。清元の『落人』は、この「裏門」を舞踊劇にしたものであった。

3

『忠臣蔵』にもとからあった道行は、八段目の『道行旅路の嫁入』である。清元の『落人』は、あとから増補されたものだが、こちらのほうが流行して、『義経千本桜』の『吉野山』と並ぶ、歌舞伎を代表する道行になった。日本舞踊のお浚い会でも、清元の『梅川』とともに、人気の道行である。その理由は、主人公の男女が奇麗だからである。とくに勘平は、素人芝居でも人気があり、誰でもがやりたがった。落語の『五段目』では、オレも勘平、オイラも勘平、あたしも勘平、とみんな勘平なので、くじ引きになった。亡くなった円生がよく枕につかったのは、くじ引きをせずに、みんな認めて、三十人の勘平がずらりと並んだ。それを見た人が、これでは、まるで観兵式（天皇陛下の閲兵式）だ、というのがオチ。ニッポン一の色男、美しい勘平が見たい、それが『落人』になった。

『落人』の初演は、『裏表忠臣蔵』である。当代きっての美男役者、海老蔵こと七代目團十郎と三代目菊五郎の共演であった。二人とも勘平役者なので、女形も兼ねた菊五郎がお軽にまわった。裏

表二十二幕と幕数が多く、海老蔵は「三段目」の裏に増補された「蜂の巣」の平右衛門から早替わりで勘平、菊五郎も「三段目」の「刃傷」の師直からお軽、さらに「四段目」の由良之助で駆け付ける、という奮闘ぶりであった。書き下ろしは、天保四（一八三三）年三月河原崎座で、評判が良く、二年後には市村座で再演。清元の『落人』は、このようにして『忠臣蔵』の道行として認められたのである。

「裏表」の作者は故人鶴屋南北で、白猿こと海老蔵が増補、清元の作詞は、立作者の三升屋二三治が執筆した。語り出しの、〽落人も」は、梅川忠兵衛の道行になぞらえたもの。二三治は、自作の清元『梅川』（『道行故郷の春雨』）の文句をここに当てはめた。清元の歌詞は、正本として売り出されるのだが、歌詞だけを載せる絵表紙と、せりふを入れた青表紙と二種がある。前者は、おもに観賞用で、後者はお稽古用になる。青表紙の海老蔵のせりふに、「石高道で、足は痛みはせぬか」と、お軽をいたわるのは、『梅川』を踏襲したもの。「裏門」から落ち延びてきた、二人の境遇を示すものでもあった。

鎌倉を落ち延びた二人は、大船の離山《はなれやま》を越え、戸塚の山中まできた。戸塚は、東海道の五番目の宿場で、日本橋を早立ちした旅人が、最初に泊まる宿であった。余所行きの御殿女中が、とうてい歩けるような距離ではないのだけれども、便宜上、江戸が鎌倉になっているので、成り立った。二三治、あるいは白猿は、ここで富士山を見せたかったのであろう。戸塚の松原ごしに見る富士は、広重が「東海道五十三次」でも描いた、名所であった。

富士山には、表富士と裏富士がある。静岡と山梨、どちらが裏か表かはともかく、二つある。さらに、もうひとつ加えると、江戸から見た富士。裏表の富士は裾野が広く、江戸はそれが狭くなる。デフォルメされているけれども、北斎の「富嶽三十六景」の「江都駿河町三井見世略図」がその代表。遠近法で描かれた日本橋の大通りの向こうに、聳え立つ富士である。北斎は、その絵手本『略画早指南』（文化九年刊）でも、二様の富士を示した。『忠臣蔵』では、「八段目」は裾野の広い、表富士。薩埵峠（親知らず子知らず）を抜けてひと息ついた、由比ガ浜や蒲原から見た景色なのであろう、のんびりとした富士。しかも、昼の富士である。『落人』では夜の富士、しかも裾野の狭い、聳え立つ富士になった。天保七年に出版された合巻の『裏表忠臣蔵』では、野寺の鐘の音とともに、「朧の月影」が出る。幕末の万延元（一八六〇）年の台本では、「富士山の遠見、夜の景色」とあり、拍子木の「チョン」という音とともに空へ「霞に灯入りの月」が出た（『日本戯曲全集』）。「灯入り」は、月の形をした布のうしろに蠟燭をともしたもの。その月に霞の雲がかかっている、というのである。遠近法を使った夜景は、天保年間の江戸の新工夫であった。「灯入り」にするのも、幕末にかけての流行だったのである。ヒントになったのは、役者似顔の歌川国貞が開発した、薄墨を駆使した夜の景色だったのであろう。「裏表」を増補した海老蔵は、兄弟分の国貞の手法を応用したのである。浄

清元正本『道行旅路の花聟』（東京大学教養学部国文・漢文学部会蔵「黒木文庫」より）

るりの文句にも、「墨絵の筆に夜の富士」と謳われた。

「遠見の夜景」の代表的な演目は、『鞘当』『助六』。どちらも、吉原の夜桜である。その影響であろう、再演のときの役者絵には、山台《やまだい》に居並ぶ清元連中の上にも、桜が描かれた。このときも、海老蔵と菊五郎の共演なので、初演か再演か、年代考証が難しいのだが、決め手となるのは菊五郎の名乗りである。このころ、自分は「兼ねる」役者だと主張していたので、再演のときには、立役には菊五郎、女形には俳名の梅幸、と使い分けた。桜が描かれるのは、その梅幸のほうである。天保に続く、弘化嘉永の錦絵には、いちめんに夜の桜が描かれ、幕末の台本では、日覆い（天井）より桜の「吊り枝」も下げられた。照明が電気になると、「遠見の夜景」も廃り、満開の桜に、菜種の花も加わり、昼かと見まごう、春爛漫の景色となるのであった。

人形芝居では、道行のことを「景事《けいごと》」といった。主人公の移動とともに、背景の景色を替えて行くからである。文楽の「八段目」では、「煽《あお》り返し」で大道具が、富士山から琵琶湖畔に替わると、霰が降り始める。景色は、旅ゆく人の心境も写したのである。人形の景事から脱却、景色を固定することで、歌舞伎は自分たちの道行を創り出すことに成功した。その代表が『吉野山』であり『落人』であった。

『裏表忠臣蔵』では、道行に導入部があった。鷺坂伴内の家来たちが「あるいは順礼、伊勢参り、鹿島の事触れ」に身をやつし、お軽勘平のあとを追う。浄るりの役ぶれを拾って披露することとともに、清元の『お染』（『道行浮塒鷗』）など、この当時の道行のスタイルであったが、今は省略される。

また、道行の冒頭には、剽軽な奴《やっこ》が二人に絡んだが、これは『八段目』の奴を流用したものである。初演再演の役名は、築平。「築地の善公」の愛称で親しまれた、坂東彦左衛門こと二代目善次に宛てた命名であった。役者が替わると、役名も可助になったが、この奴ものちには出なくなった。大太鼓の「山おろし」という山から吹き下ろす風の音、雨の音とともに、幕が開くと、いちめんの浅黄幕。拍子木の「チョン」、「コーン」という澄みきった鐘の音とともに、浅黄幕が振り落とされると、二人、寄り添うお軽勘平。〽落人も」と、清元の浄るりが語り始めると、饅頭笠で隠されていた、二人の顔があらわれるのである。客席から、ほーというため息が出るところ。ほんらいなら、花道を歩いて出てくるのであろうが、このほうが効果的なので、お浚い会などでは、こちらのほうが喜ばれるのである。

雨と寒さをしのぐためであろう、二人は肩に柿渋の合羽をはおった。顔を隠した饅頭笠とともに、「裏門」で伴内の手下の中間が落としたものである。その合羽と饅頭笠で身を隠し、戸塚の山中まで落ち延びてきた。幸いの松蔭で、旅装を解き、しばし、足を休めるのであった。履物も脱ぐのは、人形と違い、踊りやすくする効果もあった。これも、歌舞伎の道行の工夫であった。

お軽は「文使い」の扮装のままなので、御殿女中の余所行き。振袖の模様は、爽やかな「矢がすり」の染模様か、豪華な縫物の「御殿模様」だが、書き下ろしのとき、菊五郎は当時流行の「裾模様」であった。帯は「やの字」、鬘は「文金」、どちらも御殿女中のトレードマークである。

女形の六代目尾上梅幸が父五代目菊五郎より伝えられた口伝には、「六段目のお軽は腰元の意《こころ》でやる事、七段目のお軽は世話女房の意でやる事」(『梅の下風』)とある。この口伝に倣うならば、道行のお軽は娘の意で踊る事、ということになるのであろうか。模様はそれぞれでも、振袖をうまく使って踊るのが、お軽の特色である。『落人』では、お軽の「クドキ」は二つ。〽色で逢いしも、昨日今日」と、勘平との馴れ初めを語る、はじめのクドキでは、振袖がさまざまに活用される。〽こんな縁が唐紙の」では、両袖を蝶々結びにして、結び目の間から顔を出すと、まるでポートレートを見ているような、お軽の顔のクローズアップ。〽泊り泊りの旅籠屋で」では、うきうきと左足、右足と、滑らせながら、両手を軽く広げて、袖を振る。「おすべり」と呼ばれる、娘形の舞踊のテクニックである。

勘平の扮装も、「裏門」と同じだが、裃を脱いだ、着流し。「鷹の羽」の御紋服で、普通、色は黒だが、初演再演の海老蔵は明るい色を選んだ。歩きやすいように、裾を少し絡げた「おしょぼ絡げ」が道行の色男の姿になるのである。鬘は、月代を広くとった、「八枚鬢《はちまいびん》」。二枚目に特有の「シケ」(乱れ髪)は、片膝を突き、悄然とたたずんで、お軽のクドキを聴く、勘平の顔に翳りを与えるのである。書き下ろしのとき、海老蔵の勘平は、「朽葉小紋の新袴」を風呂敷の代わりにして、担いだ。こういう工夫に凝るのが、海老蔵の癖であった。

腹を切ろうとする勘平を止めるのが、二度目のクドキ。脇差を取り上げ、さらに大刀も取り上げ、黒塗りの鞘の大小を使って、奇麗なポーズを繰り出すのである。〽野暮な田舎の暮らしには、機《はた》も織り候」では、機織りをするしぐさ、〽賃仕事」では、針仕事の振り、ここらあたりになると、はんぶんは健気に働く、世話女房の意になるのであった。

〽身ごしらえする、そのところへ」、鷺坂伴内が手下を連れて登場。みな「四天《よてん》」という捕り手の格好だが、伴内は緋縮緬の鹿子の襦袢。女物である。手下は、桜の花をあしらった「花四天《はなよてん》」である。〽桜さくらと、言う名に惚れて」と、軽やかに歌う踊り歌とともに、花四天の捕り手が宙を舞って、蜻蛉返りをすると、まるで桜が散るようである。

お浚い会など、素人の踊りの会では、伴内の所作ダテを出さずに、幕にする事も多いが、歌舞伎では、このあとさらに「幕外」を付けるのが、ファンにたいするサービス。幕切れに、花道の二人を追おうとして伴内が、引幕に巻き込まれ、幕引きの代わりに幕を引くのも、お客様へのサービスである。伴内が引幕を、下手から上手へ閉めるのは、昔のやり方。鳴物の演奏する位置が、昔は上手。その音が聴こえやすいように、開けるときは、上手から開け、閉めるときは下手から。そのやり方が、ここに遺ったのである。

幕外で、「お軽、おじゃ」と言えば「ハイイ」と、顔と顔を見合わせるのが、きっかけ。下座で鳴物が、〽色という字はなア、いたずら者よ」と歌うのは、長唄『屋敷娘』のひと節。気分の良い幕切れである。

忠臣蔵の夏

義士と不義士

1

「五段目」「六段目」は、早野勘平の物語である。「五段目」は六月二十九日の夜で、「六段目」はその翌日、「夏の果《はて》」であった。勘平がお軽と鎌倉を落ち延びたのは、弥生なかばであったから、晩春から夏にかけて足掛け四か月の逃避行であった。

陰暦では、月の満ち欠けで暦を編んだ。「小の月」なら月末は二十九日、「大の月」だと三十日。月のない闇の夜であった。勘平は、暗闇のなかで、二人の塩冶浪人に出会う。ひとりは、義士の千崎弥五郎。もうひとりは、不義士の斧定九郎。雷鳴のとどろく、夕立の夜の出会いであった。

ところは、京都から西宮に向かう、山崎街道。山崎は、山城（京都）と摂津（大坂）の国ざかいにある、要衝であった。宿場から南に下り、山崎の渡しを左に折れたところに、百姓与市兵衛の家がある。お軽の生家である、この百姓家に身を寄せながら、勘平が生業として選んだのは、狩人であった。「五段目」の語り出し、〽鷹は死しても穂は摘まず」とある諺は、勘平の今の境遇に重ねたものなのであろう。鳥類の中でも高貴な鷹は、たとえ飢えても、雁や鴨のように稲の穂を摘んだりはしない。浅野家の定紋である「鷹の羽」に掛けて、勘平を鷹に見立てたのである。

大太鼓の「ボロボロン、ボロボロン」という雨の音に、「ゴロゴロ、ゴロゴロ」という雷の音をかぶせ、幕が開くと、浅黄幕。〽鷹は死しても」の置き浄るりがあり、「チョン」という柝とともに、浅黄幕が振り落とされる。と、雨宿りの勘平。竹笠を取ると、狩人に身をやつした勘平の、白い顔が闇の中に浮かぶのである。激しく降った雨で、鉄砲の火口を消してしまった勘平は、向こうからくる小提灯の光をたよりに、旅人を呼び止めた。その旅人が千崎弥五郎であった。勘平の顔を見た千崎が「和殿《わどの》は早野勘平ならずや」といえば「さ言う貴殿は弥五郎どの」、「まずは堅固で」「貴殿もご無事で」と驚きとともに、再会を喜ぶ。このあと、〽絶えて久しき対面に、主人の御家没落の、胸に忘れぬ無念の思い、たがいに拳を握り合う」と、浄るりが続くのだが、歌舞伎ではその前に思わずひと言、「これはしたり」(これは、まあ)と言って、ポンと膝を叩くのであった。「和殿」「貴殿」「堅固」「ご無事」と、堅い武士言葉で昔の勘平に戻り、古朋輩《こほうばい》とうち解けるのであった。

文楽では、ここを「ぬれ合羽」という。浄るりに、〽ともし火、消さじ濡らさじと、合羽の裾に大雨を、しのぎて急ぐ夜の道」と語られるように、合羽の裾で火を守った。千崎の「ぬれ合羽」は、商売道具の鉄砲の火を消した、勘平との対比でもあった。呼び止められた弥五郎は、「この街道は無用心と、知って合点のひとり旅」である、飛び道具を持った男に貸すことはできない、出直せと突っぱねた。盗賊と間違われた勘平は、それももっともである、では、そちらに鉄砲を渡すから、ご自分で火を付けてくだされ、と通りすがりの男に鉄砲を渡そうとした。それゆえ、通称を「鉄砲渡し」とも称されたのである。

弥五郎のモデルは、赤穂義士の神崎与五郎である。江戸詰めの藩士だが、すぐに赤穂に駆け付け、敵討ちの連判に加わった。開城ののちも、赤穂の近く相生の那波《なば》に留まり、大石ら同志の連絡役として、奔走した。その姿が『忠臣蔵』に反映されたのであろう。那波から西国街道（山陽道）を上り、山崎の宿で東に折れると、大石が隠棲する山科になり、そのまま北上すると京都になる。現行の歌舞伎では、原郷右衛門の旅宿は「三条小橋、家主《いえぬし》吉兵衛」。京都の三条小橋には、旅籠が居並び、そのうちの実在の西国屋吉兵衛方に逗留している、というのであろう。山崎から三条小橋、あるいは山科と、夜間もいとわず千崎は、走り回るのである。

神崎与五郎は、二年目の春に江戸に下った。大石の密命を体し、敵方の動静を探る、間諜であった。夏の頃までは、麻布の谷町に借家、美作屋善兵衛と名乗り、扇売りの行商人となって上杉家の中屋敷を探索、吉良の所在が不明で、そこにかくまわれている、という情報があったからである。秋になると、小豆屋善兵衛と名乗りを替え、本所相生町に移り、小間物屋となって、吉良邸を監視。同志の前原伊助こと米屋五兵衛らとともに、吉良邸の絵図面を元に、火事と聞けば屋根に登り、風雨のときは物干し台に上がって、吉良邸を見渡し、絵図面の補正につとめた。上野介の面体を知らなくてはと思い、行列の前に土下座をした、という逸話も伝わる。亡君の鬱憤を晴らすためには、町人に身をやつすことも、地にひれ伏すことも辞さなかった。〽鷹は死しても」と語られた、勘平とは、武士の覚悟が違っていたのである。

与五郎が江戸に下る前、那波村の神崎に宛てた、萱野三平の書簡が伝わる（『赤穂義士史料』下巻）。三平は、とやかく親兄一家どもに繋がれて隙もなく、初秋（七月）より美濃の河辺に用事が出来、

三、四十日も逗留、ようやく戻ってきたので、京都で参会できたら、と。八月に閏月があり、投函の日付は九月朔日であった。このころ三平は、山崎街道の萱野《かやの》村（現在の箕面市）の実家に戻っていたのだが、返書の宛先はそこではなく、「大坂にて室井仁右衛門（室屋）」方を指定した。実父が敵討ちに反対していたからであろう、参会の場所を京都としたのも、そのためだったと思われる。

三平の書簡には、「風雅」という言葉が出てくる。俳諧のことを指すのであろう、風雅に「患難（艱難）を忘れる」、ともあった。三平は、京都では子葉（大高源吾）とも会っていた。子葉は、竹平（神崎の俳号）とともに、水間沾徳門下の俳人でもあった。三平と与五郎には、江戸詰めの風雅の仲間という側面もあったのである。

浅野内匠頭の石碑が京都紫野《むらさきの》の大徳寺の末寺、瑞光院に建立されたのは、八月十四日。亡君の月命日《つきめいにち》であった。三平は、まだそのときには、美濃にとどまっていたのであろうか、「先ごろ参詣、拝見仕り、一入存出奉候」と認《したた》めた。与五郎にも参詣するよう、今宮の御旅所の近くである、と念を押したのである。

「五段目」では、石碑建立の話は、勘平からではなく、弥五郎から切り出された。勘平がまこと先君の御恩を思うのならば、と浄るりになり、〽石碑になぞらえ大星の、企みをよそに知らせしは、実《げ》に朋輩の誼《よしみ》なり」と、大星の企みを地面に書き記して知らせた。声に出さなかったのは、暗闇とはいえ、他聞をはばかったからであった。勘平が、「御企ての連判の」などと口走るのを制し、「さような噂かつてなし、さような噂かつてなし」と大きな声で触れたのも、同様の配慮であった。石碑になぞらえ、御用金を集める大星の企ては、勘平も漏れ聞いていた。これ幸いと、古朋輩の弥五郎に、執り成しを頼むのであった。別れに際し勘平が、この先はなお物騒だから必ずともに御油断召さるな、と言えば弥五郎は、「何さ、何さ」と軽く受け、「石碑成就するまでは、蚤にも喰わさぬこの体」と応えるところが千崎のしどころ。背景には、武士のからだは、自分のものではない、ご主君からの預かりものである、という考えがあったのである。

2

千崎は上手、勘平は花道に入ると、廻り舞台の道具転換。大太鼓で、〽ドロン、ドンドンドン……」と打つ「山おろし」の風の音で、大道具が納まると、すぐに浄るりになり、〽またも降りくる雨の足（略）すぐなる心、堅親仁《かたおやじ》」で、「堅親仁」と呼ばれた、百姓与市兵衛が花道から出る。そのとき、義太夫の演奏を止め、下座の鳴物に替えるのは、歌舞伎の定法である。ここでは、長唄の三味線の「木魚入り合方」に、大太鼓の雨の音、雷の音をかぶせた。六十を過ぎた老人が、夜の道を急ぐには、訳があった。京の祇園町で、娘お軽の身売りの相談をまとめた手付金の五十両、それを婿の勘平に渡し、娘の喜ぶ顔が見たかったから。その金ゆえに与市兵衛は、追剝ぎに殺される。「木魚入り合方」は、その前兆でもあった。

金を目当てに追いかけてきたのは、斧定九郎。俗論派の筆頭、九太夫の倅であった。部屋住みながらも、二百石を頂戴する立派な身分の侍だが、その根性が悪かった。強欲な親にも見限られるほどの悪党で、身過ぎ世過ぎのため、山賊になった。与市兵衛のうしろから「オオイ、オオイ、親仁どの」と声を掛け、金を貸せと凄む。びっくりした与市兵衛が「イエイエ、金ではありませぬ」と白を切る、そのところは大津絵節に、〽オオイ、オオイ、親仁どの（略）イエイエ、金ではござりませぬ」と謳われて、人口に膾炙したものであった。

実在した赤穂藩士の名は、大野郡右衛門。親の九郎兵衛とともに、家財をまとめ、逐電しようとしたところを、岡島八十右衛門と神崎与五郎に阻止された。それゆえに、取るものもとりあえず、夜逃げをするのだが、そのとき、幼い娘を棄てて逃げた、とも。あるいは、女乗物に隠れて逃げた、とも。神崎に「人倫の道を忘れて、禽獣の性を抱き、恥を担い、辱めを負う」と筆誅された、親と子であった。

大野親子は、その後、京都にいたようで、京都の儒者、伊藤東涯が江戸の並河天民に宛てた書簡では、その近況が伝えられた。親九郎兵衛は「伴閑セイ」と名乗り、仁和寺の近くに隠棲、ヲイ五右衛門とあるのは郡右衛門のことなのであろう、伴宗寿という名で産科の医になった、と。正月二十五日付の書簡である。その後、親子ともに貧窮のうちに死に、孫は乞食にまでなり下がった、とも伝えられるのである。別の逸話では、ほとぼりが冷めたころを見計らい、大野親子は赤穂に戻り、商家に預けた財産を受け戻そうとしても、封印が掛けられていた。それゆえ、人の寝静まったころ合いを見て土蔵に忍び込み、三百両を盗んで逃げたものの捕まり、阿呆払いになった、とも伝えられた。『忠臣蔵』の流行とともに膨らんだ、伝説なのであろう。

定九郎は、江戸の秀鶴《しゅうかく》こと中村仲蔵の出世役であった。初役は明和三（一七六六）年九月市村座。三十一歳であった仲蔵は、大縞の木綿の広袖に丸ぐけの帯を締め、麻苧の山岡頭巾をかぶり草鞋を履く、昔ながらの山賊を改め、黒紋付に蛇の目の傘の御家人に仕立てた。この工夫を、狂言作者の金井三笑に知られぬよう、ひそかに準備をした、という。衣裳も着けず、鬘もかけず、ただ顔だけを白く塗った仲蔵が花道の揚幕に入るところを見て、いったい何をするのだろう、と訝った金井三笑の前を、手桶に水を入れた男が通り過ぎた。揚幕の中で、衣裳を整えた仲蔵は、手桶の水を浴びて、花道に飛び出た。それを見た三笑が、出し抜かれたか、と怒ったこと。このことが、三笑が仲蔵を憎んだ、はじまりである、と伝えられた。『秀鶴草紙』の上欄に、この秘話を書き記したのは、二世劇神仙こと長島寿阿弥であった。初演の三年後に生まれたものの、仲蔵の定九郎を何度も目の当たりにしてきた、劇界の古老であった。

明治になって、三代目仲蔵を襲名した中村鶴蔵の随筆『手前味噌』には、その間の細かないきさつも紹介された。仲蔵は、自身で鬘の細工もした。そのために買い求めたのは、熊の毛、それも厚いところ。それを鬘の甲羅《こうら》(月代の部分)に張り付けるのだが、熊の毛を生えなりに、前から後ろではなく、逆に張った。含ませた水が、撫でれば、たらたらと垂れる、工夫であった。その仕掛けが、功を奏したのであろう、「オオイ、オオイ」と声を掛け、花道を駆け出ると、見物が一同に、ワッと唸り出し、しばらくは、鳴りも静まらなかった。飛び散る水に驚いて、振り返ると、それまでに見たことのない定九郎の姿。見物は、二度驚き、二度唸った。「天明ぶり」を代表する、スターの誕生であった。

仲蔵のモデルについては、二つの逸話が伝わる。ひとつは、永下堂波静という劇通の俳人の芝居随筆『東《あずま》の花勝見《はながつみ》』に伝えられたもので、宝暦、明和年間に狂言作者を勤めた鈍通与惣兵衛こと西川鈍通から聴いた話だという。それは、仲蔵が王子稲荷に参詣した帰り道であった。道灌山の下通り、稲荷《とうか》森《もり》に差し掛かったとき、ひとりの侍とすれ違った。浪人者らしく、古き黒小袖は、ところどころほころび、切れ綿も見えた。月代は伸び放題で、山のよう。背丈が高く、怪しい風体から、追剝ぎかと、怖ろしさにぞっとしたが、何事もなく通り過ぎたので、ほっと一息ついた。このことから思いついた扮装の工夫だったので、これも王子稲荷のご加護だと、語ったという。

三代目仲蔵の『手前味噌』に伝えられたもう一つの逸話では、王子稲荷が柳島の妙見になり、出会ったところも、山の手の道灌山下から、下町の本所割り下水になった。夏の夕暮れのことであった、という。車軸を流すような夕立に、余儀なく入った蕎麦屋で晴れ間を待つ間に、ずぶ濡れになった男が駆け込んだ。年の頃なら三十四、五の浪人で、破れた蛇の目の傘を差し、黒羽二重の単物を着て、肩の出るまで袖を捲り、「三のづ」（尻）まで裾を絡げた。朱鞘の大小の落とし差しに、茶小倉の帯には雪駄を挟む。伸びた五分月代を撫でると、しずくが、ダラ〳〵と滴り落ちた、という。落語の『中村仲蔵』の原話である。このときの印象から、熊の毛で鬘の細工をしたことは、記したとおりである。

黒羽二重の単物は、「引解《ひきと》き」であった。すなわち、冬物の綿入れの裏地を解き、綿を引き抜いた、単物である。仲蔵は、引解きの黒小袖を、二代目市川門之助から借りたというのだが、そのとき、判官か勘平が着た、黒小袖の引解きがあるなら借用したい、といった。古物しかないが、といわれると、その方が望みだ、と丸に鷹の羽の紋が付いた、羊羹色の引解きを探し出した。羊羹色は、黒などの染色が褪めて、赤味がかったもの。古びた感じが、仲蔵の意に適ったのであろう。

随筆『江《え》戸塵拾《どちりひろい》』の「定九郎趣向」の記述は、モデルというよりも、著者が仲蔵を見て思い出した、うわさ話だったのであろう。流布本は、柳亭種彦の旧蔵だが、原著の成立は、明和四年。仲蔵の初演の翌年であった。本所あたりの旗本、あるいは御家人であろうか、戸野村大吉という武家の話である。博奕に凝って、金を失い、金子才覚のため、家来の三木三右衛門を上州あたりの知り合いに行かせたものの、戻ってこない。しびれを切らした大吉は、上州に向かう途中、熊谷の土手で旅人に出会った。こいつを殺して路銀にしようと、あとから追いかけ、路銀を貸し給われ、といっても無視され、うしろから一刀に斬りつけた。抜きつ、くぐりつの立ち廻りの末、月の明かりで顔を見ると、家来の三右衛門であった。物も言わずに逃げ出す主人を引き止め、才覚した金を渡すと、暇《いとま》を乞い、そのまま行方知れずになった、という。その後、主人は不行跡が重なり、御仕置になった。仲蔵の定九郎は、このような殺伐とした世相の反映でもあった。

『秀鶴草紙』には、寿阿弥の書き込みが、もうひとつあった。五代目團十郎が寿阿弥に語った、秘話だという。実父、四代目團十郎の主宰する「修行講」のとき、定九郎をこのようにしてはどうか、と問うたところ、それは悪しき武家の「生写し」というもの。そのようなことは、團十郎はせぬものだ、とたしなめられた。のちに、秀鶴がやりたいというので、父に制止されたものだから、ご自由にと答えて、秀鶴のものとなった、というのである。悪しき武家というのは、道灌山下や割り下水の蕎麦屋で出会った、男たちのことを指したのであろう。「生写し」と書いて「しょううつし」と読む。仲蔵は、そのような男たちの風俗をそのまま再現して、天明ぶりの寵児となったのであった。

四代目團十郎の前名は、二代目松本幸四郎。二代目團十郎の娘婿であった。義父の晩年に團十郎の名跡を託されたとき、それまでの実悪から立役の荒事師に役柄を替えた。仲蔵が憧れたのは、幸四郎のときの実悪であった。而立《じりつ》（三十歳）を契機に仲蔵は、立役の役柄を改め、「色悪」を標榜した。定九郎は、その決断の成果であった。実悪ではなく、色悪としたのは、三代目松本幸四郎を見倣ったのであろう。のちの五代目團十郎である。團十郎を襲名するまで、十一年間を色悪で通した。新役者付（顔見世番付）で際立ったのは、役柄を三つ、四つ並べるのではなく、ひとつに絞ったことで、「色悪」の二字が浮かび上がった。仲蔵は、その格好よさも真似たのである。

團十郎の色悪の原点とされたのは、二代目幸四郎の鳳来寺の元竜こと今若丸。牛若丸の兄であった。浄瑠璃姫に恋慕し、姫の指を喰い切り、さもうまそうに喰った、という（『中古戯場説』）。仲蔵は、このような猟奇性を拒否した。指を喰い切る代わりに、自分の指を切って恋を誓う、迫真の演技であった。『古今役者論語魁』（明和九年刊）に「女形を戒める」とされた色悪の通念にも、仲蔵はこだわらなかった。

團十郎以前にも、二人の色悪がいた。山中竹十郎が扮したのは、大名の工藤祐経。立髪《たてがみ》丹前の伊達姿で傾城に濡れかけた。二代目沢村宗十郎の役は、守屋大臣。公家の束帯姿で姫を口説いた。公家や大名など、奇麗な扮装の悪人、というのも色悪の条件になっていたのである。仲蔵は、そのような大名や公家だけではなく、痩せ浪人にもなった。黒く伸びた月代に白い顔、黒羽二重の袖を捲り、尻を絡げると、白粉を塗った白い腕と脚。それを見物は、「奇麗」だ、とため息を吐いたのである。世話の色悪の誕生であった。

仲蔵は、明和に三度、安永に二度、天明に三度、都合八度、定九郎に扮した。安永期には、勝川春章の人気シリーズ「東扇」の題材ともなった。御贔屓の役者の絵姿を扇の形に切り取って貼ると、自家製の持ち扇になる、春章の人気シリーズ。顔だけではなく、仲蔵のはだけた胸や腕も白、黒羽二重の紋付に茶小倉の帯、黒々とした鬘。逆手に持った刀を抜きかけ、今まさに与市兵衛を斬り殺そうとするところ。緊迫したその瞬間が持ち扇の扇面を飾った。八度目、最後の定九郎は、大坂であった。はじめて見た見物は、「黒羽二重にて破《やぶ》れ傘にて、奇麗」と称した（天明八年正月刊『役者五極成就』）。

3

大津絵節に、〽オオイ、オオイ、親仁どの」と謳われた定九郎は、現在の歌舞伎では見られなくなった。はじめから、舞台正面に飾られた、稲村の裏側に隠れていて、待ち伏せをしているからである。与市兵衛が、五十両の入った縞の財布を「ありがたい、ありがたい」と押し頂くと、まず白い手だけが出て、財布を摑む。そのあとで、稲村から割って出て、与市兵衛を殺すのである。現行のこの演出を生む、きっかけとなったのは、四代目市川團蔵の早替わりであった。殺される与市兵衛と、殺す定九郎、この二人をひとりで演じたのである。團蔵がはじめて試みたのは、天明元（一七八一）年三月、江戸の森田座。仲蔵の定九郎に遅れること、十五年であった。以後、京都で三度、大坂で三度、江戸で二度、三都で八度。團蔵の定九郎も、仲蔵に劣らず、のちの演出に影響を及ぼした。

早替わりに使ったのは、稲村であった。刈り取った稲を干すために横木に掛けたものだが、現行のものと違って丸みを帯びた円筒形であった。享和元（一八〇一）年二月中村座、江戸で二度目のとき、その内幕が公開された。歌川豊国の二枚組「市川團蔵早替わり」で、稲村の内側と外側が描かれた。内側では、門弟が二人、控えていて、ひとりが与市兵衛の衣裳を脱がし、もうひとりが鏡を差し出して、化粧を直す。定九郎の準備が整うと、稲と稲の間から、刀を持った定九郎が姿を見せる、外側が描かれた。そのとき、稲の外には与市兵衛の左手と、左足も残ったまま。二役、同時に見せるのが、團蔵の自慢だったのであろう。

豊国の役者絵に手本があったことを指摘したのは、鈴木重三であった（浮世絵大系『豊国』）。前の年に大坂で公刊された『戯場楽屋図会』の「早替わりの図」である。狂言は『忠臣蔵』ではなく『伊賀越』、役者は團蔵ではなく、浅為《あさため》こと浅尾為十郎であった。稲村の中は、四畳敷きほどの広さで、屛風で囲って火を灯した、という。衣裳を手伝う男、化粧の鏡を持つ男、それに小道具を扱う男もいる。稲村の内側で、浅為が準備をしている役は、敵役の沢井又五郎である。稲村の外で、半身を出しているのは、俗医者の左内。この親仁が、浪人の又五郎に殺されるのである。『伊賀越』の初演は安永五（一七七六）年で、浅為の二役は書き下ろし以来の持ち役であった。『上方歌舞伎集』（新日本古典文学大系）所収の台本によると、浅為は俗医者に吹き替えを用意していた。まず、本物の俗医者で出て、「雨宿り、この木の下で休もうぞ」と、せりふを聴かせた。見物は、ああ、浅為だ、と。そのとき、傍らの稲村から又五郎の手が出て、浅為の俗医者を稲村の内側に引き込む。そこで、俗医者の吹き替えを使うのである。刀で芋刺しにされた吹き替えの俗医者が、うしろ向きで出るのであろう、苦しみながら姿を見せると、そのあとから又五郎になった浅為が出た。吹き替えの俗医者に止めを刺し、手にした秘薬を持って、「毒喰わば、皿」と、せりふ。ここで見物は、間違いない、浅為だ、と驚くのである。

豊国が手本にしたのは、稲村の内側の図で、外側の図は手本にはなかった。『伊賀越』の台本と異なるのは、稲村から定九郎が右半身を出したとき、与市兵衛の左手と左足も出ていたことである。團蔵は、身体の真ん中に稲束を挟み、右は定九郎、左は与市兵衛、と二人のからだを同時に見せたのである。この工夫が「五段目」の早替わりの売り物になった。

團蔵の早替わりは、江戸で試みられたものだったので、評判記『江戸桜』の作者は、大坂のことに疎かったのであろう、浅為の『伊賀越』には触れていない。「与市兵衛と定九郎、二役稲村を枷《かせ》に取て、早拵え二人り前の仕掛け、面白い事」と評したあとに、「悪口」を付けた。曰く、「この早替わりは、中村座にて松助どの致されし格にて、珍しからず、古し〳〵」、と。

初代豊国画「市川團蔵早替わり」（早稲田大学演劇博物館蔵）

尾上松助の早替わりは、二年前、安永八年正月森田座『江戸名所緑《みどり》曽我』である。松助の二役は、番場の忠太という江戸屋敷の野暮な留守居役と、文売りの女萬歳に扮した景清女房の阿古屋である。江戸評（江戸版の評判記）の『役者商売往来』には、忠太が軍介という奴に殺され、早替わりで阿古屋になった、とある。團蔵の『忠臣蔵』は、その格だから古い、というのである。

松助は、早替わりの名手であった。團蔵の翌年、天明二年四月中村座『七種粧《よそおい》曽我』の早替わりは「胴抜け」と称された。二役は、髭面の浪人高崎甚内と、頼朝の息女大姫。髭面の甚内がせりふを言ったあと、深編笠で顔を隠す。そのとき、甚内の胴体の人形を使って、すり抜けるのである。それゆえに、「胴抜け」と称された、仕掛けであった。松助は、子役のときに江戸に来た竹田からくりで、人形の機関を学んだ。手先が器用で、自身で人形も彫った。松助、畢生の当たり狂言となった『天竺徳兵衛』では、團蔵の江戸で二度目の「五段目」を見倣ったのであろう、「苫船《とまぶね》」と呼ばれる「掛け稲」を使った。このときは、殺される乳母の五百機《いおはた》の人形と、殺す天竺徳兵衛と、二体の人形を用意した。掛け稲の前で五百機が斬られると、稲の間から人形の徳兵衛が顔を出し、五百機の死体が掛け稲の中に引き込まれると、本物の天竺徳兵衛が出る。松助の徳兵衛が逃げ去ろうとすると、船の中から人形の五百機の亡魂が飛び出して、中空から徳兵衛を引き戻すのであった。稲村や苫船の掛け稲を利用しても、吹き替えの役者を使う浅為、使わない團蔵、人形の吹き替えを使う松助、と三者三様の工夫であったが、電気照明の近代化で舞台が明るくなると、その伝承は断たれるのであった。

定九郎が駕籠に乗って出る、新演出もあった。天明三年五月江戸中村座で、松助が試みた。定九郎を吉原の女郎買いに見立て、駕籠に乗って先回りして、与市兵衛を待ち伏せする。駕籠を使うのは、松助の倅の三代目菊五郎も試みたが、それっきり。ただし、待ち伏せは、稲村から出る團蔵の型と結びつき、今日に至った。松助は、初日が出てからも工夫を重ねた、という。定九郎は、裸になると刀疵、勘平の鉄砲で撃たれると、血反吐《ちへど》を吐いた。それが「気味悪かった」と評された（天明四年正月刊『役者千両箱』「忠臣蔵芸評」）。五代目松本幸四郎の定九郎も、紹介しておこう。与市兵衛をなぶり殺しにして、財布を握り詰めて離さないその指を、一本、一本、喰い千切った。口の中の血を吐くときの顔を見た女中や子供たちは、怖ろしさのあまりに目を塞いだという（文化十三年刊『役者謎懸論』）。稲村より出る新手である。血反吐を吐くこの演出が洗練されて、定九郎が口に含んだ血玉を噛み切ると、血紅《のりべに》が口からこぼれて白い脚にたれる、美しい演出に昇華するのであろう。

勘平と三役を替わる、演出もあった。三代目坂東三津五郎のときは、定九郎は前髪の若衆であった。与市兵衛を殺し、金を奪ったあと、猪に追われ、稲村に入る。稲村から顔を出し、危ないこと、とせりふを言ったときに、鉄砲で撃たれるのである（享和四年刊『役者紫郎鼠』）。幕末の人形芝居でも、三役の早替わりは、流行。猪に追われた定九郎は、松の木に駆け上る、人形らしい演出であった、という（「歌舞伎」58、吉田国五郎「忠臣蔵の型に就て」）。

最後に、「日本一の定九郎」と讃えられた、海老蔵こと七代目團十郎の定九郎に触れておこう。稲村から白い手を出し、与市兵衛から財布を奪うと、暗がりの中で小判の耳を摑み読んだ。「ヒヤア、五十両。久しぶりのご対面、忝し」と。せりふは、たったこれだけ（合巻『裏表忠臣蔵』）。現行ではさらに短く、「五十両」だけ。無言の、不気味な定九郎の誕生まで、あと一歩であった。

早野勘平の「鶍の嘴」

1

「鶍《いすか》」とは、晩秋に飛来する、冬鳥である。くちばしの上と下とが左右に曲がっていて、噛み合わない。その形状から、物事が喰い違うことを「鶍の嘴《はし》」に譬えた。腹を切った勘平は、何もかもが「鶍の嘴」のように喰い違った、と嘆く。鉄砲で撃ち止めたのは、猪ではなく人。しかも舅であった。奪った金は女房を売った金。非義非道は亡君の御恥辱と問い詰められ、脇差を抜いて腹に突き立てたのである。しかし、それも「鶍の嘴」のように喰い違った。弥五郎が疵口を改めると、刀でえぐった疵であった。「エエ、勘平早まりし」と言われて、驚くのであった。汚名を晴らし、偶然にも舅の讐《あだ》も討った勘平は、その功により赦されて、敵討ちの連判に名を連ね、血判をして果てるのであった。

勘平のモデル、萱野三平も腹を切った。亡君浅野内匠頭への忠義、実父萱野七郎左衛門への孝行、忠孝にはさまれての自殺であった。『赤穂義士の手紙』に収められた二通の遺書は、その経緯を詳《つまび》らかにしている。三平は、同志の吉田忠左衛門、近松勘六と江戸に下ることになった。暇乞いのために萱野村の七郎左衛門のもとを訪れると、強く遺留された。父は、すでに三平を主君である旗本、大島出羽守に仕官させるため、その内諾を得ていたのである。三平にも、大石らと交わした神文があった。敵討ちの本意は、たとえ親でも打ち明けることはできない。七郎左衛門に宛てた遺書には、神文にて誓ったことは申し上げがたく、それゆえに、お心に逆らうことになった、とある。さらに、思し召しに随えば忠義を忘れることになり、忠義を立てれば不孝の罪を重ねる、これによりて自殺仕り候、と記されていた。

七郎左衛門に託された、大石への遺書にも、神文のことがあり、たとえ親子でも口外はできなかった、とあった。江戸に下る主意（目的）を知らぬ父は、強くこれを制止したのだが、もし、敵討ちの本意を知るならば、却って喜悦したであろう、とも記していた。大石の遺書に添えられた、七郎左衛門の状には、愚子三平を自殺させてしまいました、とある。自分は暗愚なので何も知りませんが遺書を送ります、としたうえで、悲涙を抑えてこれを御辺の机下に届けます、と。このような悲しみを予想しながらも、三平は、神文を破ることはできなかった。若さゆえであろうか、その潔癖さがもたらした悲劇であった。

『赤穂義士の手紙』の上欄には、編著者の片山伯仙による注記も施されていた。そこには、「内蔵助、深くその死を惜しみ、最後まで同志の一人として遇す」とある。『忠臣蔵』は、そのような思いから生まれた物語でもあったのである。

三平の兄の重道は、家職を継ぎ、大島家の用人である。七郎左衛門は、伊丹の酒造家北河原家に嫁いだ三平の姉の子、長好をして三平の嗣子とし、さらに重道の庶子である重好を養子として、三平の孫とした。京都の大儒伊藤東涯の「三平伝」は、嗣子長好の需《もと》めに応じたものである。成立は、享保十四（一七二九）年仲夏上澣（五月上旬）、三平の自殺から数えて二十八年目であった。さらに十年ののち、元文四年仲冬（十一月）には、江戸幕府の大学頭林信充による「萱野三平伝序」、ならびに信充の息信言の「詩ならびに序」が添えられ、翌年、元文五年には嗣子長好、孝孫重好により墓碑が建立された。正面の「萱野三平墓」の文字は、臨済宗の高僧百拙元養の揮毫、側面の「三平墓誌銘」は、京都の儒者堀南湖の撰文であった。このような顕彰により、三平の事績は広く知られることとなったのであろう。『忠臣蔵』は、墓碑の建立から数えて八年目に書き下ろされた。

伊藤東涯の「三平伝」には、二通の遺書とは少々異なる内容も含まれた。江戸に下ることを赦さなかったのは、「干禄《かんろく》」（仕官）だけではなかった。もし、仇家（吉良）に刃傷に及べば、吾族のみならず、その累は吾主にも及ぶ。汝が汝の君を思うように、我も吾君を思うのだ、と。三平が「吾籍」を絶てば、累は及ぶまいと言えば、骨肉の恩を絶って禍患《かかん》を防ぐのは、軽薄なことだから、そのような過ちを犯してはならない。我は汝に死を勧めるのではない、汝の志を遂げんことを欲するのみだ、と諭され、江戸に下ることを断念した。それが旧冬のことだという。明けて正月十四日、それは内匠侯の忌日（月命日）である。日の暮れる前、三平は一僕をして良雄（大石）に書簡を送る。朝になっても起きてこないので、不思議に思い、部屋に入って見ると、東に向かい自裁（自害）をしていた。報せをきいた父のとった措置も、記された。死のことは漏らさぬように、人に知られると、三平らの企てが破れてしまう。だから、暴死（急死）をしたとして、すみやかに近くの山中に葬りなさい、と。遺書には見られなかった、父の配慮であった。

「三平伝」で、もうひとつ注目されるのは、三平の母の死であった。亡君の刃傷の一報を、赤穂に告げるその途中、萱野村に差し掛かったところで、たまたま葬列に出会った。誰の喪かと問えば、萱野重利の妻。思いもかけない凶変に悲しみ驚くのだが、今は君のために急を告げる。母の難と言えども、私情をもって公事を緩めるわけにはいかぬ、と鞭を揮って去ったとある。萱野家の口伝なのであろう。

大学頭林信充の「萱野三平伝序」でも、慈父とともに母のことも触れてあった。大学頭は、旧君の忌日に自裁して死んだことを、忠と孝を全うした「両全」と讃えたのである。その評価は、墓碑銘の「三平忠孝、両全一死」となるのであった。

なお、三平の自裁の刀も伝えられていた。「大学頭林信充銘」の箱書きの表には「三平自裁の刀、長一尺九寸二分、備中国水田国重作」。裏には「宝刀出箱、一握磨光、伝家之美、長知余工」。切腹に用いたのは、脇差であった。

討ち入りののち、神崎与五郎らのまとめた『介石記』には、不義士の筆誅とともに、志なかばで亡くなった、同志の四名も挙げられた。萱野三平は殉死、橋本平左衛門は自殺、矢頭右衛門七の父長助と岡野金右衛門、二人の老人は病死であった。これらの人々も、歌舞伎や浄るり、浮世草子の題材になるのであるが、その摂取の仕方は入り組んでいた。

近松門左衛門の『碁盤太平記』で取り上げられたのは、老人の死である。その死は、病死ではなく切腹であった。もと塩冶の弓《ゆみ》足軽平右衛門は、浪人ののちも二君に仕えず、急変をきき駆け付けたものの、浪人の手を借りることはできない、と突き放され、腹を切った。倅平蔵は、それに発奮した。先行作の『硝後太平記』など、老人の切腹は、倅たちへの教訓でもあった。

自殺とされる橋本平左衛門は、ほんとうは遊女との心中であった。『太平記さざれ石』の鎌田惣右衛門に、その姿は投影されたのであろう。腰元との不義密通ゆえ勘当された浪人であった。女房お菅は、傾城お菅になり、さらに下女たま、になった。お菅惣右衛門は、お軽勘平の原型であった。

萱野三平の事績が取り込まれるのは遅く、享保年間になる。浮世草子の『忠義太平記大全』（享保二年刊）巻五「吉野勘平、故郷にかえり往事」では、夜中、大勢の山賊に襲われた勘平は、主君より拝領の脇差を主君の形見と思い、それを奪われないように獅子奮迅の働きをしたものの、片足を切り落とされ、殉死。遺言により遺書は、由良之助に届けられた。伊藤東涯の「三平伝」が成立する、十二年前に執筆された浮世草子であった。

並木宗助の『忠臣 金《こがね》短冊』が豊竹座の人形芝居に書き下ろされたのは、享保十七年。「三平伝」の三年後であった。早野勘平は、勘気を受け切腹した、七郎太夫の倅である。魚売り兵助と身をやつし、女房歌木とともに敵の屋敷に潜入、女房は命を落とした。生き延びた勘平は、由良之助の本心を探るため奴となり、見顕わされて刺殺されるのだが、今わの際に忠義な本心を吐露、由良之助に赦されて、敵討ちの連判に加えられるのである。のちに作者の並木宗助は、竹本座に招かれ、並木千柳の名で『忠臣蔵』の作者陣に加わり、魚売りに身をやつした勘平は、狩人に転身するのであった。

2

与市兵衛の死骸を見付けたのは、めっぽう弥八、種子島の六、たぬきの角兵衛、という狩人仲間の三人であった。「夜山《よやま》しもうて戻りがけ、これの親仁が殺されていられたゆえ、狩人仲間が連れてきた」と、戸板に乗せた死骸を運び込み、「オオおふくろ、悲しかろ。代官所へ願うて、詮議して貫わしゃれ、笑止、笑止」と言って立ち去る。「笑止」というのは、気の毒なことだ、ということである。ほんらいは、至って軽い役だが、歌舞伎ではそれを膨らませる。俗に「たぬ角」と呼んで、面白く仕立てた。なかでも印象的なのは、婿殿は、元は侍だそうだが、敵を討って貫わっしゃれ、としたうえで、「そのときには、わしらも寄って、スケ鉄砲のひとつやふたつ、ドオン、ドオンと撃ってやりましょう」という、せりふである。助太刀ならぬ「スケ鉄砲」は可笑しく、思わずほっとするのである。

鉄砲は、たんなる武器ではなかった。歴史学者の塚本学は、農民にとって鉄砲は農具にも等しく、十七世紀を通じて、「鉄砲は、鳥獣防除の省力化に大きく貢献する道具として、農山村に普及していった」と、指摘するのであった（『生類をめぐる政治』）。元禄と改元される前の年、貞享四（一六八七）年以降、将軍綱吉の「生類憐みの令」の一環で「鉄砲改め」が強化されるのだが、その際、山間地で狩猟を生業としてきた猟師とは別に、例外として百姓にも鉄砲の所持を認めた。田畑を荒らす鹿、猪を追い払うためなので、原則は「空鉄砲」であった。それだと、実効性が薄く、許可制を前提に実弾も認められるようになるのだが、それはあくまでも害獣を追い払うための「おどし鉄砲」である、と位置付けられた。

綱吉治世下の「鉄砲改め」は厳しく、「キリシタン改め」に準じた。義士のひとり、近松勘六は、赤穂を去ったあと近江の国野洲郡の比留田村の「御百姓」になることを願い、認められるのだが、そのときの「証文」で誓ったのは、「宗門の儀」と「鉄砲の所持」だったのである。勘六は、鉄砲は持っていないとするだけではなく、ご法度の通り、殺生は固く致しません、と。さらに、親子兄弟などが訪ねてきても、庄屋年寄に相談なく、片時も留め置くことは致しません、と誓った（『赤穂義士事典』）。

農村における鉄砲の管理は厳しく、領主や代官の監督下、庄屋などがその管理にあたった。綱吉の没後、「鉄砲改め」は弛んでも、その管理はかわらなかった。「狐拳」の狐と庄屋、狩人の三すくみは、そのような制度の反映であろうと、塚本は指摘するのである。赤穂の浪人を、このような百姓の狩人仲間にしたところに、勘平の特色はあった。

鳥追いと違い、猪追いは、夜の仕事であった。「たぬ角」の三人のいう「夜山」である。勘平も、同じように夜山を働く狩人なのである。闇の中、勘平が追ってきた獲物は、猪。しかも手負いの猪であった。歌舞伎では省略されるが、猪は一文字にまっすぐに駆けて出る、猪突猛進である。「木の根、岩角、踏み立て、蹴立て、鼻いからして、泥も草木も、ひと捲りに」飛び行く。あわや、のところで身をかわした定九郎は、勘平の放った鉄砲で撃たれるのである。〽背骨をかけて、どっさりと、肋《あばら》に抜ける二つ玉」。「二つ玉」というのは、鉄砲玉のことで、その解釈は二つに分かれた。ひとつは、火薬を倍にしたもので、そこから「二つ玉の強薬《つよぐすり》」という入れ事のせりふが生まれた。もう一つの解釈は、鉄砲玉が二つある、というもので、花道から出てきた勘平が逃げ去る猪めがけて発砲、鉄砲を撃つところを見せた。勘平を家の芸とした六代目尾上菊五郎は、クレー射撃の名手で、国体にも出た。鉄砲を撃つその手順を、「花道の中程で右の膝を突いて左足を前へ踏み出し、鉄砲を肩まで上げ、新規に狙いを付けてドンと放し、その反動の心で鉄砲の台尻を体ごと後ろへ引いて突き……」と詳細に記録したのである（『藝』）。

理屈をいうと、猪は手負いなので、すでに一発は撃っていた。玉がそれて定九郎の肋を撃ち抜いたのは、二発目。さらにもう一発撃つと、三つ玉になる。だから、ほんらいは出てきた勘平が鉄砲を撃つことはなかった。それだけではない、〽猪撃ちとめし勘平は」で出てくると、すぐに猪にはあらず、「こりゃ人じゃ」と気付く。そのあと、闇の中で、〽まだ息あらんかと抱き起せば、手に当たる金財布、つかんで見れば四五十両、天の与えと押し頂き〳〵、猪より先へ一散に、飛ぶが如くに」、立ち去るのである。簡潔な浄るりの説明は、歌舞伎ではすべて削除。勘平の動作に置き替えられた。六代目菊五郎の『藝』は、音羽屋に伝わる口伝を公開したものである。

音羽屋の型は、四段階に変化した。鉄砲を左の肩に担ぎ、火縄を輪形に振り回すのは、道を照らす心。舞台にきて、松の木の下で火縄の火を消すのだが、その手順も細かい。鉄砲が濡れないように、藁の水を切り、その上に載せるまでが、第一段階。ここからは、腰に差した山刀《やまがたな》を抜き、獲物に近づき三つ打ち、止めを刺す。その山刀を着物の裾で三つ拭き、鞘に納めるまで。これにも細かな口伝がある。第三段階は、獲物を運ぶために、腰縄で輪をつくり、足を括る、これも三度。縄を引くと目方が違うので不審に思う、これも三度。定九郎の足の指に触れ、思わず「こりゃ人」と口走って、口を押さえた。「これ、旅人」と呼び活けても反応がない。口の中で「ト、ト、飛んだことをした」と言い、「ク、ク、薬はないか」と懐中を探り、財布を引き出し、金財布なのに驚き、思わず逃げ出す。ここからが第四段階。花道まで来て、向こうをじっと見て「あの金を御用金に」と思い入れ。「弥五郎に渡そうか」という心で、ちょっと向こうを指さして、右足を上げて、その膝をポンと打って頷く。あとは、財布を手に、花道を入るまで。財布の紐が死体の首に掛かって、定九郎が起き上がるのは、七代目團十郎の型で、その紐を山刀で断ち切ると、勘平はその反動で尻もちを突く。花道まで来て、躓《つまず》くのは決まりの型である。

戸板康二は、与市兵衛を殺したのは定九郎、その定九郎を殺したのは勘平、そのことを知っているのは観客、知らないのは舞台にいる人々である、と指摘。さらに、すべてを知った観客は、「勘平に同情しながら見ている」とした（『忠臣蔵』）。この視点は、発表されたばかりの森修の論考「浄瑠璃合作者考」（遺稿集『近松と浄瑠璃』に収録）にヒントを得たものなのであろう。森修は、竹田出雲の特色のひとつに、「事件の様子を見物はしっているけれども、作中の人物はしらずに行動すること」を挙げ、その具体例として『大内裏大友真鳥』四段目などを示した。論考の妥当性は、議論のあるところだが、たいせつなのは、闇の中の真実を知っている観客が、同情しながら見ている、という戸板康二の視点であった。

『曽根崎心中』では、死ぬる覚悟があるかと問われた徳兵衛は、お初の足首を取って喉笛を撫でた。お初徳兵衛の覚悟を知るのは、観客だけ。舞台にいる人々は誰も知らない。近松は、このような誓いのことを「心中」と唱えたのであろう。身につまされた観客は、共感を覚えたのである。『忠臣蔵』の勘平にも、観客は同じ感情を持ったのであろう。猪を射止めたと思ったら、人。懐にあったのは、薬ではなく金。逃げようとして、思わず立ち止まる。魔が差したのである。勘平の動揺を余すことなく知り、同情を禁じえなかった。

「鳥羽か伏見か、淀、竹田」と、勘平が口から出放題に並べた地名は、方角でいうと山崎から見て京都に向かい北東にあたる。そこで、与市兵衛に出会った、と。岸井良衛の『五街道細見』を繰ると、山崎の手前には「これより西南は殺生禁断の処と云う棒杭立てり」とある。現存する離宮八幡宮の傍示石がそれにあたるのであろう。御神領ゆえ殺生禁断の地であった。勘平は、それを避けて、猪を追っていたのであろう。しかも、手負いでも殺生には至らなかった。鳥や獣の命をとった報いで地獄に堕ちた、猟師の因果譚ではなかったのである。綱吉の生類憐みの令とも、結びつかなかった。鉄砲の伝来とともに生まれた、猪追いの鉄砲がもたらした、間違いの悲劇であった。

3

『山城少掾聞書』（昭和二十四年刊）の「院本作者の味噌」は、「六段目」の話である。昭和二十三年に文楽座で『忠臣蔵』の通しを出したときのことであった。弟子の綱太夫がどこからか聞いてきて、「六段目」の文章には「金」という字が四十七使ってある、というのである。さっそく、調べてみると、キッチリ四十七あった。うるさいほどあっても、今まで気にならなかった。語る方もスラスラと語れば、聴く方も耳障りにならない、まったく作者の腕でしょうな、と。楽屋うちでも、浄るり通に聴いても、初耳だという。そこらあたりが、院本作者の味噌だったのであろう、というのである。

弟子の綱太夫も、数をしっかり数えていて、端場の「身売り」には二十字、切場には二十七字、合計で四十七、ということは「赤穂の四十七士を当てこんだ作者の洒落ではないか」と想像するのであった（『芸談かたつむり』）。

「六段目」の「金」という字をたどると、はじめのうちは「身売り」の金である。年季は五年で、金百両。その半金《はんきん》の五十両と、跡金《あとがね》の五十両、あわせて百両。「半金」の金は三つ、「跡金」は二つ、半金の五十両を入れた「金財布」も二つ。身売りの金は、後半になるにつれ、石碑建立のための「金」になった。そうなると、金は「金子」にもなり、「御用金」あるいは「入り用金」にもなった。「六段目」の金は、たんに使用数が多いだけでなく、気が付くとその意味がすれ違っていた。

「身売り」のことは、勘平には内緒で進められた。戻ってきた勘平は、駕籠に乗せられた女房を見て不審に思ったのであろう、思わず口をついたのは、「狩人の女房がお駕籠でもあるまいし」という、洒落た文句であった。そのまま、駕籠の棒端《ぼうばな》を突いて、押し戻したのである。勘平は、ただならぬ空気を感じ取ったのであろう、昨夜の雨にことよせて、濡れた着物を着がえるのである。そのとき、勘平が指示したのは、御紋服であった。さらに「ついでに大小も持ってきてくりゃれ」と付け加えた。勘平は、狩人から元の武士に戻って、威儀を正したのである。

これには何ぞ、深い様子があるであろう、と問われて、お軽の母は、いきさつを話すのである。そこにも、「金」という字が三つあった。ひとつめの金は、「かねてこなたは、金の要る様子」。娘のお軽から聴いた話だが、その金をどうぞ調えて進ぜたい、と思うばかりで一銭の当てもない。そこで、親仁（与市兵衛）どのの言わっしゃるには、ひょっと、こなた（勘平）の気に、女房を売って、金を調えようと。これが、二つ目の「金」である。よもや、そのようなことは思うまいが、もし二親の手前を遠慮していさっしゃるものでもない、いっそ婿どのに知らさずに娘を売ろう、という話になった。「まさかのときは、切り取りするも武士の習い、女房を売っても恥にはなるまい」というのは、与市兵衛の考えなのであろう。三つ目の金は、「お主《しゅう》のために立てる金」。その金を拵えてやったら、まんざら腹も立つまい、という見通しになった。

勘平が御紋服に着替えるとき、ふところより落ちた縞の財布が母の目に付き、顔を見合わせ「気味合いの笑い」になるのは、歌舞伎の「入れ事」。ここで、縞の財布を印象付けておくのである。半金の五十両を入れた縞の財布、その財布と同じ縞柄の財布、財布と財布を見くらべて、勘平は、しまった、と観念。老いた母も、不審に思うのである。その疑念は、運ばれてきた与市兵衛の死骸で、確信になった。なんぼ以前が武士じゃとて、舅の死に目を見やったら、びっくりもしやる筈。こなた、道で会うたとき、金を受け取らなかったか、と問い質した。勘平のふところに手を差し入れ、証拠の財布を突き付けると、その疑念は怒りに変わるのである。親仁どのを殺して取ったその金は、誰に遣る金じゃ。みんな、こなたに遣る金じゃぞ、と。そのとき、姑は婿の心を邪推するのである。ああ、分かった。身貧《みひん》な舅ゆえ、娘を売ったその金、宙で半分くすねて、みなは遣るまいかと思ったのだな。それゆえ、殺して取ったのじゃな、と。はじめの三つの金は、こなたのために調えた金ではないか、という筋道。四つ目の金は、貧しい百姓だと、疑われた悔しさである。律儀な人だと思って、だまされたが腹が立つ。ええ、ここな人でなし。あんまりあきれて、涙さえ出ぬわいやい、と嘆いた。元の侍にしてやりたいと、年寄って夜も寝ずに、京三界を駆け歩いて世話をした、与市兵衛は、いわば「飼い飼《こ》う犬に手を喰わるる」ようなもの。鬼よ、蛇よ、とさまを返せ、親仁殿を生けて戻せ、と勘平の髻を摑んで、引き回すのであった。

「五段目」で勘平は、同志の弥五郎に語った。与市兵衛のことを、頼もしい百姓だ、と。何とかして元の武士に立ち返れと、おじ（舅）うば（姑）ともに嘆き悲しんでくれている。仔細を話せば、わずかの田地も我が子のため、否ということはないであろう、と。案に相違して、金になるような田畑はなかった。それが、勘平の錯誤のはじまりであった。

追い詰められた勘平は、脇差を腹に突き立て、言い訳をする。文楽の段取りは、丸本の原作通り。歌舞伎では、立ち帰ろうとする二人の侍にすがり付いた。勘平の左側には郷右衛門の刀、右側には弥五郎の刀、左右の手で鞘と鞘にしがみ付き、武士の情けじゃ、ご両所がた、と訴えた。刀は武士の魂、その魂にすがって言い訳をするのであった。昨夜の出来事を振り返る、勘平の申し開きにも、「金」という字が五つあった。猪にはあらで旅の人、南無三宝、薬はなきかと懐中を探れば、金(財布)。道ならぬこととは知りながら、天から我に与うる金。その金、弥五郎どのに渡し、悦び勇んで立ち帰り、様子を聞けば情けなや、金は女房を売った金、撃ち止めたるは、で言いよどむ。二人の侍に「撃ち止めたるは」とうながされると、「舅どの」と、刀を腹に突き立てた。勘平が奪った金は、天罰として勘平の身に降りかかるのであった。

『忠臣蔵』の討ち入りには、「財布の焼香」がある。「一の焼香」は、敵師直を生け捕りにした、矢間《やざま》十太郎。二番目の焼香を勧められた大星は、代わりに早野勘平の財布で焼香をさせるのである。その財布は、勘平がなれの果てだとして、大星はその思いを明かすのであった。女房を売って金とのえ、その金ゆえに舅は討たれ、金は戻され、せんかたなく腹切って、あい果てた。そのときの勘平の心、さぞ口惜しかったであろう。金を戻したのは、由良之助が一生の誤り、不憫な最期を遂げさしたと、片時忘れず、肌放さず、夜討ちにも財布を同道した、と語るのであった。

大星は、勘平の石碑料を差し戻す際、使者に伝言を託した。貯えなき浪人の身として、多くの金子を調進せられし段、由良之助どのはなはだ感じ入られし、とあるのがその前文である。ただし、石碑を営むのは亡君のご菩提である、殿に不忠不義をせし、そのほうの金子をもって、御石碑の料に用いられんは、ご尊霊の御心にも叶うまじ、というのがその理由であった。「財布の焼香」で、由良之助はそのことを悔いた。それに反し、老母の訴えに応えた使者は、渇しても盗泉の水を呑まずとは、義者の戒め、と名分を盾に、勘平を追い込むのであった。今わの際の勘平は、仏果《ぶっか》を得よ（成仏しなさい）と言われても、仏果とは汚らわし、と反撥。死なぬ、死なぬ、魂魄この土にとどまって、敵討ちの御供する、ともがきながら息絶えるのである。大星がくみ取ったのは、このような勘平の真情であった。

勘平の恋

1

〽三崎踊りがしゅんだるほどに……」。「六段目」の幕開けに歌われる、下座唄である。原作の丸本では、このあとに〽おやじ出て見や、ばばんつ、ばばん連れて、おやじ出て見や、ばばんつ」と続く。「ばばん」は、婆のこと。踊りが佳境に入ったので、じ様もば様を連れて出てこないか、と誘う。丸本には「麦かつ音の在郷歌」とあるので、刈り取った麦の穂を搗《つ》きながら歌う、労働歌である。繰り返される「ばばんつ」は、その合の手なのであろう。与市兵衛の女房は、朝になっても帰ってこない、親仁どのを案じて在所の入り口まで出て、藪ぎわで若い衆が歌う、この歌を聴いた。「麦秋《むぎあき》」あるいは「麦の秋」というのは、麦の刈り入れどきのことで、季節でいうと夏である。在所はどこもかしこも、麦秋じぶんで忙しい、その情景描写なのだが、現行の文楽では、削除されて歌われなくなった。

歌舞伎の下座唄では、少し文句が違って〽おやじ出て見や……」は、〽おばば出て見よ、じんじを連れて、このえ〳〵」。あるいは、〽おやじ出て見よ、ばんばに連れて、このえ〳〵」と歌う。ほんらいの「麦かき歌（麦搗き歌）」のリズムは薄れ、のんびりとした田舎の情調が濃くなった。三味線の調子も、丸本の節付けでは「三下り歌」だが、下座では「二上り」。長唄では、義太夫の原曲を転調して、歌ったのである。

『忠臣蔵』の前の年の『義経千本桜』でも、三段目「すし屋の段」の語り出しは、〽春はこねども花咲かす、娘が漬けた鮓ならば、馴れがよかろと買いに来る」と歌ではじまる。三味線の調子は、丸本では「歌二上り」だったが、現行では「三下り歌」に転調。さらに、歌舞伎の下座唄では、〽つるつると出る月を……」という、長唄の「在郷唄」を歌い、原曲の義太夫を削除した。この下座唄も、「二上り」である。

義太夫節の語りの基調は、本調子である。音楽学の井野辺潔は、「道行」を題材に、本調子の中に「二上り歌」や「三下り」が入る過程を分析、その構造を明らかにした（『浄瑠璃史考説』所収「道行の形式と歴史的展開」）。「道行」の語り出しを本調子ではなく、二上り歌にしたのは、元禄のあと宝永年間のおわりで、その早い例として『椀久末松山』を挙げた。竹本座から分かれた豊竹若太夫（のちの越前少掾）の高音の美声から生まれたのであろう。工夫を凝らしたのは、豊竹座に加わった作者、紀海音だという。道行は、四段目の冒頭に置かれた。全曲中、もっとも低い調子の三段目の切のあとである。井野辺は、それを「写実の極にあって悲劇の頂点を形成した三段目の切と、華麗な音楽的魅力にみちた道行とは、見事に対称的世界を作り上げていて、聴き手の気分は改まって、それだけ解放感も大きい」、とするのであった。

井野辺が冒頭に掲げたのは、「道行初音旅」。『義経千本桜』の道行である。〽恋と忠義はいずれが重い……」と、声をそろえて語り出すとき、そのはなやかでさらりとした美しい旋律が、全山満開の花の吉野山を現出する。井野辺はそれを「音楽の魔術」とした。その魔術により、舞台と客席は混然一体となり、はやくも陶酔境へ入っていく、というのである。『義経千本桜』の「すし屋」、『忠臣蔵』の「与市兵衛住家」で歌われた在郷歌にも、そのような音楽的な魔術が期待されていたのであろう。

歌舞伎の下座音楽では、幕開けの〽三崎踊り」の調子が「二上り」になることは、すでに述べた。幕が開き切ったあとに、その三味線の音だけがのこる。それを、「在郷合方」と呼ぶ。在郷合方が消えると、義太夫になり、義太夫がおわると、在郷合方になる。長唄の三味線が奏でる、のんびりとした曲調は、深刻なドラマを和らげる、通奏底音になるのである。

下座の在郷合方にメリハリを付けるのは、一文字屋の出入りに演奏される〽テンツツ」であった。脇三味線が合奏で〽テンツツ〱」と繰り返し弾き、その音に立三味線が替手《かえて》を合わせる。賑やかなこの曲も、二上りであった。一文字屋の亭主才兵衛は、もとは脇役であった。文化年間に三代目坂東三津五郎、続いて七代目團十郎が扮してから、大きな役になった。文政から天保にかけて人気を競った若手の座頭役者、坂東簔助（四代目三津五郎）、中村芝翫（四代目歌右衛門）、沢村訥升（五代目宗十郎）も追随、粋な縞柄の衣裳で颯爽と出てくる姿は、『忠臣蔵』の役者絵をいろどることになったのである。

三津五郎の初役の才兵衛は、文化十一（一八一四）年中村座の五月狂言であった。三津五郎をはじめ助高屋高助（三代目市川八百蔵）、市川市蔵（市川鰕十郎）、尾上松助（三代目菊五郎）と四人の立役がそれぞれ七役を替わった。三津五郎は、師直、由良之助、才兵衛、喜多八、戸無瀬、伊吾、可内の七役。早替わりで、「六段目」では才兵衛から二人侍《ににんざむらい》の喜多八、討ち入りでは門番の可内から由良之助、そして師直と替わった。このとき、吉原の仲之町の茶屋の亭主「仲町一」が誉め言葉に出たのだが、緊張のあまり絶句したという（三升屋二三治『紙屑籠』）。吉原の遊女になぞらえた「遊君名よせ誉詞」には、「なんと七役は、古い市紅の上を行く、こんどのお手柄」（『浄瑠璃せりふ』所収）とある。与市兵衛から定九郎に替わった、市紅こと四代目市川團蔵の上を行く七役だ、と褒めたのである。

七代目團十郎の初役は、その翌年、文化十二年九月の河原崎座であった。團十郎は、勘平、由良之助、才兵衛の三役で、「六段目」の才兵衛では、お軽の跡金を持参、婆とのせりふに、京ことばを交えた。翌春の評判記『役者謎懸論』では「芝居好き」がその工夫を見逃さず、「ナントサカイ、イヤモ、ヤクタイも、きっと聞こえました」と褒めた。「聞こえた」とは、分かった、という意味である。團十郎が才兵衛になったのは、前の年の三津五郎への対抗心もあったのであろうが、直接のきっかけは、別にあった。「吉原の妓楼の主人が自分の姿で出てくれたら興行資金を出すといったため」だという、戸板康二の『忠臣蔵』の秘話であった。七代目は、勘平も兼ねていたので、才兵衛が門口にある駕籠に入ると、早替わりで花道から出た、という（『役者謎懸論』）。このとき、五代目松本幸四郎の閻魔の小兵衛という名の女衒《ぜげん》が付いてきて、勘平との交渉をすることになったのである。女衒の役は、前の年の三津五郎のときにも出ていたが、幸四郎が演じることで話題となり、「六段目」に定着するようになった。二代目坂東善次（彦左衛門）や中鶴《なかつる》こと三代目中村仲蔵ら、腕っこきの脇役の持ち役となったのである。

初代豊国画「七代目市川團十郎の一文字屋才兵衛」（早稲田大学演劇博物館蔵）

役者絵の豊国が描く、團十郎の才兵衛は、鬢《びん》を細くした奴頭《やっこあたま》で、鮫鞘の道中差しに左の手を添え、右手で頭を軽く掻く、そのポーズが妓楼の亭主のポーズなのであろう。黒地に三色の三筋の縦縞の着付、緋縮緬の下がり（褌）、帯の模様は「牡丹」で、その帯に羽織を挿む。羽織も黒字に色の小紋であった。二役の勘平は、野暮な狩人の姿のまま。七代目は、その対照を狙ったのである。気をよくしたのであろう、團十郎は翌年の『忠臣蔵』でも、才兵衛を引き受け、上方訛りで喋りまくった。評判記では「むだ口」が出て、「けしからぬ軽口、まこと騒々しい事。嘆きの中に売女、少しは先さまの心を察したがよからう」（文化十四年刊『役者名物合』）と苦言を呈されたのである。しかし、そのような軽口が見物にとっては、救いになった。現行では、その役割を女衒の源六が担うのである。

源六は江戸っ子で、「京大坂はいうに及ばず、江戸長崎までも面《つら》を売った源六さまだ」と豪語、「ご大層なことをいうようだが、ぎゃアと生まれて水道の水で産湯をつかい、富士の山に腰を掛け、唐崎の松を楊枝につかい、湖水の水で顔を洗ったお兄イさんだ」とタンカを切る。戸板康二は、これを落語の「うそつき弥次郎」めいた誇張、とした。こじれていた話がまとまると、「第一にお袋が安心、お娘《むす》も安心、婿さんも安心、おかみさんも安心、わっちも安心、これでちょうど五《ご》安心だ」と洒落る。これも、罪のない軽口であった。

亭主に代わって、一文字屋の女房が出るようになるのも、文政年間から。女形のトップ、五代目岩井半四郎は、二度まで勤めた。相棒の女衒は、二度とも築地の善好こと二代目坂東善次であった。半四郎の親譲りのお家芸「三日月おせん」では、路地番のあごつき次郎が持ち役で、善好の路地番も親譲りであった。源六の「うそつき弥次郎」の原点は、ここらあたりにあったのであろう。現在では、一文字屋の女房お才は、京ことば。源六の江戸弁との対照が見どころ、聴きどころになった。

2

人形浄るりの初演で、勘平を遣ったのは、吉田才治であった。師匠の吉田文三郎は、「六段目」では与市兵衛の女房にまわった。これは特殊な配役ではなく、『義経千本桜』の「すし屋」では、才治のいがみの権太に文三郎は弥左衛門。『菅原伝授手習鑑』の「寺子屋」でも、才治の松王丸に文三郎は女房の千代であった。文三郎は、「佐太村」でも切腹する桜丸ではなく、見送る父親の白太夫にまわったのである。人形の座頭である文三郎は、『菅原』の菅丞相、『千本桜』の狐忠信、『忠臣蔵』の大星と、立役の主人公を遣うとともに、女形や老けもこなすところが売り物だった。それゆえ、「おやま」(女形)の人形と「立役」を兼ねる「おやま立役人形」を名乗ったのである。

歌舞伎を見慣れていると意外かもしれないが、人形の「寺子屋」の段切り「いろは送り」は、千代のひとり舞台である。歌舞伎では、導入部の「寺入り」が省略されることが多いので、より印象が薄くなるけれども、松王とともに母の千代も、もうひとりの主人公だったのである。

『菅原』の「佐太村」、『忠臣蔵』の「六段目」は、過ちを犯した若者が腹を切るドラマだが、そこでも段切りで活躍をするのは、文三郎の操る老人であった。「佐太村」の桜丸は、腹を切る前。「六段目」の勘平は、腹を切ったあと、我が身の犯した罪を悔い、最期には自らの手で喉笛を掻き切った。遺されたのは、人形の死骸だけ。〽撞木に替る杖と笠」にはじまる「佐太村」の段切りは、白太夫のしどころであった。歌舞伎では、段切りの文句を短く縮め、梅王夫婦と三人の割りぜりふを最後に、幕切れには梅王が桜丸の死骸を抱き起こすのである。人形ではない、ナマ身の桜丸が哀れだからである。「六段目」では、勘平の落ち入りを、段切りまでと入れ替え、喉笛を切った勘平の断末魔の苦しみとともに、柝を刻んで幕を閉めるのである。ドラマの主人公は、勘平だからである。人形浄るりでは、その悲劇を語り伝える語り部の老婆に、焦点を当てた。文楽では、今でもその伝統が活かされているのである。

義太夫の「六段目」の「むつかしさ」はどこか、と問われた豊竹山城少掾（古靭太夫）は、「六段目という浄るりは、好んでやってるものではないんで」と応じた。「ヤマもなけりゃ、アテ込みもない、約《つづ》まりのつかぬ陰気な浄瑠璃で、どこも摑まえるとこがありません」と続けた。師匠の津太夫でも、名人の大隅太夫でも、スーッとしたもので、とくべつ感心したのを憶えていません、誰がやっても、やりにくい浄るりなんでしょうな、と（『山城少掾聞書』）。そのうえで、人形に関する、二つの疑問を呈した。腹を切った勘平が両手を開いて見得を切るのは、おかしい。片手で腹を押さえていなければ、はらわたが飛び出してしまうだろう、と。二点目は、腹を切ったあとの勘平の述懐に、鳴物の笛が入るのだが、それを三味線のメリヤスに替えたところ、人形から苦情が出て、一日で取りやめになったこと。どちらも陰気な浄るりを引き立てるための人形の工夫であった。

歌舞伎でも、三都の『忠臣蔵』の上演史をまとめた『古今いろは評林』で、勘平は腹を切るまでに何となく見どころのある役だとしながらも、「この狂言中、この場はしゅみし場にて、見にくきひと場」だとされた。「しゅみ（染み）」は、しみったれた、沈み込んでいる状態をいう。それゆえ、勘平の姿かたちで「うっきり（華やか）」とさせねばならず、女形の方に当たり目が多い、と指摘したのである。

とくに、江戸では女形の勘平が目立った。初演の三座競演でも、嵐小六と尾上菊五郎と、三人の勘平のうち二人は女形である。それ以降も、佐野川市松、尾上松助、四代目岩井半四郎（二度）、小佐川常世と、立女形が勘平に挑んだ。京都で勘平に扮した姉川みなとには、「早野勘平を角《すみ》前髪にしてお勤め」（明和九年三月刊『役者物見車』）という評が出た。小佐川常世も「忠臣蔵勘平、若衆形にて勤め」（天明四年正月刊『役者千両箱』）とあるので、鬘は前髪だったのであろう。尾上松助のときには、「あまり派手な鬘ゆえ、女形と見えて気の毒」（明和六年五月刊『役者太夫位』）と評された。女形の勘平は、若衆の豊かな黒髪の美しさが売り物だったのである。

勘平は、三段目では月代を剃った侍、五段目になると月代が伸びた浪人の姿になるのが、ほんらいである。女形の前髪に対抗したのであろうか、狩人になっても、月代を剃った勘平が登場した。『役者太夫位』の挿絵に描かれた三代目大谷広治が早く、続いて『役者千両箱』の挿絵に三代目沢村宗十郎。芝居絵本（絵本番付）では、寛政五（一七九三）年五月市村座の三代目坂東彦三郎を皮切りに、文化のはじめにかけて、市川男女蔵、尾上栄三郎ら、月代姿の勘平が主流になった。広治の芸風から、はじめは鬘ではなく「自髪《じがみ》」（自分の髪）で、顔の化粧も白塗りではなく、地顔。リアルな勘平だった、と想像している。文化も中頃になると、ふたたび月代が伸びた。現行の演出の「逆《さか》熊《ぐま》」の鬘の原型である。

勘平が紋服に着替えるのは、文化年間にはじまる、新工夫である。團十郎の成田屋は、黒羽二重。音羽屋の菊五郎は、それを浅黄（薄い水色）にした。御紋服の紋は、浅野家の「鷹の羽」である。ご主君のお傍近くに仕えた勘平が拝領した、亡君のおさがりという見立てであった。確認できるのは、文化八年四月森田座、市ノ川（市川）市蔵の勘平である。四年後に、七代目團十郎門下となり、市川鰕十郎を名乗って帰坂。その餞《はなむけ》だったのであろうか、七代目は市蔵の工夫した御紋服の勘平を初演するのであった。黒の羽二重は、八代目團十郎、九代目團十郎と、二人の倅が踏襲、成田屋の型になるのだが、現在では廃れ、わずかに清元『落人』にその面影を残すのみとなった。菊五郎の勘平が浅黄の御紋服に着替えるようになるのは、天保年間に入ってからだが、浅黄のほうが哀れなので、音羽屋型が残ったのである。

女形の五代目瀬川菊之丞も、文政九（一八二六）年と文政十一年の二度、勘平に扮した。二度とも、早替わりでお軽と替わる新演出であった。勘平の衣裳にも凝って、狩人では縞の着物に「矢羽根」の肩入れ。御紋服も、朱色の小紋地の袖口と肩入れに黒地の「鷹の羽」の御紋服を配した。菊之丞は、そのころ七代目團十郎と衆道の契りを交わしていたので、それに因んで黒の御紋服を使ったのである。

菊之丞の肩入れの意匠は、はからずも團十郎のライバル菊五郎にヒントをあたえる結果となった。菊五郎は、狩人の勘平の衣裳に、派手な菊五郎格子を用い、それに肩入れを入れてアクセントを付けたのである。浅黄の紋服とともに、それが音羽屋の型になるのだが、現行では、少しリアルになり、地は縞柄、菊五郎格子は肩入れの方になった。

『古今いろは評林』には、江戸で初演の際、女形の嵐小六が幕切れで、腹を切ったまま、「とんぼう返り」をした、とある。小六の勘平は、与市兵衛女房のせりふを聞いてより、その術なさをしのぐ間が狂言で、和らかみを第一とするのみ、とされた。じっとこらえても、こらえきれずに、トンボを切ったのであろうか。腹を切ったままの荒わざであった。

文政年間と、のちの記録だが、七代目團十郎の勘平も「立ち腹」であろうか、「門口で腹へ突っ込むところは、新手」と記録された（文政五年刊『役者早料理』）。坂東簑助（のちの四代目三津五郎）のときには、いったん二人侍を帰したうえで、腹を切った。二人侍の方でも、帰ったふりをして、門口で様子を窺っていたのである。簑助の勘平は、邪魔をされないように養母を縛ってから腹を切るのだが、さすがにこの改変は不評で、「かような新手よりは、やはり昔からしおいたことがとかくようござります」とたしなめられたのである（天保二年刊『役者大福帳』）。

人形芝居の方にも、珍型があった。二人侍が帰ったふりをして門口に残るのは、簑助のときと同じだが、そのあとで養母を縛る代わりに、三味線のメリヤスで、書置きを認めた。見物の視線を充分に惹きつけて、脇差を腹に突き立てると、勘平の顔の半分が青く凄みの顔に替わるのである。美濃紙を貼り付けた半面を使った仕掛け物で、もとは定九郎の死骸で工夫されたものだという。同時に、人形の両の手は、血だらけになるのだと。吉田国五郎が語った、珍型である（『歌舞伎』57「忠臣蔵の型に就て」）。

音羽屋型の勘平は、疵口の血の付いた掌で、頬を叩くと、白塗りの顔に血の手形が付く。それは、死の表象である。人形の青い顔の対極にある、エロスの刻印であった。

3

五代目菊五郎には、「三絶《さんぜつ》」と讃えられた当たり役があった。六段目の早野勘平、千本桜のいがみの権太、伊勢音頭の福岡貢、勘平は「三絶」の筆頭であった。五代目が「昔の江戸、今の東京」で扮した役のリストでは、勘平と権太が五回、貢は四回。弁天小僧ほか三役の六回が最多なので、「三絶」は繰り返し上演された持ち役でもあったのである（『尾上菊五郎自伝』）。五代目の音羽屋型を記録した六代目は、「勘平役のごときは三代目梅寿《ばいじゅ》菊五郎の型に、五代目《おやじ》が工夫を加えて完成したもの」だ、とした（『藝』）。三代目の勘平は、江戸だけでも実に十二回。大坂や京都、名古屋や伊勢をはじめ旅芝居を入れるとその数は枚挙にいとまがなかった。五代目の「三絶」に倣うならば、六段目の勘平は、四谷怪談のお岩、天竺徳兵衛と並ぶ「三絶」になるだろう。

　三代目の勘平の売り物は、「腹切り」であった。『菅原』の桜丸など、ほかの役でも腹を切った。切り納めとなったのは、白井権八である。亡くなる前の年、嘉永元（一八四八）年八月、江戸で一世一代を勤めたあと、大川橋蔵の名で道頓堀の角の芝居に出たときであった。小舟を漕いで、川の真ん中に出て、腹を切るのだが、それは立ったままで腹を切る、「立ち腹」であった。遠巻きに取り囲む、大勢の捕り手というよりも、くろ山の観客に向かってであろう、大きな声で豪語した。「昔より腹切りも多い中、誠の侍の腹切り」を見せるのだ、と。さらに、「人は一代、名は末代、孫《まご》子《こ》の末まで伝えておく」としたのは「大ミソ（大自慢）」だと、浪速の見物には不評であったが、その言葉通り、孫の五代目は弁天小僧で「立ち腹」を切ることになるのである。

　「大ミソ」とケチを付けたのは、「場」（土間）の見物であった。「見功者」は、上手でも自慢をすれば批判をしたがる、それが当地（大坂）の昔からの慣わしだ、としたうえで、梅寿の立ち腹に「至極、感心」をした。腹の切り工合、息の継ぎ工合、名人と呼ばれた梅玉（三代目中村歌右衛門）でさえ、大川氏（菊五郎のこと）の腹切りには舌を巻かれた、と聴く。「腹切りの名人は、この人なるべし」とした。土間では、見物一統が「立ち腹」に荒肝を取られ、町中が「立ち腹〳〵」と騒ぐ。それを横目に見ながらの、見功者の見解であった（嘉永二年刊『役者産物合』）。菊五郎を襲名する前、若ざかりのときから、「桜丸三の切、腹切りの仕様、おとなしく、静かなる仕打ち」で、「見物、涙をこぼしました」（文化九年刊『役者出世咄』）と評されていた。三代目菊五郎の腹切りは、飛んだり跳ねたり、立ち腹を切ったりする、「けれん」の対極にあった。

　三代目がはじめて腹を切ったのは、享和元（一八〇一）年。元服の翌年で、数え年十八、まだ子役のときの栄三郎を名乗っていた。『妹背山』の久我之助という前髪姿の少年の役であった。翌年、翌々年は桜丸、その翌年、文化元年には上坂、座摩の子供芝居で『忠臣蔵』の勘平、これが勘平の初役であった。江戸に戻り、文化二年には勘平に加え塩冶判官の二役、文化三年にも「判官切腹」と「勘平腹切り」と、二度、腹を切った。栄三郎は、元服以来、六年連続で腹を切り続けたのである。

　栄三郎を抜擢したのは、狂言作者の勝俵蔵、のちの鶴屋南北であった。享和元年三月河原崎座の『江の島奉納見台』の丁稚長吉は、それまで立女形が勤めてきた大役である。闇の中の間違いで殺される少年の役だが、ひと太刀切られたあとに、敵役に天水桶で打たれると、箍《たが》がはずれ、疵口に水がしみるのである。ト書きには、「桶の箍切れ、水こぼれて疵口へ、水しゅみたる思い入れ、栄三郎、苦しんで倒れる」。「しゅみたる」は、しみること。不意に刀で切られた驚きや、手桶で打たれた痛さとは違う、苦痛であった。断末魔の栄三郎の美しい顔、勝俵蔵は『妹背山』の久我之助に抜擢した。

『四天王楓江戸粧《もみじのえどぐま》』で、江戸に戻った栄三郎に、勝俵蔵が用意した役は男の辻君。袴垂の安と名乗る、公家の夜鷹である。江戸の立女形、岩井半四郎の家の芸、「三日月おせん」の男性版であった。主君の身代わりに腹を切ろうとすると、許嫁の橋立が止めた。その許嫁を膝で引き敷き腹を切るのは、桜丸の応用であった。口で称名を唱えながら、兄嫁の介錯を待つ姿には、久我之助が投影されていたのである。

栄三郎は、「女の惚れる男にて、これも器用肌」(享和三年正月刊『役者一番鶏』)、あるいは「奇麗な、器用な、贔屓ある栄さん」(享和三年三月刊『役者花相撲』)と評された。「奇麗」で「器用」、この評価は晩年まで変わることはなかった。寛政十二(一八〇〇)年、出世役となった「狂乱」の所作事『三《み》代《よの》扇《おうぎ》手《て》毎《ごと》梅《のうめ》』は、嵐雛助の代役であった。長袴の裾を奇麗にさばきながら、二枚の扇を使って踊る、二枚扇の技法を、うまくこなして、評価を得た。それが「器用」である。菊五郎の踊りを代表する清元『保名』も、二枚扇と長袴で成功したのである。

親の名を継いで尾上松助の二代目になった栄三郎に、鶴屋南北が課したのは「陰腹《かげばら》」であった。「陰腹」とは、腹を切ったことを隠すこと、皮肉な腹切りであった。役の名は、狩野四郎次郎元信。親松助と南北の出世作『天竺徳兵衛』に書き込まれた、新作である。しかも、江戸の大芝居ではなく、旅芝居のための台本であった。菊五郎の『天竺徳兵衛』は、親譲りの天竺徳兵衛に、みずからが初演した「湯上りの累」、それに四郎次郎元信が加えられた。この『天徳』が大坂や京都、名古屋、全国各地の御目見えに出された、菊五郎のもうひとつの当たり役であった。はじめて江戸で披露されたのは、天保三(一八三二)年で、翌年の春には合巻も出された。舞台の評判では、「腹を切って言語不同のところ、さてさて凝られたもの。当時、かようなお役は外に類なし」(天保四年刊『役者四季詠』)。苦しさで言葉が乱れる、それが類なしとされた。合巻では、「元信さまのお顔の色、呼吸の息のせわしきは」と訝られ、どっかと坐って両袖を脱ぐと、腹を切った上に布が幾重にも巻かれていた。問い詰められた元信は、「苦しき目」を開き、「その言い訳は、この通り」と語りはじめた。その言語が不同になった、というのである。語り終えて、布を解くと、疵口が開いて、「血はほとばしる断末魔」と、壮絶な最期になった。名古屋でも「見功者」は、「手負いを隠せしは、こうもあろうか」（文政二年正月刊『役者優眼合』）と感心。さらに、大坂の大立者である坂東重太郎、市川鰕十郎とくらべ、「三人、手負いの仕打ちでは、梅幸丈（菊五郎）格別よかったぞ」と褒めた。それほど、菊五郎の手負いは、群を抜いていたのである。

狩野元信のもうひとつの売り物は、傾城遠山との濃厚な「濡れ場」にあった。大坂では、「子守をしながら」の「濡れ事」（文政四年正月刊『役者甚考記』）、江戸で二度目のときには「雨やどり」（天保十年正月刊『役者外題撰』）であった。「雨やどり」は、栄三郎の昔に試みた『波枕韓《いこくの》聞書』の「恋雨舎《こいのあまやどり》」の流用なのであろうか、突然の雷雨で、大勢が飴屋が宣伝に使う大きな傘に逃げ込んだ、そのなかで、栄三郎は女形に抱き付き、口を吸ったのである。大胆な「濡れ場」も、『天徳』の売り物だが、出版された合巻では削除された。公開することが憚られたからであろう。

音羽屋型の勘平（『藝』）では、腹を切ったあとの述懐で、「時々息をつき、腹を切っている心にて、すべて腹の皮を背中につける心にて、台詞を云う事」が口伝。「色に耽ったばっかりに」では、「色に」で、いったん息をつくのだが、そのとき「ちょっと両人に恥ずかしき心」で、言いにくくなり、息をつくのだというのが口伝。「血糊のつきし手（右）にて、右頬をはたいて血をつける事あり」の段取りは、口伝では「言い訳なさに勘平が」のあと。「切腹なして相果つる、心の中を御両所方、御推量下さりませ」と語りきる、その前である。現行の演出では、その少し前、「色に耽

国周画・誠忠義士銘々伝「市村家橘（五代目菊五郎）の早野勘平」（国立国会図書館蔵）

ったばっかりに」で血の手形を付けるのだが、その方が効果的である。

血の手形については、三代目の最晩年のエピソードがある。勘平を若手花形の八代目團十郎に譲った、その総ざらいのときであった。指導をしながら、もどかしくなり、團十郎を脇にのけて、段切りまでやってしまった。そのまま、幕間なしに「七段目」になる。菊五郎の役は九太夫とお軽。ツナギの鳴物を止めると、困ったものだ、今、糊紅を遣ったものが、すぐに九太夫で出られるものか、これはどうにかせねばいかぬ、と癇癪をおこした。そばに控えていた狂言方に、あなたは九太夫とお軽ですから、できないことはないでしょう、と言われて、はじめて気が付いて、「ホンニ、そうだったっけ」となった。『手前味噌』の著者、三代目仲蔵の「絶句帳」に収められた、滑稽な失敗談であった。

天保六（一八三五）年に刊行された合巻『菅原伝授手習鑑』では、勘平ではなく、桜丸だが、菊五郎の似顔に、血の手形が描かれた。『菅原』の書き替えで、腹を切ったあとに、八声《やこえ》の鶏が鳴く。悪者どもがたくらんだ、贋迎いの刻限にはまだ早い。そこで、ああ、そうだと思い付く。宝物の金鶏の香炉は、血に汚れると鶏鳴を発する、と聴く。我が切腹の血汐ゆえ、丞相様の御身の大事となったるか、と嘆く。「ええ、口惜しや、残念や、するほどの事、みな喰い違う」は、勘平の「鶍の嘴」の応用。そのとき顔に血の手形がついた。ト書きには、「口のこわりに、おのが血を、われとすすれど、すすりえぬ、苦痛の態ぞ、いじらしき」と結ばれた。

菊五郎襲名後の初勘平のときにも、切ったあとで「腹を張ると、血は滝のごとく」に流れた、とある（文化十四年正月刊『役者名物合』）。それを見た、見物は涙をこぼした、という。勘平のあと、菊五郎は獄門にさらされた女の死骸になったのだが、それを評判記では、「生《しょう》のものを生で見せる」と。磔の女の死骸に、見物は肝をつぶし、驚きの余り、声も出なかった、という。勘平の腹から流れ出る血汐も、生のものを生でみせる、演出の一環だったのであろう。疵口を押さえた手で、「色に耽ったばっかりに」と、自嘲気味に頬を叩くと、血の手形が遺ることになった。

勘平のせりふ「色に耽ったばっかりに」は、もとは原作の三段目「裏門」にあった。「腹切り」に流用されるのは、もっとも早い記録でも、三代目の没後。門弟の尾上多見蔵の『萬せりふ帳』（阪急池田文庫蔵）と名付けられた、せりふの「書抜」になる。成立は文久二（一八六二）年春である。腹を切ったあとの長ぜりふには、朱の書き込みが二か所あり、まず、いかなればこそ勘平は、の名乗りのあとに、「めりやす合方」。二つ目は、大事の場所にもありあわさず、のあと「色に耽って、この身のさま」が入る。現行ではこれが、竹笛入りの合方になり、「色に耽ったばっかりに」で血の手形が付く。

多見蔵の書抜きには、お軽との別れにも、入れ事が入った。「女房待て」と呼び止め、そのあと「達者でくらせ」。二つのせりふの間には、義太夫の〽いっそ打ち明け、ありのまま」が入るのであろう。「達者でくらせ」は、現在では「豆でいやれよ」になるのだが、別れのときのこの印象が、血の手形に映えるのであった。

忠臣蔵の秋

由良之助の「蛸肴」

1

「七段目」は、「勘平腹切り」の後日譚。さらに、九段目「山科閑居」へと続く。夏の果てる日から、八段目の時雨、九段目の雪、と冬に替わる、その間のある夜の出来事であった。大星にとっては、亡君の逮夜という特別な日である。塩冶判官ではなく、浅野内匠頭だとすると、逮夜は十三日になる。後《のち》の月、陰暦九月十三日の名残の月の夜ではなかったか、という考えを公にしたのは、一九九九年の夏、イギリスのノーリッジで開催された「忠臣蔵セミナー」であった。秘められた大星の輝きを、名月に重ねたいと、願ったからである。後の月でなくとも、八月十三日は中秋の名月の二日前、たとえ七月だとしても、それは満月に近い大きな月の夜であった。『忠臣蔵』の塩冶判官の命日は、ぼかされているので特定はできないが、弥生なかばに切腹をして果てたのだから、春から秋へと時は過ぎても、逮夜には大きな月の出が待たれたのである。

「七段目」で、亡君の切腹からこの夜までの、時間の経過を明らかにしたのは、足軽の寺岡平右衛門である。お家の一大事を知ったのは、北国《ほっこく》であった。「南無三宝」と宙を飛んで戻ったときには、お家は召し上げられ、一家中は散り散りになっていた。軽い身分の足軽でも、御恩は変わらぬお主の仇、師直めをひと討ちと鎌倉に立ち越え、三が月のあいだ非人に身をやつし、つけ狙ったものの、敵の用心がきびしく、近寄ることもできなかった。「しょせん、腹かっさばかん」と思ったものの、国元の親のことを思い出し、すごすごと帰って、惨事を知ったときには、秋になっていた。

平右衛門の経緯では、七月十三日でもよいのだが、妹のお軽には、早すぎる。身売りで、この里に身を沈めてから、まだ十日ほど。〽便りのないは、旅立ちか、暇乞いにもみえそなものと、恨んでばっかりおりました」と嘆くには、もう少し時の経過が必要であろう。かといって、ふた月も三月もとなると、長すぎる。お軽が酔いざましに、風に吹かれているわいな、という姿。喰らい酔うたその客に、喰らわせる賀茂川の「水雑炊《みず》」。かれこれ思うと、八月の十三夜あたりがふさわしいようにも見えてくる。いずれにせよ、夏の名残の秋の物語であることに相違はなかった。

現在の歌舞伎では省略されるが、幕開けには、茶屋を訪れる二組が出る。不義士の斧九太夫は、師直方の間者、鷺坂伴内を伴い、義士の三人は、足軽の平右衛門を連れてきた。後者の三人は、六段目の「二人侍《ににんざむらい》」に倣い「三人侍」と呼ぶ。ほんらいは、矢間《やざま》十太郎、千崎弥五郎、竹森《たけもり》喜多八だが、配役の関係等で、役名が替わるのは、「二人侍」と同じ。異なるのは、三人が三人とも、血気の若ものということであった。義士と不義士と立場は違うが、目的はひとつ。遊び呆《ほう》ける由良之助の本心。すなわち、敵を討つ気があるのか、どうか、その一点にあった。

実録のもっとも早い成立とされる『介石記《かいせきき》』では、智謀にたけた由良之助は、わざと「自慊者」(臆病者)のまねをなし、敵の間者の目をくらませ、その結果、吉良の屋敷では用心を怠るようになり、振り売りの商人に身をやつした赤穂浪人の出入りが可能になった、と。内匠頭の後室瑤泉院の用人、落合勝信の自記とされる『江赤見聞記《こうせきけんぶんき》』では、親類縁者が内蔵助に意見をしても聞き入れなかった。それゆえ、疎遠になった、とも。兵法の「敵を欺くには味方から」であろう、本心を探るのは敵だけではなく、味方も。この構図は、そのまま歌舞伎や人形芝居にも投影された。

「七段目」の通称は、「茶屋場」である。あるいは、「一力《いちりき》茶屋」とも。前半は、由良之助の茶屋遊びを見せることになるのだが、これはフィクション。実際に大石が遊んだのは茶屋ではなく、遊廓であった。京では島原、大石は伏見の撞木町でも浮名を流した。撞木町も、伏見の遊廓であった。内蔵助は、茶屋遊びの流行には、まだ少し早かったのである。

祇園で遊ぶ大石の姿を描いたのは、都の錦が早かった。薩摩の金山での牢舎を解かれ、京の都に戻ったのは宝永六（一七〇九）年。そのころにまとめられた『播磨《はりま》椙原《すぎはら》』と名付けられた講釈のタネ本であった。将軍綱吉の逝去により、大石ら義士の子らの大赦がおこなわれたのも、宝永六年で、翌年には、歌舞伎でも浄るりでも、浮世草子でも義士物が流行した、そのさなかでの執筆だったのであろう。大石の遊興は、歌舞伎の『硝《さざれいし》後太平記』では廓、浄るりの『鬼鹿毛無佐志鐙』では伏見の撞木町、浮世草子の『けいせい伝授紙子』でも島原であった。講釈の都の錦だけが、今はやりの茶屋遊びに結びつけたのである。

『播磨椙原』は写本なので、異同がある。諸本を勘案して紹介すると、中の巻の三つ目、題目には「石も綿になる例の女、三味に引かるる都の風俗、この中に江戸の間者も御油断」とある。語り出しに、「ああ、面白いかな花の都、島原は情けの会所、石垣祇園は命の預けどころ」とある。石垣祇園と並べられた石垣は、のちの祇園新地宮川筋のことだという（堂本寒星『上方芸能の研究』）。

大石は、京都の留守居役であった小野寺十内と連れ立って、祇園の柏屋という茶屋で遊び、馴染みとなった小万という茶屋女を請け出し、妾にした。それも大石の智略で、敵方の間者は退き、親類縁者にも疎まれた、というのだが、それまでの実録と異なるのは、遊びの内容であった。四条河原の川床《かわとこ》に繰り出して、サア、田楽、かば焼き、禿饅頭、野郎餅、そば切り、冷や麦、ところてん、と喰い放題。チャンポン囃す皮の音、テンツルテンの糸による猫の形見に、笛竹の音、その音につられ若い衆は、盃を差した、押さえた、中《なか》せよと、呑む。「皮の音」は鼓、「猫の形見」は三味線、喰っては呑む、バカ騒ぎであった。「七段目」の茶屋遊びも、この系譜にあったのである。

『古今いろは評林』の指摘で、よく知られているように、「七段目」の由良之助には、粉本があった。書き下ろしの前の年に、上京した沢村宗十郎が『大矢数四十七本』で扮した、大岸宮内である。人形遣いの吉田文三郎は、宗十郎のその姿、風儀を写せば、浄るりの此太夫も、宗十郎の声色を遣った。なかでも、由良之助の「青のり貰うた礼に、太々神楽《だいだいかぐら》を打つようなもの」というせりふに、宗十郎の面影が遺された、という。「大矢数」には、二枚組二種類の番付が伝わる（早稲田大学演劇博物館蔵）。番付の「役人替名付」には、一文字屋才兵衛のほかに、万屋うた、の役名もあるが、この万屋は、祇園の一力の正式名称であった。「万」の字を、タテに二つに分けて、「一力」。それが通称となった。一文字屋は、抱え主。万屋うたは、茶屋の女房だったのであろう。

宗十郎は、十二年前の享保二十（一七三五）年にも、江戸で大岸宮内に扮した。大名題は『鎧《よろい》桜古郷錦《ざくらこきょうのにしき》』で、表向きの狂言作者は津打治兵衛だが、宗十郎も作者として立案に加わった、という。役割番付の透写本（西尾市立岩瀬文庫蔵『扮苑』）には省略があるが、役人替名に、愛護の若、二条の蔵人。さらに「田畑の介」とあるのも、大道寺田畑之助を指すのであろう。説経節の『愛護』の人たちであった。説経節でも、京坂の『鬼鹿毛無佐志鐙』では関東を舞台とする『小栗』を選び、江戸では京都の『愛護』を選択したのである。

役人替名には、堀部弥二兵衛、神崎弥五郎、原、大鷹、富ノ森、と義士物の役名に交じって、二文字屋喜八とあるのが一文字屋に相当するのであろう。さらに、「石かけ町、白人《はくじん》」と称する女形の役が四つあり、そのうちの「おかる」は立女形の役であった。「石かけ（石懸）」とは、「石垣祇園」と並び称された、石垣の古名だったので、このときすでに、茶屋遊びの原型はできていたのであろう。その特色は、「白人」と呼ばれた茶屋女と、「仲居」にあった。

2

並木五瓶の『俳諧通言《つうげん》』（文化四年刊）は、俳諧の本ではなく、三都の遊里のことばを集めた、指南書である。廓だけではなく、京では祇園町、大坂では島之内にも及ぶのは、当時の流行の反映であった。京都は東西で、「洛西」とあるのは島原の遊廓、「洛東」は祇園の茶屋である。大坂の街は南北で、新町の遊廓が「浪中」ならば島の内は「浪南」、さらに北には新地があった。「三才図会」など百科全書の分類にしたがい、「人倫」の部ではじまり、それぞれの土地の人の呼び名を並べた。「洛西」（島原）の冒頭は、太夫、天神、端娼婦《はしじよろう》、鹿恋《かこい》……と遊女。「洛東」（祇園）では、それが素人、土六《といちろく》、鱗《うろこ》……と茶屋女になった。「素人」の振り仮名は「はくじん」で、「いにしえは素人《しろと》と呼ぶ。派手、花やかに、水際の立つ。遊女太夫にも劣らぬ美婦あり」とされた。普通は、「白人」と書かれた、遊女であった。

「人倫」の部で、遊女に続くのは、洛西の遣手、洛東では仲居。遣手には、二つの役割があり、ひとつは娼婦の躾《しつけ》をすること、もうひとつは諸事を取り裁く、ことであった。祇園の仲居の役割は、遣手のひとつ目はなく、座敷の駆け引きなど、諸事を取り裁くのみ。遣手は遊女屋、仲居は茶屋の雇い、と抱え主も違う。遊女屋では、遊女あがりの遣手婆に、監視役を含め、差配を任せた。人数は、ひとり。茶屋の仲居は、若い女で大勢。揃いの赤前垂れを締めた仲居は、祇園の名物であった。

〽花に遊ばば、祇園あたりの色ぞろえ……」。「七段目」の幕開けに歌う、「踊り地」という下座唄である。現在の文楽でも、義太夫の床ではなく、下座の長唄が歌い、太鼓で囃す。賑やかな音曲は、宗十郎の「茶屋場」を真似たものなのであろう。〽弥陀の浄土か、ぴっかり、ぴかぴか、光り輝く、白《はく》や芸妓に、いかな粋めも、うつつぬかして、ワイワイノ、ワイトサ」と囃し立てた。略して「白」と騒がれたのは、祇園の白人であった。唄を歌い切ると、「踊り地」の合方をそのまま弾き、太鼓を打ち続ける、「弾き流し」になる。ゆっくりと弾いたり、早間《はやま》にしたり、緩急を付けて、幕切れまで。文楽の舞台でも、下座の「踊り地」が入るので、書き下ろしのときからの演出だったのであろうか。「踊り地」は「七段目」を通して流れる「茶屋場」の通奏底音になった。

幕が開くとまず目に入るのは、長《なが》暖簾。「麻の葉」の模様を、浅黄と赤の二色に染め分けた「だんだら染」。それが鴨居から畳まで、いちめんに垂れている。金襖や銀襖に囲まれた、廓の座敷にはない、茶屋の開放感である。桃色に塗られた壁も、大道具の決まりであった。ずらりと並んだ仲居の衣裳は、「巴」の模様をちりばめた紫色の縮緬、黒繻子の半衿に黒繻子の帯、赤縮緬の前垂れ、まるで長暖簾が動くよう。呼ばれると、大きな声で「アイ、アイ」と応えるのも、茶屋場の仲居の決まりであった。血気の若侍、三人を迎えるのも、仲居たちであった。由良之助に面会なし、本心放埓《ほうらつ》ならば、かねて申し合わせし通りに、と意気込む三人侍に、由良さんは、三日このかた呑み続け、会っても他愛はない、本性はないぞえ、とことわる仲居たち。大星は、茶屋では「由良さん」と呼ばれていたのである。酒を呑んで酔ったことを、「生酔《なまよ》い」という。「七段目」の前半は、生酔いになった由良之助の酔態を見せるのが、眼目であった。

三人侍は、由良之助の酔態を目で見る前に、耳で聴く。下座の三味線の「駒鳥の合方」に、当たり鉦の入った「狂言羯鼓」の鳴物を打ち囃すと、仲居たちが手拍子で〽ゆら鬼や、まだへ」〽手の鳴る方へ」と囃す。と、「目隠し鬼」の鬼になった由良之助は、〽捕《とら》まえて、酒呑まそ」と千鳥足で出るのである。由良之助の羽織を見ると、片袖がだらしなく脱げている。三人侍は、大星に用事がある、仲居らは遠慮してくりゃれ、と。言われた仲居たちが、無駄口をきいて叱られると、〽オオ、こわ。獅子くったようなお侍じゃわいなア」と茶化し、〽しっ、しっしっ、お獅子はどこじゃ、お獅子はどこじゃ」と手を打って、囃しながら退いた。〽お獅子は、どこじゃ」は、『俳諧通言』では「座敷の興」に部立てされた茶屋遊びで、ほんらいは、獅子舞を回して、仕損なった罰として酒を呑ます、遊びであった。

由良之助と三人侍だけになると、ふたたび「踊り地」の合方が、ゆっくりと弾かれる。若侍に、鎌倉に出立《しゅったつ》するのは、いつか、と詰問されると、由良之助は、「丹波与作の歌に、〽江戸三界へ行かんして」と流行り唄を歌って、紛らわすのであった。由良之助が繰り返す「たわい、たわい」、あるいは「ご免《めん》そうらえ、ご免そうらえ」は、生酔いのせりふであった。呆れ果てた三人は、酒の酔い本性たがわず、性根がつかずばわれわれが、酒の酔いを醒まさせようか、と刀の柄に手を掛けて気色ばむのを止めたのは、足軽の平右衛門であった。ここからは、由良之助の相手は、平右衛門になった。

平右衛門が、連判状とか、師直の屋敷とか、口走るのを止めるのは、五段目の千崎と同じ。「さような噂かつてなし」と打ち消す、千崎の直球に対し、由良之助は変化球を投げる。「そこ許は、足軽ではのうて、口軽じゃの」と洒落、「なんと太鼓持ちなされぬか」とかわした。そこからはじまる由良之助の言い訳は、二段になっていた。はじめに語るのは、過去の経緯。「わたくし」と言うべきところを「みたくし」と訛るのは、茶屋で遊ぶ飄客の通言だという。由良さんの「みたくし」は、その無念さを譬えて「蚤の頭を斧《よき》で割った」ほどであった、と。その無念さ故に、四、五十人も一味を拵えてみたが、考えてみれば「味なこと（妙なこと）」だ。仕損じたときには、この方の首がころり。仕おおせたら、あとで切腹。どちらでも死ななければならない、ということを諺に譬えて「人参のんで首くくるようなもの」だ、と戯れた。

由良之助の釈明の第二段は、平右衛門に向けた、譬えになった。そこ許は、五両に三人扶持の足軽。と言って、「お腹は立てられな」と、さえぎった。平右衛門の知行は、はっち坊主（托鉢の僧）が貰う報謝米ほどなのに、命を捨てて、敵討ちをしようとすることも、諺に譬えて「青のり貰うた礼に、太々神楽を打つようなもの」だ、と。意表を突かれた平右衛門を制したのは、由良之助の理屈であった。「われら知行、千五百石」と身分の違いを見せ、ふたたび砕けて、お身さまとくらべると、敵の首を「斗升《とます》」で量るほど取っても、釣り合わぬ、釣り合わぬ、と。斗升は、一斗（十升）の米が入る、大きな升であった。だから、「止《や》めた」。「ナ、聞こえたか」と軽く念を押すのは、目の前の若者たちだけではなく、そこらに潜んでいるであろう、間諜の耳も意識したものだったのであろう。最後には、「とかく浮世は、こうしたものじゃ」と、刀を三味線に見立て、口三味線で〽ツツ、チチン、チチンなぞと、弾きかけたところは、たまらぬ、たまらぬ、たまらんですわえ、ハハハハハ」と笑うのであった。平右衛門が反論を試みるうちに、由良さまは、ころりと寝てしまう。「御家老さまは、御寝《ぎょし》なされたそうな」で、血気の若者たちも、致し方なく退くのであった。

由良之助の酔態は、長十郎こと沢村宗十郎の「生酔い」の写しだ、という。延享三年に上京した宗十郎は、その年の顔見世、翌年の二の替り、続く大岸宮内と、続けて「酒の酔い」の狂言を出し、その土産であろう、延享五年の初春狂言でも、江戸で「生酔い」になった（延享五年三月刊『役者文相撲』）。京の顔見世は、岩倉高右衛門という家老の役で、手酌でむしょうに酒を呑んでは酔っぱらう。江戸の役は、大名の秩父（畠山）の重忠で、廓の居続けで生酔いとなるのだが、どちらも、最後には本性に戻る。ほんとうの生酔いではなく、酔ったふりをする贋の生酔いであった。

3

酔いつぶれた由良之助は、倅力弥の鳴らす刀の鯉口の音で目を覚ますと、本性を顕わした。ほんとうに酔ったのではなく、酔ったふりをしていたのである。このあと文楽では、丸本の原典にはなかった、入れ事を二つ。二つとも、歌舞伎からの逆輸入で、密事を知られないための配慮であった。

はじめの入れ事は、お松、お竹など、仲居の名を呼びながら、水をもてこいよ、などと、酔いを醒ますためだと庭におりて、少し離れた枝折戸まで行った。力弥が届けたのは、御台《みだい》顔世からの密書であった。伝言はなかったか、の問いに、力弥が「敵、高師直」と口走ると、それを遮って、〽敵と見えしは、群れいる鷗……」と謡曲『八島』のキリを謡い、紛らかすのが二つ目。歌舞伎の方には、もうひとつ入れ事がある。足早に帰ろうとする力弥を呼び止め、「祇園町を離れてから急げ」。敵に悟られぬな、という忠告だが、それが力弥の引っ込みを際立たせる効果も持った。花道のない文楽では、入れ事にはならなかった。

　座敷に戻って、密書の封を切ろうとすると、奥から「大星どの、由良どの」と呼ぶ、九太夫の声がすると、すぐに酒の酔いはもどった。堅い武家言葉のあいさつで、「御意《ぎょい》得ましょう」と言われると、懐かし気に「これは、久しや」とこたえ、「寄ったや〳〵、額にその皺のばしにおいでか」と茶化したうえで、「アノここな、むしろ破りめ」と、九太夫の背中を叩く。諺にいう「筵《むしろ》破り」は、老人の色狂いのことであった。ここからは、酸いも甘いも嚙み分けた、家老職どうしの駆け引きになった。

　まず、仕掛けたのは、九太夫。「人のそしりも構わず、遊里の遊び、あっぱれの大丈夫」と持ち上げ、「まこと、貴殿の放埒は、敵を討つ手だてと見える」と、探りを入れた。由良之助は、「忝い、敵を討つ手だてとは、うれしい〳〵」と。かわされた九太夫は、「スリャそこ許は、主人塩冶の讐《あだ》を報ずる所存はないか」と切り込む。由良之助は、「けもないこと〳〵（とんでもない）」と否定。城を枕に討ち死にといったのは、御台様への追従。御墓に参って切腹も、口先だけ。裏門から、こそこそ逃げて、今の楽しみ。これも貴殿のおかげだ。昔のよしみは、忘れぬ〳〵、堅みは止めて、砕けおれ〳〵。九太夫も砕けて、一献くもうか、サア由良どのと、酒宴になるのだが、そのとき、二人の会話が替わった。「お盃」「また、頂戴」では「会所めく（儀式ばる）」。「差しおれ、呑むわ」「呑みおれ、差すわ」と、無礼講でやろう、と。九太夫は、砕けたふりをして、由良之助の本心を探ろうとした。それが亡君の逮夜に、生《なま》ものを勧める「蛸肴《たこさかな》」になるのだが、歌舞伎では、その間に、「見立て」遊びを入れた。二人が打ち解けて、遊び呆けているさまを見せたのである。

「見立て或いは獅子廻しのおかしみ（中略）梅幸至て和らかにて良し」（『古今いろは評林』）とある。「見立て」は、梅幸こと元祖尾上菊五郎の工夫した入れ事だったのであろう。菊五郎は江戸で四度、そのうち三度は江戸名残で、京で一度、大坂でも二度、都合七度扮した、由良之助役者であった。江戸で三度目以降の番付には、仲居の役が四人あるいは三人、並んだ。天明三（一七八三）年、七度目の大坂では、仲居四人のほかに太鼓持ちも出た。翌年、天明四年に江戸で売り出された草双紙（絵本）の『仮名手本忠臣蔵』（国立国会図書館蔵）でも、三味線を持った芸妓（芸者）が二人、太鼓持ちも二人、仲居も二人、合わせて六人が由良之助と九太夫を囲む。九太夫と二人っきりではない、大騒ぎのなかから菊五郎の「見立て」や「獅子廻し」の座敷遊びも生まれたのであろう。現在の大舞台では、数えきれないほどの仲居と太鼓持ちが並ぶのである。

七段目の「見立て」の具体的な例となると、合巻『裏表忠臣蔵』までくだる。刊年は天保七（一八三六）年だが、そのもとになったのは、天保四年の河原崎座「幕あり幕なし」の『忠臣蔵』であった。七代目團十郎と三代目菊五郎と、大星の役者が二人そろったので、菊五郎が九太夫にまわった、大顔合わせの舞台であった。「呑みおれ、差すわ、差しおれ、呑むわ」と打ち解けたところで、座興の「見立て」になった。「見立て」の皮切りは、幇間（太鼓持ち）。扇を持って、「これを、ちょっくらちょっと、こう持って、月に霞は、どでごんす」と、扇を月に見立てた。続いて仲居の番になると、長い取り箸で九太夫の頭を挿み、その皺面を「梅干し」に見立てるのである。このような座興に紛れて九太夫は、蛸肴を由良之助に差しつける、自然な運びになるのであった。

本格の『忠臣蔵』ではなく書き替え狂言だが、文政七（一八二四）年正月市村座の『仮名曽我當蓬莱』二番目にも、座興の「見立て」が仕組まれた。パロディなので、深川の二軒茶屋の松本を、祇園の二軒茶屋になぞらえる趣向の遊びで、「見立て」になった。客のひとり、家主のさいさく佐五兵衛という男が「大平《おおひら》」の器の蓋とキセルを遣い、「これを、ちょっくらちょっと、こう持って、「大当り」とは、どでごんす」と、芝居の「大入り」の看板に見立てた。ト書きには「七段目」の「見立ての騒ぎの合方」を弾く、とあるので、現行の下座の「見立て合方」も、このときまでは遡るのであろう。

（専修大学図書館「向井信夫文庫」蔵）

郡司正勝先生は、式亭三馬の『茶番早合点』初編（文政四年刊）を引用して、江戸の茶番の歴史を整理された（「茶番狂言について」『地芝居と民俗』所収）。それによると、茶番に

合巻『裏表忠臣蔵』「鱆肴」

は、「立茶番」と「口上茶番」があり、「見立て」は後者。見立てたものを、「梅干しなんぞは、どうじゃいな」などと、口上で言い立てたからである。もとは、江戸三座の芝居の楽屋の余興だったというが、のちに通人らがそれを真似て遊んだ。天明元（一七八一）年の十二月、山東京伝の弟、京山が十三歳だったという。年忘れの茶番を見物した。菊五郎が仲居を出したのはその前の年だから、その影響であろうか。のちに、老人となった京山が、昔のことを振り返った、その記録が『蛛の糸巻』である。「勢家《せいか》」と称するのは大名の家臣のことで、その年忘れの会に集まったのも、大名の留守居や、「権家《けんか》」（大名のこと）の歴々だという。恋川春町こと駿河の小島藩の留守居倉橋格や、朋誠堂喜三二こと久保田（秋田）佐竹藩の留守居平沢平格など、洒落本や黄表紙、あるいは狂歌で鳴らした、通人たちの集まりだったのであろう。昼日中から朝まで続く、バカ騒ぎであった。

茶番（立茶番）には、前もって、ことわざの鬼に金棒、二階から眼薬など、お題が与えられた。京山が憶えていた茶番のお題は「猫の尻へ才椎《さいづち》（才槌）」である。大名の家臣は、自身で茶番をやらずに、それを吉原の五町《ごちょう》（五丁）という幇間に命じた。五町は、吉原の禿十四五人を引き連れて、屋形船で乗り込んだ。坊主の鬘を被った五町が、禿のひとりに強淫に及ぼうとして、ほかの禿たちに裸にされ、年かさの禿に張子の才槌で尻をぶたれた。餅搗きの見立てで、吉原の芸者衆が三味線を弾き、鼓を打ち、餅搗きの唄で囃すと、それに合わせて、ぺたん、ぺたんと打たれては、餅の身振りをした。搗きあがると、禿に米粉を振りかけられ、簑の中に入れられて、引きずられて入るまで。すべて、そのころの流行り唄に歌われた、生け花の師匠が小娘を強淫して淫門を破った、その事件の当て込みで、一座は抱腹絶倒であった、と。ここまでは「立茶番」である。

口上茶番は、その景物（景品）であった。五町は、たばこ入れとキセルを持って出て、キセルを打ち違いにして才槌に見立て、それを土産に配った。そのときに、面白い口上を述べたのである。「鬼に金棒」の茶番の景物は、銀ギセルに虎の皮のたばこ入れ。これにも口上が付いたのであろう。吉原のほかからも、踊り子と呼ばれる芸者が十四五人もいて、酌をとったという。

文化七（一八一〇）年に売り出された、山東京伝の滑稽本『座敷芸忠臣蔵』は、茶番の座敷芸を取り込んだ『忠臣蔵』のパロディである。座敷芸で恥をかかされた塩冶判官の敵師直に、由良之助らが座敷芸で意趣返しをする、というもの。師直は木兎や鳶の身振り、桃井は鳥の身振りなど、鳥けだもの、魚虫類の物真似を競った。それらは、すべて「立茶番」である。七段目では、「差しおれ呑むわ、呑みおれ差すわ」で九太夫がもろ肌脱いで蛸の身振りで這い出せば、由良之助も「手を出して足を見せたる蛸」の身振り。由良之助のせりふ「手を出して、足を戴く蛸肴」の見立てであった。「立茶番」尽くしのなかで、唯一の「口上茶番」は、大序の顔世御前であった。顔世は、「ちょっくらちょっと、これをこう持って、が名人」。それゆえに呼び出され、「切匙《せっかい》（杓子）」と「火打ち釜（火打ち石）」、それに「ざる」を渡された。顔世は、匙を「鍬形」、釜を「眉庇」にして、笊を「兜」に見立て、「兜なんぞは、どでごんす」と、決めた。「ちょっくらちょっと」の見立ては、七段目の茶屋遊びの象徴になるのであった。

「手を出して、足を戴く蛸肴」、忝いと戴いて食べようとする由良之助の手を取って、九太夫が「コレ、由良之助どの」と止める、ここからは義太夫の本行の通りに戻る。明日は主君の命日、取りわけ逮夜がたいせつ、「みごとその肴、貴殿は喰うか」と問われ、「食べる、食べる」と応じた大星は、「塩冶どのが、蛸になられた、という便宜（情報）があったか」と切り返した。さらに、こなたやおれが浪人したのは判官どのの無分別、恨みこそあれ精進する気など微塵もごあらぬと、ひと口に呑みこむのであった。段取りは人形と一緒でも、仲居や太鼓持ちなど、大勢に囲まれているところに、歌舞伎の華があった。

呆れて、言葉もなくなった九太夫を前にして、こんな肴じゃ呑めぬ、鶏しめさせ鍋焼きせん、と立ちあがると、よろめいた。それさえも謡にして、〽足もとも、しどろもどろに、浮き拍子」と謡えば、九太夫も箸で鉢を叩き、〽テレック、テレック、ツツ、テンテン」と浮かれた。太鼓持ちや仲居を引き連れ、奥に入るその去り際に、手水鉢の柄杓と、手拭い掛けの手拭いを人形に仕立て、「ばー」と九太夫を驚かす愛敬を見せるのだが、これは口上の付かない、由良之助の「見立て」であった。

和事と実事

1

「茶屋場」の前半は、由良之助の酔態と遊興。後半になると白人（遊女）との、じゃらじゃらした「口舌《くぜつ》」になる。どちらも、「和事」と称された歌舞伎の技芸であった。人形芝居でも、それを踏襲した。歌舞伎では、後半のお軽の出から、義太夫が出語りになる。現行の文楽では、そこで道具替わりになり、お軽のいる二階の道具を引き出すのである。歌舞伎では、道具はそのままだが、長暖簾を切り落とすと、背景が広がって、座敷の遠見《とおみ》になる。ここからは、仲居も太鼓持ちもいない、密室になった。

前半と後半との間に、出てきたのは師直の家来、鷺坂伴内であった。主君の命日に精進さえしない根性では、敵討ちなど存じよらぬ。師直公に報告、用心の門を開かせましょう、と。見ると、そこには由良之助の刀があった。刀を忘れるとは、大馬鹿ものだ。刀は武士の魂、どんなたしなみの魂か、見てみましょう、と。刀を抜こうとしても、抜けない。ここからは、文楽でも、歌舞伎の入れ事を採用。九太夫が鞘を持ち、伴内が鐔を持ち、ひい、ふう、みい、と力を合わせて引き抜くと、刀は赤さびだらけ。伴内は、「錆びたりな赤鰯、これでは豆腐もきれますまい」と呆れる。歌舞伎ではさらに入れ事が続き、伴内が錆刀を見て、その銘を「赤子丸」と名付けると、「その心は」と九太夫。伴内は「研ぎゃア、とぎゃア」。「見立て」の遊びの続きのようだ。伴内は、このようなものを差しているようでは、敵討ちの所存などない、と安心して立ち帰ろうとするのだが、老練な九太夫は、それに同調した振りをして、駕籠から抜け出して、居残った。さっき力弥が持参した書状が気になったからで、気づかれないように、床下に潜むのであった。

享和二（一八〇二）年に京を訪れた曲亭馬琴は、一力など祇園の大茶屋について、「座敷広し、客があれば庭へ打ち水をし、釣燈籠へ火を灯す」、それはまるで「忠臣蔵七段目の道具立て」のようだ、としたうえで、すべて茶屋に「刀掛け、いくつもありて、脇差は、枕上の床の間へ飾りおく」と指摘（『羇旅漫録』）。江戸の吉原など、遊廓では、登楼の際に、刀を預けるのが決まりだから、記録したのであろう。刀が赦されたのは、「相対死《あいたいじに》（心中）」などということが絶えてなき故、と推察。さらに、近年、名古屋の古市の茶屋でも、油屋の騒動があったので、それ以来、客の脇差を預かるようになった、それは「江戸のごとし」だと。由良之助の刀は、三味線に見立てられたり、赤鰯にされたり、最後には九太夫の成敗に、と活用。平右衛門が三人侍にすがって止めるのも刀なら、お軽が怖がったのも平右衛門の刀。「茶屋場」の刀は、重要な小道具になった。

由良之助は、わざと刀を忘れたのであろう。「ツイ、取ってくるその間に、掛物も掛けなおし、炉の炭もついで置きゃ」と言いながら出て、刀を見て、九太夫が抜いたな、と確認。「九太《くだ》はもう、往《い》なれたそうな」で、うしろの長暖簾を切り落とすと、下座の独吟になった。〽父よ母よと泣く声聞けば……」で、本性に戻った由良之助は、あたりに人がいないか確かめ、手水で口を清めた。御台からの書状を読むためである。釣燈籠の明かりを頼りに、巻紙の文を読みはじめると、二階にはお軽、床下では九太夫、上と下の両方からその文を読もうとする、サスペンス。「七段目」のクライマックスである。

絵尽しの表紙・安永2年12月大坂中の芝居（早稲田大学演劇博物館蔵）

九太夫が隠れるので、道具を「高二重《たかにじゅう》」にして、舞台を高くするのは、東京式。そのために、白洲梯子を掛けた。先代の片岡仁左衛門（十三代目）は、それがおかしいというので、関西では「中足《ちゅうあし》」にして、梯子を取るのだと（『菅原と忠臣蔵』）。それでも、普通の二重舞台より、高いのである。人形芝居では、舞台の船底が掘ってあり、目隠しの手すりもあるので、床下が低くても、人形遣いに不都合はない。末下だけではなく、人形の寸法に合わせて、舞台は低く抑えられている。由良之助を軸に、上のお軽、下の九太夫と、三段になっても差支えがなかった。クライマックスのこの設計は、手本になった宗十郎の写しだけではなく、人形の工夫もあったのであろう。

〽父よ母よ……」は、文楽でも下座の長唄で歌う。「望月太明蔵社中」というのは、文楽の囃子で、現在の太明蔵は二代目。初代は、関西の囃子の元締めであった。歌舞伎や日本舞踊の鳴物も仕切っていて、『忠臣蔵』になると長唄の唄方も呼ぶのだと。唄だけではなく、「踊り地」などで鳴物の人数も増え、囃子部屋に入りきれない。そのため、部屋の後ろ側をぶち抜いた、とも。番付でも、いつもは「望月太明蔵社中」で済ますのだが、特別に名前を載せることもあった、という。文楽の笛方、藤舎秀左久、鳴物の望月太明吉が語る、芸談であった（東京文化財研究所「聞書・人形浄瑠璃文楽の裏方」)。

義太夫の〽あたり見回し由良之助」で、手紙の封を切った大星は、釣燈籠の火で上包みを焼き捨て、下に落とすと、そこには九太夫がいた。取って読もうとしても、燃えていて取れない、由良之助はまだ、そのことに気付いていていなかった。

「七段目」は、書き下ろし以来、現在の文楽まで、義太夫の掛合になるので、義太夫の声がお軽に替わり、〽余所の恋よと羨ましく……」で、焦点が二階に移る。その文を恋文だと思ったお軽は、面白そうだから読んでみようとしたが、夜目遠目で読めない。そこで思い付いたのは、「延べ鏡」であった。文字を手元に映して、読むのである。「延べ鏡」の利用は、近松の『国性爺合戦』の応用。聳え立つ楼門の上の錦祥女は、遥か下にいる実父の姿を鏡に映したのである。

〽下屋《したや》よりは、九太夫が」と、義太夫が九太夫に替わると、今度は、巻紙がおりてくるのを待ち受けて読む、九太夫。〽繰りおろす文、月影に、透かし読むとは、神ならず」の〽神ならず」から、お軽に戻り、〽ほどけかかりし、お軽が簪」で、読み耽っていたお軽が、鏡を近づけて読もうとのけぞると、髪の飾りの簪が、〽ばったり」と落ちた。驚いたのは由良之助で、〽下には、はっと見上げて、うしろに隠す文」と語るのは、由良之助の義太夫。由良之助が、しまったと思ったのは二階のお軽、まだ下屋の九太夫には気付いてはいない。義太夫が替わり、〽縁の下には、なお笑壺」。また替わり、〽上には鏡の影かくし」と、由良之助を軸に、上と下と替わる、サスペンスになった。

「わたしゃお前に盛りつぶされて、風に吹かれているわいなア」という、お軽。このせりふは、観客の耳に残るせりふで、由良之助もそれを二度、繰り返し、繰り返しながら、手紙を巻きなおすと、途中から切り取られていることに気が付き、さては間者か、と一瞬、思った。それを、すぐに腹に収め、懐紙を丸めて落とすと、それを拾う九太夫。確認した由良之助は、お軽のせりふに掛けて、「ようマア、風に吹かれていやったのう」と。戸板康二『忠臣蔵』では、このときの由良之助の微笑みを「会心の笑み」とし、さらに由良之助の「九太はもう、往なれたそうな」とともに、「腹のある」このせりふは、演じている当人にとっても、「気のいい」ところだ、と指摘するのであった。もちろん、文楽にはない、歌舞伎役者の入れ事であった。

2

沢村宗十郎の和事は、師匠の長十郎を真似たもので、その長十郎は、坂田藤十郎の和事を写した。その基本は、「傾城買いの狂言」にあった。藤十郎の芸は、『けいせい仏の原』の梅永文蔵に代表される「シャベリ」と、「夕霧狂言」の「口舌」。前者は、能狂言の「独り狂言」を真似た話芸で、梅永文蔵は暗闇の中で、傾城奥州との馴れ初めを、面白おかしく語った。後者の「口舌」は、同じ話芸でも伊左衛門と夕霧と、恋人同士の二人の会話である。じゃらじゃらした、たわいのない言葉の遣り取りから、しまいには痴話げんかになるまでの、恋の駆け引きであった。長十郎は、京都の藤十郎の和事を大坂に、宗十郎はさらにそれを江戸に移して、成功したのである。

坂田藤十郎の和事に影響を与えたのは、杉山勘左衛門の「半道《はんどう》」であった。半道は、半分は道外の立役のことで、『忠臣蔵』書き下ろしの二年後、寛延三年刊『古今役者大全』では、「実事、和事のうちより、ひょかすかとしたる事を言うて、見物を笑わす役なり」とされた。「ひょかすか」とは、考えもなく、思わず口から出てしまう、こと。勘左衛門はまた、「軽はずみにして、そそると名人」（『野郎立役舞台大鏡』）ともされた。「そそる」というのも、浮かれて騒ぐことで、傾城との「濡れ」の口舌で、そそるのが、「わっさりと」（軽く）面白い。勘左衛門が、半道を言うと、見物の腹筋がよれて笑うことが多かった、という。勘左衛門の話術は、「軽口」と称された。軽いノリの滑稽な、おしゃべりである。「頓作《とんさく》」あるいは「当話《とうわ》」とされたのは、即座に答える即興性のことで、当意即妙な話術は軽口の売り物であった。元禄期には、のちに落語の祖と仰がれた、京の露の五郎兵衛、大坂の米沢彦八も、この「軽口」の「頓作」で売り出したのである。その芸風を、京の藤十郎や、江戸の中村七三郎ら、元禄の和事師が真似て、誰でもが見物を笑わすようになったので、半道がいなくなった、という。「半道」という役柄は、立役から敵役に移り、半道敵の略称として、生き残ることになった。

宗十郎の師、長十郎の「シャベリ」の代表作は『松風』であった。京都で四度、大坂を含め都合五度扮した当たり役であった。その原型は、近松門左衛門の『松風』（『近松全集』16）で、こちらも坂田藤十郎の「でき狂言」とされた当たり役であった。藤十郎の役は勅勘により須磨の浦に流された中納言行平だが、髪結い床の髪結い忠兵衛と身をやつしていた。女房は、浪人の分限者（金持ち）の妹娘の村雨。業平は、姉娘の松風とも契りを交わしていた。行平を追って、須磨に来た松風に驚いて、ひょかすかと話す軽口が藤十郎の「シャベリ」であった。駆け落ちの相手は村雨ではなく、ほんらいは松風であった。約束の通り、綿入れひとつを着て、裾を「七のず」（尻）まで絡げ、鏡餅を三つ懐に入れたのだが、もし、餅が嫌いだったらどうしようと、さらに焼き飯七つを左右の袖に入れ、路地の口を見ると、女が立っていた。そのまま背中に負うて、浜を指して逃げた。月は入り、暗くて躓き、転げて、焼き飯がひしゃげるやら、とシャベるのが、藤十郎の軽口の頓作なのであろう。ようよう一里ばかり逃げ、もう大丈夫だろうと、おろして顔を見ると、そなたではなく、妹の村雨だった、と。ひょかすかと語る、即席の当話であった。

長十郎の『松風』の台本は、『歌舞伎台帳集成』第一巻に翻刻がある。現存するもっとも古い台本のひとつである。長十郎の行平が須磨の浦で一緒に暮らす女房は、村雨ではなく松風。訪ねてくるのは、許嫁の姫君であった。許嫁ではあるものの、お互い顔を知らないのを幸いに、中納言行平殿は死にました、と隣人になりすまし、その顚末を面白おかしく語るのであった。「行平殿も、ここでは行平屋の忠兵衛と、言いましてござる」と、まじめに語り始めると、すぐに「いかい蛸が好きでござりまして」と、軽口。いつぞやのことでござった、蛸を煮たほどに喰いに来いと誘われたので喰いに行くと、大蛸の茹で茹でを俎板にのせて、湯気のポッポと立つところを、わしが足三本、のこり五本と、銅瓶《どうびん》（蛸のあたま）は行平殿の喰いやりました、と口から出任せの出放題。喰いすぎて、それが仰山に中《あた》って、夜中には手足が痛み、明くる日には頭に腫れがきて、腫れるほどに、腫れるほどに、顔の皮が引っ張って、目も鼻もひとつになりまして、ちょうど、蛸の銅瓶のようになりました、と咄にオチが付く、ウソ咄であった。

長十郎は、役者になる前は囃子方であったから、音曲にも堪能で、鳴物を器用に遣い、唄も歌った。『松風』では、松風の亡魂が憑依して狂乱となった行平の「シャベリ」もあり、そこでは五郎助の裏の灰小屋が廓の揚屋に見立てられ、二人の逢瀬は軽口に、謡を交えて再現された。「じっとしめて寝る長枕（中略）そなたの肌にべったりと」と、きわどい咄になりそうなところで、「と思うたれば、夜明け烏が、コカ〳〵と鳴いた」と、軽口の落とし。起きようとすると、松風に袖をもたれ、〽ここは山影、森の下、月夜烏は、いつも鳴く」と砕けた謡。また、せりふに戻って、「しめておよれの、夜はまだ夜中と、またじっとしめた」とのろける。音曲を交えた、このようなノリの好さは、そのまま弟子の宗十郎に受け継がれるのであった。

「今川狂言」の源頼兼は、宗十郎の顔見世狂言の当たり役であった。享保五（一七二〇）年、享保六年と二年続けて勤め、「江戸やつしの開山」と評されるに至った出世芸でもあった（享保九年三月刊『役者三友会』）。享保十四年、三度目の頼兼のときには、藤十郎の『けいせい仏の原』の梅永文蔵になぞらえて、頭の上の三方の神酒を盗み呑み、「くらやみさま、それで聞いて下されと、女郎買いの咄、ひとり芸」で大当たり。「色事師の上もの、顔見世の仏の原、くらがりさまは、坂田氏の家の芸」と讃えられたのである（『役者美男尽』）。このときも、「どうでも三味線と蛸は、人の血を狂わするものじゃ」という軽口で、話題をとった。

没後の評で、宗十郎の「一代の当たり」とされたのは、享保十九（一七三四）年正月中村座『十八公今様曽我』の京の次郎の「狐の女郎買い」であった（宝暦六年三月刊『役者改算記』）。狐が大尽に化けて、女郎買いに来た、と偽り、闇（くらがり）で、狐と九郎介（京の次郎）の大尽と、二人の問答をひとりでする、「独り狂言」であった。それを幼いときに見た、計魯里観主人という戯号の老人は、「犬の足を切り、それに土を付け、足跡を狐に見せた」、宗十郎の仕打ちの「洒落、おかしみ」は、言葉に述べがたかった、と回顧する。さらに、そのころ、狐に化かされた客が吉原に行き、使った金はみな柿の葉であった、という噂がもっぱらであった、とも。その当時の風説をとりこんだ、新工夫の傾城買いの狂言であった、というのであろう。同じように、頼兼の「くらやみさま」も、藤十郎の狂言をもとに、宗十郎が工夫して、当世に合うように作略したものだ、とも（『中古戯場説』）。宗十郎は、それゆえ評判記で「今お江戸やつしの開山」（『役者三友会』）あるいは「今風の色事師」（『役者遊見始』）とも「今での和事師の開山」（『役者色紙子』）とも評され、享保十九年刊の逸題の評判記では「傾城買いの開山」とされた。「七段目」で、文を読まれた由良之助がお軽と「じゃらつきだして、身請けの相談」になる、その源流も「傾城買いの狂言」にあったのである。

文を読んだのは、九太夫だけであろうか、簪を落とした、二階のお軽も。由良之助は、それを確認するために、「屋根越しの天の川」では遠い、と軽口で、降りてきてくれ、と頼んだ。お軽は、離れ座敷なので回ってこよう、といえば、イヤイヤ、仲居どもに見つけられて、酒を呑まされるぞ、と。お軽は、酒に酔いつぶされて、あまり辛さの酔い醒ましに、風に吹かれていたのである。そのとき由良之助の目に入ったのは、梯子であった。踏み段が九つある九つ梯子。由良之助が、それを小屋根に掛けると、馴れない梯子に、お軽は怖がった。「怖いわいなア」という、せりふをきっかけに、由良之助のじゃらじゃらとした、頓作の軽口がはじまるのである。

「危ない怖いは昔のこと、三間《さんげん》ずつ跨げても、赤膏薬《あかこうやく》もいらぬ年ばえ」と、茶化す。文楽では、このような文句を「色チャリ」と呼ぶのだという。梯子が揺れるので、舟に乗ったようで、怖いと言えば、「道理で船玉さまが見える」。「船玉」は女陰のこと、それを覗こうとして、お軽にたしなめられたので、中国の瀟湘八景の「洞庭の秋月」に見立て、「洞庭の秋の月さまを、拝みたてまつるじゃ」と、戯れた。『古今いろは評林』では、梯子の「悪《わる》じゃれ」は役者によって異なるが、このせりふには誰が言っても、「古長十郎（宗十郎のこと）の俤」が残る、と指摘された。「そのようなこと言うたら、降りゃせぬぞえ」と言われれば、「降りずば身どもが降ろしてやろ、逆縁ながら」と、うしろからお軽を、じっと抱き締めるのであった。

じゃらじゃらとしながらも、由良之助は床下に潜む九太夫を忘れない。片付けるフリをして、梯子で九太夫を閉じ込めた。そして、単刀直入に「お軽、そもじはなんぞ、ご覧《ろう》じたか」と。お軽が、「アイ、イイエ」と、戸惑うと、すかさず「イヤ、見たであろう」。「なんじゃやら、面白そうな文」と応えれば、「アノ、二階から、残らず読んだか」と、問われたお軽は、「オオ、くど」。お軽にも、知られたか、という思いを、「南無三、身の上の大事、とこそはなりにけり」と、謡にまぎらせ、口で小鼓を「ヤ、ポオポオ」と打った。軽口を叩きながらも由良之助は、このときお軽を請け出して、殺すことを決意した。

由良之助は、「古いが惚れた、女房になってたもらぬか」。お軽が「おかんせ、うそじゃ」と言えば、「嘘からでた誠」だと。「お前のは、嘘からでた誠でのうて、誠からでた、みいんな、うそうそ」と言われて、嘘でない証拠に、「身請けしょう」と。お軽が「イエ、わたしには」と口ごもると、「サ、間夫《まぶ》（恋人）があるなら添わせてやろ、暇《ひま》がほしくば、暇やろ」、さらに「侍冥利、三日なりとも囲うたら、あとはそもじの勝手しだい」。お軽が疑うと、「すぐに、亭主に金渡し、ツイ、今の間に埒あきょ、気づかいせずと、待っていや」と畳み込んだ。「エエ、嬉しゅうござんす」と歓ぶ、お軽の顔を見て、「あの嬉しような、顔わいやい」と、じゃれる拍子によろけて、扇を開き、その陰で、可哀そうに、なんにも知らずに、とその本心を見せるのであった。これが、和事から実事に替わる、宗十郎の持ち味であった。

3

陽気な口舌の前後には、しんみりとした下座唄が入る。隣の座敷から、もれ聴こえてくるのであろう、「三下り」の寂しい調子で、唄方がひとりで歌う独吟である。『忠臣蔵』初演の三年後、寛延四年に出版された『琴線和歌の糸』（『日本歌謡集成』第七巻）の「小夜千鳥」が原曲なのであろう。ひとり寝をかこつ、女の嘆きである。原曲の〽エエ、なんじゃいなア、つがもない」を、『忠臣蔵』では〽エエ、なんじゃいな、おかしゃんせ」に。『忠臣蔵』の成功により、のちの歌曲集には、〽おかしゃんせ」で収録された。「小夜千鳥」には、ほんらい〽包むにあまる袖の雨（中略）こりゃまあ、どうじゃぞいな」という前半部分があったが、『忠臣蔵』では、その部分をカット。その省略版が流布した。

初句は、「チ、チ」と夜に鳴く千鳥の声から、〽父よ母よ……」と。広い座敷に、たったひとりになった由良之助は、誰か人はいないかと辺りをうかがい、それからおもむろに、手水を使い、口を漱ぎ、手を洗い、その手を手拭いで拭く。そこまでで、ちょうど〽エエ、なんじゃいな、おかしゃんせ」まで。そのあとおもむろに、文を読みはじめた。その間、せりふや浄るりの文句では出すことのできない、情調が醸し出されるのであった。

二の句は、お軽を殺す決意をしたあと、〽世にも因果な」で、扇の陰で、可哀そうにと。すぐに、

〽者《もの》なら、わしが身じゃ」で、お軽にじゃれかかる。〽エエ、なんじゃいな、おかしゃんせ」まで、小夜千鳥の忍び音になぞらえた女の気持ちに、由良之助の心情を重ねるのであった。

巷説では、地歌の「廓景色（里げしき）」の作者、大石うきは、内蔵助のことだという。本名を憚って、廓では、うき様、うき大尽と呼ばれた、とも。「七段目」の「ゆら様」という替え名も、そのような巷説から生まれたのであろう。節付けをしたという岸野次郎三は、元禄の三味線の名手であった。京都の芝居の立三味線として、榊山小四郎の「ぬめり歌」や「道成寺」を工夫しただけでなく、花街でも座敷歌を数多く手がけた。『歌舞妓事始』（宝暦十二年刊）で数え挙げられた曲名は、歌舞伎、座敷歌を交え十二曲。のちの考証だが、流石庵羽積の『歌系図』（天明二年刊）では、そのうちの三曲に、大石うきの名を挙げた。「里げしき」は、「岸野二郎三調、大石うき作」と明快だが、「きつね火」には「まえ歌」もあり、少し複雑である。「岸野次郎三調」としながらも「或は沢村長十郎、荻野八重桐、三人とも云」と異説を添えた。「まえ歌」も「同調」だが、「作」には「大石うき、村松たんすい、小野寺ほくたん、作と云」と、これも異説。さらにのちに、村松たんすいは義士の村松喜兵衛、ほくたんも小野寺十内だ、とする巷説も生まれるのである。三曲目は「六段れんぼ、岸野次郎三調」、その付記に「大石氏作というは非なり」、と羽積には退けられたものの、これも大石うきの作だという人もいたのであろう。〽松の枝には、雛鶴巣立つ（中略）飽かぬ契りは、千代も変わらじ」とある、めでたい曲調は、ほかの二曲とは、相容れないものであった。

「里げしき」は、〽更けて廓の装い見れば（中略）こぼれて袖に、辛きよすがの憂き勤め」と、間夫との別れを悲しむ遊女の歌だが、特徴的なのは、相手の男が連れの男に呼び出されて帰った、こと。これも巷説だが、実説の大石にも仲間と連れ立って遊んだ、という逸話もあった。その早い例は、神田勝久こと講釈師白龍子の正徳二（一七一二）年序のある『膽心精義録』（東京大学史料編纂所蔵）で、廓には「金鉄の士」五、六人と日夜淫楽に耽り、祇園には投げ頭巾の僧形で一味の浪人を引き連れた、と。講釈師が語ったであろう、このような咄も、大石うきと、由良之助を結びつける、その背景となっていたのであろうか。

「きつね火」も、遊女の歌なのだが、口舌ではない。夕霧のように、亡くなったのであろう、〽あだし、この身をや、煙となさば、せめて廓のさとちかく（中略）〽何を思いにや、焦がれて燃ゆる」、それを「野辺のきつね火」に譬えた。作調に擬せられた長十郎はもちろんのこと、女形の荻野八重桐も、坂田藤十郎の「傾城買いの狂言」の伝承者であった。「夕霧の狂言」にも、のちに地歌の「由縁の月」が入り、所作事（舞踊劇）になるのだが、その歌は、伊左衛門がかつて夕霧と連れ弾きで馴染んだ、由縁の曲であった。口舌の果てに口論になっても、それはあくまでも犬も喰わないような、痴話げんかなのである。同じように軽口を飛ばし、じゃらじゃらと戯れても、由良之助の恋は、偽りの恋であった。惚れたのは、嘘から出た誠ではなく、誠から出た嘘、身請けして、口封じに殺す、それが由良之助の本心であった。

由良之助に代わり、妹のお軽を成敗しようとする、足軽の平右衛門。勘平の非業の死を知らされたお軽は、覚悟を決めた。その一部始終を確認、由良之助は本性を顕わし「心底、見えた、兄は東《あずま》の供を許す」と。妹お軽には、勘平の追善とて、刀を持ち添え、床下にぐっと突っ込む。そこには、仇敵師直の犬となった、九太夫が潜んでいた。夫勘平は、「連判には加えしかど、敵一人も討ち取らず、未来で主君に言い訳あるまじ」とする、由良之助の配慮であった。

手疵を負った九太夫を、床下から引き出させると、扇で打擲。由良之助は、溜めにためた存念を、一挙に吐き出した。まず「獅子身中《しんちゅう》の虫とは、おのれがこと。我が君より高禄を戴き、莫大の御恩を蒙りながら、敵師直が犬となって、あることないこと、ようも内通ひろいだな」と非難。続いて、「四十余人の者どもは、親に別れ、子に離れ、一生連れ添う女房を、君《きみ》傾城の勤めをさするも、亡君の仇を報じたさ、寝覚にも現《うつつ》にも、ご切腹の折からを思い出しては無念の涙、五臓六腑を絞りしぞや」と。さらに、蛸肴に及び、「とりわけ今宵は殿の逮夜、口にもろもろの不浄を言うても、慎みに慎みを重ぬる由良之助に、よう魚肉を突き付けたな」と。そのとき、「イヤと言われず、応といわれぬ」、咽喉《のんど》を通したそのときは、「五体も一度に悩乱し、四十四の骨々も、砕くるようにあったわやい」と。のちに、計魯里観主人と名乗る老人は往事を振り返り、そのときの宗十郎の「九太夫を引き寄せ、四十四の節々の段は、言語に絶せし仕打ち」で、それが見ている自分の「惣身に堪えし」ものであった、と語るのであった（『中古戯場説』）。由良之助は、「夜叉め、魔王め、獄卒め」と罵り、義太夫の〽土にすり付け、捻じ付けて、無念の涙にくれけるが」で、九太夫を扇で打擲するのであった。見ているものの、真に迫る、このような演技を「実事《じつごと》」と称した。

ほんらいの実事の対極は、敵役（悪人）ではなかった。むしろ、藤十郎の和事や、團十郎の荒事の対極に、位置した。実人生を反映した、現実的な演技のことを指したのである。元禄を経て、享保に入ると、荒事や和事と実事が融合、「荒実」「荒実事」や「和実」が確立された。「荒実事の開山」とされたのは、二代目團十郎栢莚《はくえん》。「和実の開山」の宗十郎訥子《とつし》と、栢莚訥子と並び称され、時代を画した。「荒実事」に團十郎の粂寺弾正（『毛抜』）があれば、「和実」には宗十郎の由良之助がある。二人そろった共演となると、「曽我の対面」に極まるのであった。

栢莚の曽我の五郎は、親譲りの荒事だが、赤っ面を白塗りに改めた。全身を真っ赤に塗り、裸になって大暴れするのではなく、長裃の礼装で身を包み、じっと我慢をして堪える、実荒事であった。それゆえ、元祖の五郎に対し、「五郎の開山」と讃えられたのである。十郎の元祖は、江戸の名物男の中村七三郎だが、「対面」には登場しなかった。訥子の十郎は、「対面」で勇む五郎を制する、和実になり、こちらも、「十郎の開山」になった。「開山」には、山が開けたような、爽快な気分があったのであろう。

なかでも、評判が立ったのは、「鳥《と》柴《しば》のせりふ」であった。享保十二（一七二七）年正月中村座『楪《ゆずりは》根元曽我』で、團十郎の五郎と、宗十郎の十郎が、掛合のせりふで競った。「鳥柴」とは、鷹狩で仕留めた獲物を柴の木に付けて献上する武家の作法だが、このときは正月であったので、島台の代わりに梅の枝の雉子を、将軍頼朝に献上しようとした。それに横やりを入れたのは、敵役。雉子は賤しい鳥、だと。團十郎の五郎が反撥して、「むだ口を叩くと、腮《あごた》を引っ裂くぞ」と凄むと、宗十郎の十郎は、「ハテ、それが悪い（中略）柔和にものを言やいの」。たしなまれると五郎は、『論語』の「郷党篇」の故事を引用するのである。十郎も「そもそも雉子は、華虫《かちゅう》と名付け」と、神功皇后の故事を弁じた。以下、敵役を遣り込めると、宗十郎は軽口を挟み、團十郎は悪態を吐く。弟が調子に乗ると、兄は「粗相すな」と。「すなとは」と問うと、「すなさ」。「すな」と問い返されて、「砂、水あびせる場が違う」と頓作を言う。「鳩やの鷹」の敵討ちの咄になると、勇む五郎を

「これ」と止め、「でも」と焦ると「まだ」と制した。翌年の春に江戸で売り出された評判記では、宗十郎の芸として「せりふ、頓作、軽口、当話」など、團十郎にも「頓作、軽口、秀句、地口、つらね事」など、話芸が並べられた。宗十郎が「実《じつ》の和師《やわらかし》」と位置付けられれば、團十郎も「荒事この上なし」とともに「草《そう》、やわらか」とされた。宗十郎には「立て板に水」とあるのが、その特色であった。『忠臣蔵』「四段目」の評定、「七段目」の「四十四の骨々」は、宗十郎の「立て板に水」の表看板だったのである。

由良之助の和実に関し、もうひとつ指摘しておきたいのは、扇子の扱い。酔態で戯れているとき、半開きの扇を襟足に差す、なんと自堕落な恰好であろう。半開きのその扇子で九太夫を叩いたあと、右手に持つのだが、毅然としたその姿は、まるで不動明王の持つ利剣のようだ。小道具の刀だけではなく、持ち道具の扇子も、由良之助の和実を分ける、表象であった。

幕切れに仲居が大勢出て、「由良さん、送ろかえ」というのは、歌舞伎の演出。手疵を負うた九太夫に、止めを刺そうとする平右衛門を止め、「こりゃ、平右衛門、喰らい酔うたるその客に、賀茂川で」と、仕形《しかた》で止めを刺せ、と呑みこませ、「水雑炊を喰らわせい」とあるのが幕切れ。殺した死骸は、賀茂川へ流してしまえ、という指令である。復讐（敵討ち）の大義があるとはいえ、それは犯罪であった。まして、罪もない女を殺そうとした。由良之助の実事とは、そのように辛い、骨が砕けるような、過酷な運命に耐え忍ぶことであった。

平右衛門とお軽

1

『忠臣蔵』の初演は、寛延元（一七四八）年八月十四日であった。選ばれた初日は、浅野内匠頭の月命日である。そのことと、「七段目」の逮夜とは、響きあっていたのであろう。道頓堀の竹豊二座の人形芝居では、久しぶりの義士物であった。大石ら義士の子たちの大赦の翌年、宝永七（一七一〇）年に近松門左衛門『碁盤太平記』と紀海音『鬼鹿毛無佐志鐙』の競演があった。そのときから数えると、足掛け四十年が過ぎた。その間に、人形に書き下ろされたのは、並木宗助『忠臣金《こがねの》短冊』のみ。そこから数えても、すでに十六年が経っていた。

歌舞伎では、人形と異なり、宝永から四十年の間に、義士物の上演は、二十回ほど。そのうちのひとつ、江戸の沢村長十郎（宗十郎）が故郷に錦を飾った、京都布袋座の『大矢数四十七本』が「七段目」の粉本になった。元号が寛延と改元される前の年、延享四年六月の上演だというから、『忠臣蔵』の書き下ろしに先立つこと、一年と二か月である。その間、江戸で寺坂吉右衛門が八十三歳の生涯を閉じた。「七段目」の平右衛門のモデルである。この男の死が、久しぶりの義士物を生む、契機となったのであろう。

寺坂ほど、毀誉褒貶の著しい男は、いなかった。義士に数えると四十七士、除くと四十六士になる。「四十七士論」の先鋒は、儒者室鳩巣であった。赤穂の諸士は、「生を捨て、義を取る」と称揚、『赤穂義人録』を公刊。寺坂の立場も擁護した。それに反撥した佐藤直方は、「四十六士論」を展開。

討ち入りは、そもそも復讐ではなかった、と論破した。直方の舌鋒は、大石らにあり、寺坂などは歯牙にもかけられなかった。

討ち入りのあと、大石ら三人は、京都の医師寺井玄渓に書簡を送った。主文は、討ち入りの報告だが、それに「追啓（追申）」が付いた。遺された同志の眷属（一族）に、「書付」に添えた討ち入りのあらましを伝えてほしい、と。それには、公儀の御仕置を免れたものがいたならば、と但し書きが付いた。さらに、播州亀山、赤穂にいるものたちへは、和田喜六に伝えるよう、連絡を取ってくれ、と。喜六は、原惣右衛門、岡島八十右衛門の実弟で、母方の姓を名乗り、大坂で実母を養っていた。そのあとに、「はたまた」として、「寺坂吉右衛門儀、十四日暁まで、これあるところ、彼の屋敷へは見来たらず候」としたうえで、「かろきものの儀、是非に及ばず候、以上」と、締めくくられていた。この「かろきもの」という評価が、寺坂に重くのしかかった。

寺坂は、大石を支えた副頭領、吉田忠左衛門の組下に属する足軽であった。討ち入りのあと、細川家の預かりとなった、忠左衛門の話も伝わる。娘婿は、本多家譜代の侍で、家筋は良いが「片口者」なので出世できず、今に二百五十石の小身ものだ、と。人となりに好意を感じた細川家の接伴役堀内伝右衛門は、勧められその婿に面会すると、蟄居の身で長髪であった。倅二人の疱瘡の話、預かっている忠左衛門の倅も無事だ、と伝えたあと、寺坂吉右衛門のことに触れると、忠左衛門は不機嫌になり、「この者は不届きものにて候、重ねては名をも、仰せ下されまじく候」と気色ばんだ。少々戸惑った堀内は、吉右衛門は、討ち入りのあと「欠落」したが、それは「知らせの使い」（密命）であった、と聞いたが、忠左衛門の反応からすると、それは「実の欠落」だったかも知れない、と思ったという（『堀内伝右衛門覚書』）。寺坂には、美談とともに、「欠落」の烙印が押され続けたのである。延享四年十月八日、その最期は麻布曹渓寺の寺男であった。

『忠臣蔵』の成立以前から、歌舞伎でも浄るりでも、寺坂は大役に擬された。宝永七年の京の歌舞伎『硝後太平記』では、山下京右衛門の大岸宮内（大石）、沢村長十郎の鎌田惣右衛門（萱野三平）に伍して、片岡仁左衛門が小寺吉右衛門（寺坂）に扮した。仁左衛門の前編の『太平記さざれ石』の役は、塩冶判官（浅野内匠頭）。これも大役であった。後編は、討ち入り後の後日譚で、仁左衛門の吉右衛門の身分は、足軽ではなく、判官の小姓だが、敵討ちの様子を後室の元に届けた使者の役割が、寺坂に相当した。さらに、三家（実説では四家）お預けとなった義士とともに切腹を願ったものの、敵討ちの場から逃亡した事由により却下。これも寺坂のことである。最後には、お家の悪人太田大善（大野九郎兵衛）の首を持参、目出度くお家は再興となる、重要な役どころであった。

宝永七年、大坂の人形芝居では、近松の『碁盤太平記』の役名は、足軽岡平。海音の『鬼鹿毛無佐志鐙』では、どもりの中間与四郎。どちらも、侍の身分ではなかったが、「鬼鹿毛」の与四郎は、判官切腹の今わの際に十分に取り立てられ、国元への注進を仰せつかった。今わの際の別れは片岡源五右衛門、国元への注進は萱野三平と、別の義士の事績が重ねられて、その役割が大きくなった。

『碁盤太平記』の岡平の実名は、寺岡平右衛門。親平蔵の遺志により、仇の首を取ろうため、師直の馬の口取りになったが時宜を得ず、あえて師直方の犬（間諜）に志願、大星の屋敷に潜入した。その目的は、由良之助親子は遊興に耽り、敵を討つ気づかいはない、と贋の情報を流し、師直方に油断させるためであった。力弥（大石の倅）に成敗され、手負いとなって本心を明かし、由良之助に認められ、親もろとも一味に加わることが赦されて、四十六人目、四十七人目の義士になる物語であった。

　親の平蔵は、先君に仕えた弓足軽、落ち度により扶持はなされになっても、二君に仕えず貧苦に耐えた。城明渡しに際し、籠城を願い駆け付けたが、拒否された。牢人を集めての籠城は、謀反も同然、と由良之助が公儀を憚った、そのためであった。寺坂親子の苦衷を聴き、由良之助は「身柄こそ足軽なれ、お主は冥途の塩冶どの、我ら親子も朋輩なり」と、一味に加える決断を下すのである。複雑な筋立ての中で、『忠臣蔵』の作者たちがこだわったのは、身分にかかわる最後の部分であった。並木千柳こと宗助が先行作の『忠臣金短冊』で描いた足軽寺沢七右衛門も、岡平の末裔であった。籠城を願ったものの、由良之助に「三十石以上の知行とりは格別、扶持方、切り米の面々は薄き御恩、討死に及ばず」と拒まれ、浪人してたばこ切になりながらも、仮病を遣って娘を遊女に売り、それを路銀に敵討ちに出立した。病気と見せるためには、「腕を括り、胴を締め」て脉を乱した、痴《し》れ者であった。『忠臣蔵』では、寺坂にからんで膨らんだドラマを削り、ただ「小心者の悲しさ」ゆえに、妹に死んでくれ、と哀願する男の悲劇に絞った。小心者のその悲しさとは、討ち入りののちも生き続けた、寺坂の悲しさでもあった。「七段目」は、寺坂を追悼する、レクイエムであった。

2

平右衛門は、「菊畑」の智恵内、「蘭平物狂」の蘭平など、「色奴《いろやっこ》」に共通の「機嫌のいい」役だ、と戸板康二は指摘した（『忠臣蔵』）。時代物の「色奴」は、繻子の衣裳を身にまとうので「繻子奴」とも。平右衛門の衣裳は、奇麗でも紬《つむぎ》なので、世話の「色奴」になる。前半、両手で三人侍の鞘を摑み、「呑んだ酒なら酔わずばなるまい、酔った酒なら醒めずばなるまい、醒めてのうえの御分別」と止め、鞘を振り払われて階下に落ちると、振り向いて胡坐《あぐら》を組んだまま飛び上がり、尻から落ちる「尻ギバ」。「ひらに、ひらに」と拝むまで、戸板は「実に気持ちのいい役」だ、とした。刀の鞘を摑むのも、尻ギバも、人形には不向きだから、歌舞伎の工夫なのであろう。気持ちのいいのは、見物だけでなく、役者も。「呑んだ酒なら……」と畳み込むせりふも、本行では「醒めてのうえの御分別」だけ。役者がそれに入れ事をして、「機嫌のいい」役になった。

先代の片岡仁左衛門の芸談では、その前の平右衛門のせりふ、「南無三宝と宙を飛んで帰りまする道にて……」を、タッ、タッ、タッと早口で。これは、義太夫でいう「たてことば」（タテ詞）で、「タッ、タッ、タッと言うのが足軽のような役のことば（中略）義太夫を習っておきますと、この口さばきはよくなります」（『菅原と忠臣蔵』）。長いせりふを、一気にまくし立てる「タテ詞」の爽快感は、そのまま「呑んだ酒……」にまで続くのであった。

二代目尾上松緑は、「（平右衛門は）由良之助より得な役なんですが、役者というのは妙なもので、やはり役の格ということをどうしても考えてしまうんです。何といっても座頭の役は由良之助ですからね」と話した（『松緑芸話』）。『古今いろは評林』では、役者の格でいうと格上の嵐雛助（眠獅）の平右衛門が、尾上新七（芙雀）の由良之助を押し退けて、幕切れで幕を切った。芙雀に幕を切らさなかったことについて、「シテワキの了簡うすくありし」と、非難した。文楽でも、「してこいな」と派手な奴の掛け声で、平右衛門が幕を切るが、これも邪道。「七段目」は、あくまでも由良之助の幕なのである。

『古今いろは評林』では、平右衛門役の心得として、「足軽とのみ気が付いて、しばらく浪人していたる足軽と心の付かぬ風情がある」と指摘された。代々評判記を出版してきた、八文字屋の主人、八文舎自笑の見解であった。それと関連して、衣裳も凝らずに、人形の通り「菖蒲革の法被《はっぴ》」がほんらいだ、とも。「法被」は、裾の短いお仕着せで、生地はもちろん木綿。それを絹地の紬に仕立てたり、裾に綿を入れて立派にしたりしたのでは、しばらく浪人していた風情が出ない、という苦言なのであろう。のちに『忠臣蔵』に増補される「鳩の平右衛門」では、貧しさゆえに親は自害、女房を捨てて出立する平右衛門が描かれた。「宅兵衛上使」の平右衛門は、師直方の上使飾間宅兵衛となり、お軽の首を切る。浪人の風情は出ても、それが却って、平右衛門を「機嫌のいい」「気持ちのいい役」から遠ざけてしまった。

平右衛門の給金は、五両三人扶持。実説の寺坂は、三両二分二人扶持だから、『忠臣蔵』では俸禄に少し色を付けた。義士の中には、五両三人扶持の横川勘平、五両三人扶持に五石の役料が付く茅野和助、神崎与五郎と微禄の者もいるが、これらはみな「浅野家分限帳」に記載された武士であった。平右衛門が嘆く「小身者」とは、俸禄だけではない。その身分にあった。足軽は、親の家督を相続できる譜代ではなく、原則、一代限り。それゆえ、「小身者の悲しさは、人にすぐれた心底を、見せねば数には入られず」と嘆き、「聞き分けて命をくれ、死んでくれ妹」と哀願するのであった。

寺坂は、もと吉田忠左衛門の家僕だった、とする巷説もあった。その人物が認められ、浅野家の足軽に抜擢されたのだとも。大名に直属の足軽は、いざ戦となると鉄砲組、弓組、槍組と、集団で戦う戦闘要員。それゆえ、日常の業務とは別に、鉄砲や弓、あるいは捕縛術の鍛錬が義務付けられた。家僕は、大名の直接の家来ではなく、家臣の家来なので陪臣《ばいしん》、または又者《またもの》とされた。その呼称も、中間、小者。小者は、俗にいう奴である。中間は、主に門番。奴は、主人の供で、徒歩侍には草履取りの奴、騎馬の侍には、さらに馬の口取り、槍持ち、着替えの入った挟み箱持ちの奴が付く。戦場でも、槍などの荷物持ちが仕事になった。平右衛門の身分は塩冶の足軽でも、その言動には又者の要素も重ねられた。その願いは、義士の猿真似で、「お草履をつかんでなりとも、お荷物をかついでなりとも」、お供に立って、お役に立ちたい、と。歌舞伎では、三人侍の履き物をまとめて担ぐ、奴のしぐさが見どころになった。奴ことばで、返事は「ネイ」。「ハイ」ではなく「ネイ、ネイ、ネイ」と繰り返す。文楽でも、「足の軽い足軽どのか」と問われると、「ネイ、ネイ、さようにごわります」と語る。その「ごわります」も、奴ことば。由良之助の「コレ」に平右衛門は「ネイ」と応え、「コレ、ネイ、コレ、ネイ」と繰り返す。最後のネイは、ネーイとのばして語るのが、文楽の語り口である。平右衛門の扮装も、奴の紺看板《こんかんばん》を奇麗にした、伊達奴。家紋の「隅切平角《すみきりひらかく》」の枠の中に「平」の字は、紺看板の「釘抜《くぎぬき》」の美化である。戸板康二は、これらを総合して「色奴」に見立てたのであろう。

寺坂は、父も浅野家に仕えた船方の役人で、母も妻も浅野の家来の娘だと、のちに旗本の山内家に差しだした「親類書」に記した。そこから『碁盤太平記』の平右衛門の親平蔵が生まれるのだが、近松はさらに赤穂城籠城を志願した五人の浪人のひとり岡野治太夫の事績と結びつけた。義士の不破数右衛門は、岡野の実子であったが、豪放不羈な性格から、内匠頭の勘当を受け、浪人となったのだが、亡君の鬱憤を憂う心情が大石に認められ、御墓前で勘気を赦され、義挙に加わったのである。それは、勘当された浪人のなかで、唯一の復権であった。近松は、そのことを、奴岡平こと平右衛門に反映、義士の連判にその名を加えたのであろう。

並木宗助の『忠臣金短冊』でも、近松に倣って籠城に結びつけるのだが、親の話ではなく本人で、足軽の役名は、寺沢七右衛門になった。敵討ちに出立の路銀を工面するために作病を構え、恩返しのために義理の娘が身売りをして、島原の傾城九重になる。「七段目」のお軽は、この九重を妹にした、発展形なのであろう。「七段目」も、並木千柳（宗助のこと）の担当だ、と伝えられているのだが、敵討ちのために身を売られ遊女となる大枠は一緒でも、傾城となった九重が由良之助の倅力弥と深い仲になり、その二人を夫婦にするために仇方の家来となった実父が乗り込んで、わざと娘に斬られる等々、複雑怪奇な筋立てであった。「七段目」では、密書を読んだがために、口封じのために身請けする、その一点に絞って、分かりやすくするのであった。豊竹座で活躍した宗助（千柳）が、竹本座に加入して覚えた作劇法なのであろう。

遊女を請け出して殺すのは、紀海音『鬼鹿毛無佐志鐙』の踏襲なのだが、恋の相手は父大岸宮内

（大石のこと）ではなく、倅の力之介（主税）。父が請け出して殺すのは、口封じのためでなく、倅の決意が鈍ることを恐れたためであった。遊女の名は、揚巻。この女も、伏見の傾城であった。

島原や伏見の遊女には、揚代の高下により、太夫、天神、鹿恋など、序列があった。祇園の茶屋では、それとは別に年齢により「本詰《ほんづめ》」「中詰《ちゅうづめ》」「若詰《わかづめ》」と呼び分けた。「本詰」は「年増の女郎の事」で、「中詰」は「若き女郎」、「若詰」は「振袖新艘（新造）の事」だ、という（『俳諧通言』）。「七段目」のお軽は、さしずめ「中詰」あるいは「本詰」の遊女になるのであろう。さらに祇園では、「親出奉公人《おやでほうこうにん》」と「子飼《こがい》」という、区別もあった。「親出」は、「素人より、直に女郎になること。「子飼」は、稚き頃より売られた子供のことで、「末は女郎、芸子に仕立てる」のだという。お軽は、素人からすぐに女郎になった「親出」であった。小さいときから花街で育ち、芸や作法を身に付けた、子飼いにはない素人風が売り物だったのである。慣れない茶屋で酔いつぶされ、風に吹かれているときに、〽よその恋よと、うらやましく」、延べ鏡に映して読んだ文が一大事となるのであった。

3

尾上梅幸の芸談『梅の下風』には、父から聴いた話が多い。お軽の心得も、そのひとつである。幕ごとに境遇が替わる、そのための用意がなければならない、として二か条を挙げた。

一、六段目のおかるは腰元の意《こころ》でやる事。

一、七段目のおかるは世話女房の意でやる事。

父の五代目菊五郎は、勘平役者だが、お軽も兼ねた。女形のお軽を兼ねるのは、祖父梅寿三代目菊五郎譲りだがら、お家の教訓なのであろう。六段目では、衣裳の「帯上げ」が具体的な例になる。梅幸は、「世話女房で赤の枕をつけた帯上げを用いるのはこのおかる位なものでしょう」と述べた。「赤の枕」というのは、丸く拈《くけ》た細い紐（帯〆）のことで、それが箱枕の括りのようなので、そう呼んだ。勘平のために、身を売ろうというのだから、それなりの色気が必要だ、ということなのであろう。

梅幸のライバルであった五代目中村歌右衛門の芸談『魁玉《かいぎょく》一夕話』には、五代目菊五郎にまつわる武勇談がある。六段目のお軽の黒繻子の帯が新しすぎる、黄楊の櫛も油じみて汚れたものの方が貧しい百姓家に釣り合いがよかろう、という注文に対し、菊五郎《ごだいめ》さんが肩入れに菊五郎格子の衣裳を着ないのなら、ご注意に随いましょう、と切り返した。写実一方に凝って、そんな「じじむさい」恰好で出たら、色気というものがなくなる、と師匠にお伝えください、と使いの者を追い返した。梅幸の話と合わせると、菊五郎が一本取られた。

梅幸が、七段目で譬えたのは、芸者あがりの女房であった。「急にお内儀《かみ》さんになっても、チョイチョイ元の芸者の地が顕れる」。お軽も、はしばしでは、女房の地が出てしまう、というのであろう。

上京した曲亭馬琴は、祇園には「差し紙」の風習がある、と記した（『覊旅漫録』）。お茶屋に配る、おやま（遊女のこと）、芸子の披露目である。馬琴が書写した差し紙には、見世の名とともに、「中詰　いと」。その肩書に「三条通り去る方妾《てかけ》なり」とあった。「振袖　つゆ」には「皆さんご存じ二条揚弓場娘出」と出自が示された。「本詰　かう」の出自には、「房中の秘」と思わせぶりで、揚代が示された。馬琴は、割り註で「本詰とは、本どしま、眉毛なし」「中詰とは、中どしまなり」と説明を付した。江戸にはない、事例だったからである。

喜田川守貞の『近世風俗志』（守貞謾稿）にも、「差し紙」の紹介があるが、こちらは京だけではなく京坂、しかも非官許だけでなく、官許の廓も含まれた。島原の「天神　八重梅」の出自には「本素人出」。祇園であろうか「本詰　この」は「西陣の織屋出」、さらに「若詰　照江」は「去る方の腰元出」。みんな素人だと思ったら、出自には「実事（ほんとうのこと）」だけではなく「虚言」を書くことも多い、とある。「本詰」「若詰」の説明も具体的で、本詰は「歯を黒め眉を剃り（中略）常の婦妻のごとくなるもの」で年齢は「三十歳ばかりを過ぎたる者なり（中略）江戸にかくのごとき遊女は更にこれなし」とある。若詰は「歯を黒めたれども、いまだ眉を剃らず。島田髷にて、振袖を着せざる（中略）大略、二十以上三十以下なるべし」と。「七段目」のお軽は、お歯黒を付けても、眉は剃らず。島田に結っても留袖である。守貞がいう「若詰」に相当するのであろう。並木五瓶の『俳諧通言』では、これを「中詰」と称していた。

遊廓の太夫、天神は、夏でも裲襠（仕掛け）を掛けるが、白人は着流し。帯をうしろで締めるのは年少で、年増はみな前帯になる。襦袢の白衿の片方に赤綸子の掛け衿をするのが、お軽の特色で、これを「返し衿」という。梅幸は、衣裳を「胴抜き」にする人もいるが、「私は胴抜きを用いません」。胴抜きは、官許の遊女の部屋着であった。

お軽の出で、まず目に入るのは、銀の団扇。手をゆっくりと動かし、風に吹かれているのである。祇園の年中行事、夏の「納涼（すずみ）」の名残なのであろう、由良之助がじゃらついているその間は、この団扇。相手が兄の平右衛門になると、懐紙に替わった。因みに文楽では、はじめから懐紙で、そのときの衣裳は「胴抜き」である。

「六段目」では、お軽のことを「がら娘」で、「気もわさわさ」と見える、と描写。母親の前でも平気で悋気《のろけ》る、がさつなお転婆だ、という。小さいときから、在所を歩くことが嫌いで、お屋敷の奉公に出た、とも。明るいその性格から、花街にもすぐに慣れ、由良さんとも気軽く話すのである。梅幸は、「勘平が金に困ると言えば女郎に身を売り、由良之助が三日添うたら暇やろうと言えば、操《みさお》などのことを考えず大喜びでこれに応じます」と、その行動を分析、「おかるの腹の中には、ご主君もご家老も親もない。色男の勘平のことばかり思っているのですから、今のモダンガールとか言うのでしょうネ」と把握した。

人形芝居の「七段目」が画期的だったのは、太夫の「惣掛合」であった。此太夫は由良之助、政太夫は平右衛門、文字太夫はお軽など、総計六人の太夫で分担、出番になると入れ替わって、上手の床に並んだ。会話、対話では、せりふ（詞）とせりふの間に、息継ぎがなくなるので、テンポよく早間になる。二人、三人で一緒にせりふを言うこともできた。歌舞伎に倣った、この手法が新鮮だったのである。

由良之助には、それを逆手に取った「由良之助の頭《あたま》抜き」という口伝がある。『浄瑠璃素人講釈』

の著者、素人義太夫の瑠璃天狗の杉山其日庵《そのひあん》が、明治の名人竹本摂津大掾から授けられたもので、もとをたどると、大掾の師匠春太夫からその師匠にまで、遡るという。其日庵が例に挙げたのは、幕開けの目隠し鬼。仲居たちに「手の鳴る方へ」と囃されても、由良之助はすぐに「カブッテ」出てはならぬ。ひと息ぬいてから、それが「頭抜き」である。「カブッテ」とは、前のせりふに重ねることで、其日庵は「すべて由良之助だけは「カブッテ」出ると面白くないようである」という結論に達するのであった。

由良之助が「頭抜き」にならないのは、酔態のじゃらつき。お軽が「カブッテ」、由良之助も「カブッテ」。「洞庭の秋の月さまを拝み奉るじゃ」のところでは、由良の「降ろしてやろ」とお軽の「アレまた悪いことを」が「カブッテ」、二つのせりふが同時になった。会話が自然になるので、歌舞伎ではさらに軽く、それが捨てぜりふになった。

文楽の平右衛門の太夫は、はじめは下手から出て、小さな床の上で語った。見台もない、無本。後半は、上手の床でお軽の太夫と並んで語るので、兄妹の仲のよさは出るものの、話が早く進んでしまう。そこで、歌舞伎では、お軽のために大幅な入れ事を三つ入れる。最初の文を書くくだりでは、三日で自由になると、うきうきとしたお軽。平右衛門に斬りかけられて、不思議がるお軽。最後は、勘平が死んだと聴き、気絶するお軽。三つのお軽が、たっぷちと丁寧に描かれた。

文を書くお軽は、「ととさん、かかさんに」の捨てぜりふのあと、ひと呼吸入れて、勘平、というところを呑みこんだ。訪ねてきた平右衛門に問われても、手紙に夢中で、「たのむ、たのむ」という、兄のことばを書いてしまった。兄もいちずなら、妹もいちず、同じ性格の兄妹だ、とほっとするところである。書き損じた反古を、巻紙から切り取って、あとでそれをクドキに流用するのは、歌舞伎の工夫である。

丸本では、すぐに身請けの話になるのだが、入れ事ではその前に、勘平の消息が聴きたくて、「か」とまで言って躊躇、「かかさんは」と紛らかす。平右衛門は、「母じゃ人は、いまだに眼鏡も掛けずに、夜なべ仕事をなさる、達者だ」と、針仕事するしぐさを見せた。また「か」と言えずに「ととさんは」。平右衛門が口ごもるのは、母親からお軽には知らせるな、と口止めをされていたから。なんにも知らないお軽は、「兄さん、お前もたいがい察してくれてもよいわいなア」と、じれた。お軽に「勘平さんはな」と聴かれ、平右衛門が「達者、達者、大達者だ」と、うそを吐くのは、死んだと聴いたなら泣き死にをするだろう、と母に釘をさされていたからである。勘平を思うお軽の気持ちとともに、妹を思う兄の気持ちも伝わるのであった。

由良之助の文を読んだそのあとで、「たがいに見かわす顔と顔、それから、じゃらつきだして、じゃら〳〵じゃらと、身請けの相談」。お軽のこのせりふを、平右衛門は身振りを交えて二度復誦、由良之助は口封じに殺す気だ、と気づく。遊び呆けて見せても、由良之助は敵を討つ気があるのだと、「こうだ〳〵こうなくっちゃア、ならねえところだ」と歓び、素足の膝を叩き、小おどりするのであった。「妹、われが命は、兄が貰った」と、もろ肌を脱ぎ、刀を振り上げる。お軽は、懐紙を投げて、宙に散し、その隙に枝折戸の外に逃げた。兄が刀を渡しても、「まだ、あるわいなア」と脇差を指さされると、「これは武士の魂じゃないか」と言いながらも、手離した。丸腰になっても、もたつく妹を叱ると、その顔が怖い、と。「怖い顔は、おれの生まれつきで、仕方がねえ」という平右衛門のせりふも、この悲劇をやわらげるのである。いよいよ、妹に真実を伝えるそのときに、お軽の顔を見て言うせりふ、「髪の飾りに化粧《けわい》して、その日〳〵は送れども」も入れ事、丸本の「可愛や妹、わりゃなんにも知らねえな」の前に、このせりふが入ると、兄の情愛が際立つのである。

「親、与市兵衛さまはなア、六月二十九日の夜、人に斬られて、お果てなされたわい」と。聴いて驚くお軽を制し、「びっくりするねえ、まだあとにゃア、どえれえものが控えている」。文楽では、「どえれえもの」は「びっくりの親玉」。平右衛門が言いよどむと、お軽が「よい女房さんでも、持たしゃんしたかえ」と早合点するのも、歌舞伎の入れ事。「そんな陽気なことじゃねえわえ（中略）腹切って死んだわやい」と告げられて、お軽が気絶するのも、自然な成り行きである。妹の介抱をする平右衛門が、水を呑まそうとして、自分が呑んでしまう、おかしみなど。この入れ事は、クライマックスを迎えるための緩衝材になるのであった。

因果を含めるように、平右衛門は「勘平が女房と知らねば、請け出す義理もなし、もとより色には、なお耽らず、見られた状が一大事、請け出して刺し殺す、思案の底と受け取った」と理詰めで諭すと、「おい妹」と、親身に寄り添い「なぜ、そんなものを読んだんだ」と嘆く。いっそ、人手に掛けるより、自分の手で首にして、「それを功に連判の数に入って、お供に立たん」までは、平右衛門のせりふ。ここからが、義太夫の語りになり、〽小身者の悲しさは」で、平右衛門はもろ肌を脱いだ両袖を摑む、それはまるで鳥のような哀れな姿であった。ふたたび、せりふになり、「人にすぐれた心底を、見せねば数には、入《はい》られず（中略）命をくれ、これ妹」と懇願するのであった。

せりふから浄るり、浄るりからせりふ、生身のからだが人形のように美しく決まり、ふたたび戻る。文楽とは異なる、歌舞伎の義太夫狂言の演出であった。

女形のクドキは、二段になる。お軽も、その例外ではなかった。〽お軽は始終、せき上げせき上げ」から前段は、義太夫に合わせて、お軽は踊るように動く。まず、平右衛門と手を取り合って、顔を見つめあい、〽せき上げ、せき上げ」で、帯上げをきゅっと締める。〽便りのないは身の代を」で、さいぜんの文の反古を出すのだが、遊女らしく「天紅《てんべに》」。巻紙の上部に紅が引かれた。反古を活用したというよりは、浄るりの〽便りの」という文句から、逆に文の入れ事を思い付いた、というほうが順当であろう。〽身の代を、役に立てての旅立ちか、暇乞いにも見えそなものと」と〽恨んでばっかりおりました」の間に、「エエ、エエ」と語るのが歌舞伎式。ここで、天紅の文を両手で絞り、口に咥えて耐えるまで、何も知らずに恨んでいた自分を責めるのである。

クドキの後段は、お軽のせりふ「もったいないが、ととさんは、非業な死でも、お年の上」ではじまり、「勘平さん」で、ちょっと言いよどみ「勘平さんは三十に」まで、せりふ。〽さぞ悲しかろ、くち惜しかろ」から浄るりになり、〽逢いたかったであろうのに、なぜ逢わせてくださんせぬぞいな」と、平右衛門に訴えるところでは、義太夫が〽エエ、エエ」と語ったあと、〽下さんせぬぞいな」まで、お軽のせりふもかぶせた。

「親、夫の精進さえ、知らぬわたしが身の因果」と、お軽が「サ、兄さん、手に掛けて下さんせ」と覚悟を決めると、平右衛門が刀を振り上げる。そのときに、〽お手に掛からば、かかさんが、お前をお恨みなされましょ」と兄の刀を奪い、自害しようとするまで。歌舞伎の義太夫狂言を代表する、クドキである。

由良之助に止められて、東のお供が赦されると、「かなった、かなった」と歓ぶ平右衛門。由良之助は九太夫を刺し貫き、「四十四の骨々も、砕くるようにあったわやい」と存念を吐き出した。「水雑炊」の幕切れまで、お軽には、せりふすらない。お軽にとって、勘平との逃避行は、すでに終わっていたのである。

忠臣蔵の冬

女たちの旅立ち

1

「八段目」「九段目」は、嫁入りの物語である。嫁は、加古川本蔵の娘、小浪。母の戸無瀬と連れ立って、鎌倉（江戸）を旅立ち、東海道を上り、熱田神宮の宮の渡しから「七里船」に乗り、桑名に着くころには、空に霰《あられ》がまいはじめた。鈴鹿を越え、大津から京の山科にたどり着くと、そこは一面の雪景色であった。

小浪の恋婿は、大星由良之助の嫡男、力弥である。塩冶家の使者として、許嫁の力弥をもてなしたのは、春。「梅と桜」になぞらえた、淡い恋であった。塩冶判官の「刃傷」「切腹」についで「城明渡し」。大星とともに力弥は、山科に閑居すると聴いた母は、募る娘の気持ちを察し、鎌倉を旅立って、山科を目指した。それは、武家にはあるまじき「押しかけ女房」であった。八段目の『道行旅路の嫁入』は、その道行である。

人形芝居の書き下ろしのときの太夫は、竹本文字太夫と竹本友太夫の二人（二枚）、三味線はひとり（一挺）だったのであろう。現在の文楽では、ツレの太夫が三人、三味線も四人が加わり、五挺五枚。五挺の三味線が合奏をすれば、五枚の太夫も声をそろえて歌う、華やかな演奏が道行の魅力になった。
〽浮世とは……」と語り出す、前奏曲を「マクラ」と呼ぶ。〽都の空に志す」まで、「八段目」のマクラには、人形の姿は見えない。舞台は一面の浅黄幕である。〽都の」と〽空に志す」の間に、賑やかな三味線の演奏が入るのは、これは「フシヲクリ」と呼ばれる曲節で、これから舞台の転換があることの予告である。〽空に」のあと、柝がチョンと打たれると、浅黄幕がはらりと落ちる、「振り落とし」になった。ここではじめて人形が姿を見せるのである。舞台の背景は、雪の富士山。それに倣った清元『落人』との比較は、すでに述べた。『落人』にも、〽落人の……」で語り出す浄るりがあるのだが、それはお軽勘平が姿を見せたあと。歌舞伎では、義太夫の「八段目」でも、マクラを省略せざるを得ないのである。

「記紀万葉」の昔から伝わる「道行」は、歌謡であった。「道行」に、舞踊性や演劇性が加わっても、能楽では、ほんらいの性格を維持した。「道行」は、声をそろえて謡うだけで、舞を舞うことも、動くことさえしない。「八段目」のマクラは、その系譜をひくものなのである。能楽の道行では、旅の地名を織り込んで、枕詞や掛詞、縁語など修飾語をちりばめる、文句もほんらいの形式だが、そこが替わった。「八段目」のマクラには、〽母の思いは山科の」と、旅の目的地が示されただけ。語られるのは、母が娘と旅立った、その経緯であった。

〽浮世とは、誰《た》が言いそめて」と語り出し、連想されたのは古歌である。「世の中は、なにか常なる飛鳥川、昨日の淵ぞ、今日は瀬になる」(『古今集』)。昨日までは深い淵であったものが、今日は浅瀬になった。川のフチに、俸禄のフチ(扶持)を掛け、〽飛鳥川、淵も知行も、瀬と変わり」

と、力弥の家の没落を示すのである。さらに、〽結ぶ塩冶の誤りは」、小浪の恋をさまたげる枷《かせ》となり、杭となり、そのために、正式な結納もせぬまま、振り捨てられてしまった。娘を不憫に思った母は、山科の閑居に「押して嫁入り」させることを、決断したのである。

江戸の旅には、規制があった。とりわけ、「入り鉄砲に、出女」と、江戸に入るのは鉄砲、江戸から出るのは、女に厳しい。もとはといえば、諸大名の妻子が在国ではなく、江戸藩邸に住むことが義務付けられた。いわば、人質。逃げられないように監視する、それが女性一般に広がった。庶民なら、往来切手のほかに、関所女手形。これを、名主や町役人、あるいは旦那寺から出してもらう。武家は、各藩から幕府に届けた。受け付けたのは、御留守居役であった。因みに、加古川本蔵のモデル梶川与惣兵衛も、幕府の御留守居の旗本のひとりである。さらに、輿入れとなると、相手方の承諾が必要である。かれこれ勘案すると、いちばん楽なのは、お伊勢参りであった。それを口実に、京都など、名所めぐりをするのである。山科の閑居にあらわれた戸無瀬親子に、大星の妻お石が「戸無瀬さまはともあれ、小浪御寮《ごりょう》、さぞ都めずらしかろう、祇園、清水、知恩院、大仏さま、ご覧《ろう》じたか、金閣寺拝見あらば、よい伝《つて》があるぞえ」とはぐらかされたのも、唐突なようにみえて自然な対応でもあったのである。

幕末のことだが、篠田鉱造の『幕末百話』に「御関所女手形」の雛形が例示されている。「諸国御関所御番」を勤めたという古老が書いて見せたというもので、「御手判紙《おてはんがみ》」という特製の厚紙を用い、文字を端から詰めて書くのは、入れ筆を防ぐため、とくに「女」という字は、襷《たすき》の出ぬように書くのだと。文面は、以下の通り。

女弐人、内乗物壱挺、箱根関所無相違可被通候。松平越中守殿家来加藤要妻幷娘之由。松下蔵人方書物被致、其上松平越中守殿断付如斯候、以上。

日時は「文久二戌年九月十三日」、日向（守）ほか七名の印が据えられた、手形の宛先は「箱根」の「人改中」である。なお、「松平越中」は、伊勢桑名藩主松平定猷。十一万石の領主である。旅をするのは、その家臣加藤要の妻と娘であった。

手形には、女たちの身体的特徴も記されたという。たとえば、寡婦なので切髪、あるいはハゲ、アザ、お歯黒の有無まで。関所には、それらを吟味する婆がいて、寡婦なのに髪が伸びていれば、切らせた。振袖が留袖だったので、袖に手拭いで補修させたなど、漫画のような話もあった。武家の女には、とくに厳しく、それが嫌さに、心づけをするのだという。エッセイストの金森敦子は、ある武家の天保三年の例として、箱根で「妻の分金二百疋、娘の分金二朱、下女二人の分金一朱」を支払い、今切（新居）の関所でも「妻金二朱、娘金一朱、下女両人で銭四百文」を渡した。それらが面倒なので、関所抜けも横行、それを斡旋するものまでがいた、というのである（『関所抜け江戸の女たちの冒険』）。

歴史家の柴桂子が紹介したのは、丸亀藩の江戸屋敷に勤めた、井上通女の旅日記である（『近世おんな旅日記』）。「いにしえの清紫二女のあと追うべき」と、褒めそやされた才女であったが、女主人の逝去により、職を辞して帰国した。弟の護衛付きで、輿に揺られる気楽な旅であったが、箱根の

「女改め」では、怖ろしい目に遭った。呼び出されたのは「老たる女」で、通女はそれを「むくつけげなる女の、年老ぬれどすこやかにて、いとあらましきが、近やかによりきて、だみたる声にて物うちいひかくも、心つきなく、いかにする事にか怖ろし」と描写した。その婆に「髪筋など」ねんごろにかきやりつつ、見られたという。よほど、怖かったのであろう、関所を出て「峠にいたりて、髪あげぬ」と告白した。元禄二年のことだという。

小浪の旅は、〽腰元連れず、乗物も、やめて親子の二人連れ」であった。マクラがおわると、そこは薩埵峠。富士見の名所である。箱根の関所を過ぎて、はや二十里。母と娘は、その景色に、ほっとひと息つくのであった。ここからは、三保の松原から府中の城下を過ぎ、鞠子川、宇津の山と続く、ほんかくてきな道行になる。そこには、親知らず子知らずの難所もあれば、寂しい蔦の細道もある。それでも、戸無瀬や小浪を元気づけたのは、並木の街道を通り過ぎた、大名家であろうか華やかな嫁入りの行列であった。母の戸無瀬は、〽アア、世が世ならあのごとく、一度の晴れと花飾り」と浮かれるのである。ここからは、旅装を解いて、未来の夢を語る、母のクドキ、それに励まされた娘のクドキ。クドキと言っても嘆き悲しむのではない、母と娘の語る夢であった。丸本の本文に「○」のしるしが付けられたのは、文字太夫が語る小浪のクドキ。「△」は、ワキの友太夫の戸無瀬である。現行の文楽でも、二つのクドキは、それぞれの太夫がひとりで語る。そのクドキが人形遣いの腕の見せどころになる。ひと息ついて、母がタバコを一服すると、キセルからふわっと煙が出る、人形の仕掛けに、観客もほっとするのであった。

クドキのあとは、白須賀、吉田、赤坂と、東海道の旅に戻る。ふたたび五挺五枚の合奏で、母と娘は旅路を急ぐ。『忠臣蔵』の前年に書き下ろされた『義経千本桜』の『道行初音旅』とともに、八段目のこの道行は、人形芝居が開拓した、あたらしい「道行」の典型になるのであった。

2

江戸の歌舞伎では、義太夫の道行を常磐津や富本、清元など江戸浄るりに替えるのが普通だとされるが、それはだいぶ後のこと。『義経千本桜』が早い例だが、それでも『道行初音旅』が常磐津になったのは明和四(一七六七)年だから、初演から二十一年目である。「八段目」はさらに遅く、吾妻国太夫こと常磐津兼太夫が『東結緘旅路花嫁《あずまかからげ》』と改題して語ったときには、もう五十年が過ぎていた。文政から天保にかけて、常磐津の『其侭《そのまま》旅路の嫁入』(通称「八段目」)『汐見潟松常磐津《かわらぬ》』『縁《えにしのはな》花旅路の娵入』、清元の『道行旅路の嫁入』(通称「お陰参り」)など、書き替え物も出た。もともと「八段目」は、通し上演でも省略されがちで、さらに、清元の『落人』が流行すると、それに拍車がかかるのだが、原曲の義太夫は、歌舞伎でも廃れることはなく、今日まで語りつがれたのである。

京都から下った豊後節の宮古路文字太夫が常磐津と改姓したのは、延享四(一七四七)年であった。翌年、寛延元年には同門の小文字太夫こと品太夫も富本節を創流。江戸浄るりは、『義経千本桜』『忠臣蔵』と同じ年の誕生であった。常磐津になった文字太夫は、道行の太夫を二人から三人に増やした。その分、クドキの浄るりが長くなった。それだけではなく、寛延四年の「お菊幸助」の道行『比翼の加賀紋』では、志妻太夫と造酒太夫がワキ、死んだ後のお菊を想う嘆きのことばを、文字太夫が〽土に埋むか、この姿」と語れば、造酒が〽惜や」、志妻も〽いとしや」、ふたたび造酒が〽悲しや」と、まるでオペラのアリアのように歌い上げたのであった。三味線にもワキが付いて、二人になった。このワキが、のちに「上調子《うわぢょうし》」になる。三味線の棹に枷《かせ》を掛け、弦を短くして、高音にする。この工夫は江戸長唄に倣ったもので、さらにさかのぼれば箏曲の「本手《ほんて》」と「替手《かえて》」になる。ワキの三味線が「本手」を合奏すると、その音の合間を縫って、タテ三味線が即興的な「替手」を弾く。豊後節の音楽的な面白さは、瞬く間に江戸の歌舞伎を席巻するのである。

寛延二年の常磐津の「椀久松山」の道行『三《み》重襲《えがさね》艶船《もみじのふね》』では、二人だけではなく、後半には渡し守が加わって、踊り手が三人になった。最後には、三下り歌になり、〽じたい某《それがし》は〱（中略）あんまけんぴき〱、さりとは」と、長唄の『二人椀久』の「踊り地」を取り込んで、軽やかに踊るのであった。道行の途中で、三人目、四人目が出て、ひと踊り踊っては通り過ぎて行く、この構成も江戸浄るりの基本形になった。

吾妻国太夫の『東結緘旅路花嫁』では、母のクドキの前に、江戸の歌比丘尼が通り掛かって、〽梅は匂いよ桜ばな、人は見目より、ただ心、チトかん」と、いろいろ歌っては通り過ぎた。小浪のクドキのあとにも、鹿島の事触れが出て、〽今年や代《よ》がよい豊年どしで」と祝いことぶき、走り去る。母娘の二人旅と言っても、この浄るりでは、荷物持ちの奴も付いた。その奴が酔っぱらって、おどけて踊るのである。常磐津の現行曲『八段目』（『其侭旅路の嫁入』）では、戸無瀬は早替わりで酔い奴、小浪も女馬子で踊るのが原型だが、現在では、その部分は上演されなくなった。清元の現行曲、通称『お陰参り』でも、伊勢参りと女の軽子《かるこ》（荷物担ぎ）に替わるのだが、こちらも見なくなった。結局、増補分で残ったのは奴で、挟み箱を担ぐ酔い奴は、歌舞伎の八段目には欠くことのできないキャラクターになった。

江戸の旅では、どのような荷物をどの程度、持って旅立ったか。国文学者の板坂耀子は、『旅行用心集』（文化七年刊）を引用。「道中所持すべき品の事」では、まず「矢立、扇子、糸針、懐中鏡、日記手帳一冊、櫛ならびに鬢付け油」と数え上げ、剃刀は泊り屋（宿屋）で借りればよい。ただし、道中にも髪結い（床屋）はあるが、関所など通過するとき、鬢のほつれを直すので、櫛などは必要である。ついで「提灯、ろうそく、火打ち道具、懐中付木」には、「たばこを呑まぬ人も懐中すべし」。たばこを呑む人には、旅籠屋の行燈は消えやすいから、不慮に備えなさい、と。著者は、旅慣れた人だったのであろう。「麻綱」を持ってゆくと、物品をまとめるのに役立つとか、実印はともかく、認印は、書状を遣わすにも、為替を換金するにも必要。さらに、縄で拵えた掛け鉤を絵で描いて、「この鉤を所持すれば、道中にて重宝なるものなり」とした。持ち薬には、腹痛食傷の「熊胆、奇応丸、反魂香」、水がかわるので「五苓散、胡椒」、気付けには「延齢丹、蘇香円」等々と薬の名を並べたうえで、各々には合い薬もあろうから、勝手次第にすべし。また、道中にも薬種屋はあるので、大概の急用には充分だから安心を、とも。並べられた薬のうちの「三黄湯」には、道中では「大便、結っしやすし」ので、そのとき「振り出し」て呑みなさい、と。かゆいところにまで、手の届く案内書であった（板坂耀子『江戸の旅を読む』）。女旅には、腰元あるいは下女も必要だが、母の戸無瀬は、あえてそれを遠慮した。母娘の二人旅だとしても、長旅だ。着替えも持っていかねばならぬ。そのような、推量から、旅奴の登場になったのであろう。

吾妻国太夫（常磐津兼太夫）の『東結緘旅路花嫁』では、クドキの文句も増補された、母の戸無瀬では、〽男松《おまつ》の肌にひったりと、締めて固めし新枕、抱いて根松の千代かけて、かわるまいぞの睦言は、嬉しかろうじゃないかいな」と、娘を励ますのだが、この文句は、そのまま現行の義太夫にもある、入れ事であった。義太夫では、これをうけて小浪のクドキにも、〽二人が仲にやや産んで、〽ねんねんころろんや、ねんねが守《もり》はどこへいた」と続く。いちれんのこのクドキは、続く九段目で小浪が語る、〽国を出るおり、とと様のおっしゃたは、浪人しても大星力弥、行儀といい器量といい、仕合せな婿を取った（中略）夫婦仲、睦まじいとて、あじゃらにも悋気ばして去らるるな、案ぜようかとて隠さずに、懐妊《みもち》になったらさっそくに、知らせてくれとおっしゃった」と、そのことばに基づく増補であった。それに対し、「東結緘」の小浪は、二段目の「梅と桜」を振り返り、〽いつぞやお使者の取り次ぎに、はじめて開く紅の花、派手で、立派で、しゃんとして、ご口上をも夢うつつ、お側へ行けど、お受けさえ、胸には言えど物いわず、恥ずかしいほど上気して……」と語る。義太夫の〽ねんねんころろんや、ねんねが守」と差し替えた、とみるのが自然であろう。いずれにせよ、歌舞伎だけではなく人形芝居でも、クドキに文句を書き足して、たっぷりと見せるようになるのである。

歌舞伎では、道行といっても、途中で旅装を解く。履いてきた草履を脱がないと、存分に踊れないからである。舞台にも所作台を敷き、足の滑りをよくした。はじめの道行が済むと、旅装を解き、クドキを踊る。ふたたび道行になると、旅の姿に戻り、歩く姿を見せる。その間に、奴がひとり、あるいは二人連れ立って出て、東海道の宿場の女郎が歌う、二上り歌〽縁を結ばば清水寺へ参らんせ、音羽の滝にざんぶりざ、毎日そういうて拝まんせ、そうじゃいな（中略）神楽太鼓に、ヨイコノエイ（中略）都殿御《みやことのご》に、逢うて辛さが語りたや、ソウトモ〳〵」と、賑やかに踊る。歌詞の中には、〽紫色雁高我開令入給《しきがんこうがかいれいにゅうきゅう》」と難しい文句もあるが、これは花嫁のための性教育、閨中の秘事の訓えであった。文楽では、鄙《ひな》びた音頭に合わせてゆったりと、戸無瀬と小浪が同じ手振りで、揃って踊る。歌舞伎では、「踊り地」とも「手踊り」とも呼ばれる、軽やかな踊りが人形の見どころになるのであった。

七里の渡しでは、〽艪《ろ》拍子そろえて、ヤッシッシ」。乗り遅れまいと、〽母が走れば、娘も走り、空の霰に笠」を覆った。気が付くと、富士の景色は、琵琶湖に替わった。暗く冷たい水の面は、やがてくる雪の山科の厳しさを予感させるのであった。

3

九段目「山科閑居」の前半は、嫁の母の戸無瀬と、婿の母のお石、二人の母のドラマである。後半は、加古川本蔵と大星由良之助、男のドラマになる。「九段目」では、男たちよりも女たち、とりわけ戸無瀬が重い。文楽では、難曲中の難曲とされ、歌舞伎でも、立女形の大役で、あえて立役の座頭が戸無瀬にまわることも少なくなかった。通し狂言でも、一幕物でも、八段目の道行が省略されたのも、ほのぼのとした母親のやさしさが、九段目の戸無瀬になじまなかったからであろう。歌舞伎の書き替え物では、常磐津の『縁花旅路の娵入』で戸無瀬を乗物に乗せたままで省略したり、竹本『千種花旅路嫁入』のように、遠見の子役で逃げた。二役早替わりで、酔い奴や伊勢参りになり、おどけて軽快に踊るのにも、同じ配慮があったのである。

文楽でも九段目は、鶴澤友次郎がその難しさを「マクラから段切まで一字一句、絶対に気が許せないように出来ている」(山口廣一『文楽の鑑賞』)と証言。ことに前半が類のない難物で、杉山其日庵は、後半の本蔵の出からは、「豪《え》らいばかりで、只の義太夫節」だから、鍛錬さえすれば誰でも語れるが、その前はそうはいかないとして、その難しさを「鎖」に譬えた。太夫も三味線も、すべて鎖に繋がれたようで、息も腹も抜くことができない、というのである(『浄瑠璃素人講釈』)。

戸無瀬の配慮は、道行のマクラで語る、〽世にありなしの義理遠慮」であった。世にあるのは加古川、世にないのは、大星の浪人の境涯である。世間の義理と遠慮から、腰元も連れず、乗物にも乗らず、旅立った。京着ののち、供侍や乗物を手配して、着飾って輿入れはしたものの、それは世間晴れての婚礼には、ほど遠かった。それでも戸無瀬は、「駕籠の者、みな帰れ」と、退路を断って、覚悟を示すのであった。

かつて、福岡在住の国文学者前田淑《よし》により、翻刻紹介された『庚辰乃紀行』(『近世福岡地方女流文芸集』)は、もと会津藩の家老保科正興の息女「いち」の輿入れの旅日記である。嫁ぎ先は、久留米藩の家老岸貞知の嫡男正知であった。ここで、この旅日記を取り上げるのは、花嫁の父正興が失脚、致仕《ちし》していたからである。家老同士の婚姻で、片一方が浪人。その際の世間の「義理遠慮」とは何か。それを押さえておきたかったからである。

嫁の父保科正興は、会津藩二十三万石の二代大守保科正経公の姻戚となり、家老に抜擢。のち罷免されて、流刑地で没した、とされるが、それは表向きで、その実は、京都にいた。正興の後妻が京都上賀茂神社の神職藤木弘増の娘だったので、それを頼った。それゆえ、娘のいちは、保科いち女とも、藤木いち、とも呼ばれたのである。『忠臣蔵』の戸無瀬も、本蔵の後妻で、小浪の実母ではなく、継母であった。そのあたりの「義理遠慮」もあったのであろう。そのことも、この旅日記に惹かれた所以である。

旅日記の「庚辰」は元禄十三年、その年の暮れに旅立ち、翌年の正月に久留米着、二十六日間の行程であった。いち女は、十四、五歳だったというから、その点でも、共通していた。旅立ちが決まると、前日には和歌の師や祖父などが訪れ、夜更けまで別れを惜しみ、翌日は、「見立て（見送り）」の人々と盃を交わしながら五条で別れ、さらに伏見稲荷では、祖父の付けた送り人も返した。深草の里を過ぎるときには、「降り積みし雪は消えしか都おもうこころは猶ぞ深草の里」と和歌を詠む。この旅日記は、歌日記でもあった。伏見から夜船に乗り、中之島に着くと、そこには久留米藩の蔵屋敷からも二人の侍が出迎えた。最後の別れは、長年、身近に仕えた主水で、名残を惜しみ、見送られて船出になった。瀬戸内では、鳴尾、須磨、明石と名所で歌を詠み、晦日の夜は風待ちで停泊、元日の暁方に船乗り初めとなった。小倉に着くと、迎えたのは久留米藩二十一万石、有馬家の親族であろうか、有馬重寛の家来であった。いち女は、この重寛を仮親（舅）として、嫁ぐことになっていたのである。偶然であろうが、重寛の通称は内蔵助。それも代々で、重寛は三代目の内蔵助であった。

小倉から久留米まで、五日。いち女は、まず有馬の屋敷に入り、そこで仮親の舅とともに、嫁ぎ先の義父貞知に逢い、そのまま岸家に連れられて、そこで休む。日記は、「いとう疲れて物も覚えず、明日のことくさは、又しるしぬべし」で閉じられた。「八段目」の小浪の旅にはなかった、気苦労もあったのであろう。三田村鳶魚の『武家の婚姻』にもあるように、輿入れにも元和以来の法度があった。浪人の娘がそのままの身分で、高禄の武家に嫁ぐことはできない。武家と神官とも隔てがあり、仮親を立てた。そのような手続きをすることなしに、戸無瀬は小浪を嫁入りさせようとしたのである。

婚礼の行列にも、身分により格式があった。御貝桶、御厨子・黒棚など調度品の長持ちの列に続き、局の輿、上臈の輿、三番目の輿に嫁が乗る。その輿をそのまま屋敷内まで舁きこむのが武家の作法である（『女重宝記』）。大名家の家臣でも高禄の者は、輿の前に長刀を掲げた。長刀袋や長持ちに掛けられる油単《ゆたん》には、猩々緋の紋付が許されたのである（『徳川盛世録』）。小浪の嫁入りは、これらを省いた略式だが、白羽二重に赤裾の振袖、同じく白羽二重に赤裏の裲襠、婚礼衣装に身を包み、綿帽子で顔を隠したその姿を見れば、すぐに嫁だと分かるであろう。戸無瀬とお石は、これが初対面であった。戸無瀬に「ご子息力弥どのに娘小浪を許嫁《いいなずけ》致したからは、お前なりわたしなり、相《あい》舅《やけど》同士《し》」と挨拶をされても、お石は「金閣寺拝見ならば、よい伝があるぞえ」と、嫁入りには気付かぬふりをする。ここからは、嫁入りをめぐる、女どうしの言い争いになるのである。

戸無瀬が「由良之助さまに御意えまし、祝言させて落ち着きたい」と切り出せば、お石は、「おり悪う、夫由良之助は他行《たぎょう》」と居留守をつかい、ただし在宅ならば「本蔵さまの娘ごを貰いましょう、しからばくりょうと、言い約束は申したれど、ただいまは浪人（中略）釣り合わぬは不縁のもと、ハテ結納を遣わしたと申すではなし、どれへなりとほかほかへ、ご遠慮のう遣わされませ」と言うであろうと、切り返した。戸無瀬も負けじと、身上《しんしょう》が釣り合わぬといっても、もともと本蔵は五百石、同じ家老でも由良之助は千五百石、千両違うを承知ではなかったか。浪人しても、違いは五百石と、理詰めで迫られたお石は、それは違う、「心と心が釣り合えば、大身《たいしん》の娘でも嫁に取るまいものでもない（中略）師直に金銀をもって媚びへつらう」、「へつらい武士」の本蔵と、「二君《じくん》に仕えぬ由良之助」とが釣り合わぬのだ、と本音。なおも戸無瀬が「許嫁あるからは、天下晴れての力弥が女房」と食い下がっても、ならば力弥に代わって「この母が去った」と言い放って、襖をはたと閉めて奥に引っ込む。姑に離縁された、「姑去り《しゅうとめざ》」であった。

戸無瀬は、「さては浪人の身の寄るべのう、筋目《すじめ》を言い立て、有徳《うとく》な町人の婿になって、義理も法も忘れたな」と邪推。その面《つら》当てに、「ほかへ嫁入りする気はないか（中略）どうじゃ、どうじゃ」とせかれても、力弥を想う小浪のこころに揺るぎはなかった。

思い余った戸無瀬は、夫の差し添えで自害しようとした。初孫の顔が見たいと喜ぶ夫の手前、祝言もせずに去られて戻りましたと、帰ることなどできようか。しかも、先妻の娘である。なさぬ仲ゆえ「およそ（粗略）にしたかと思われては、どうも生きてはいられぬ義理」で死ぬ、「ててごへ言い訳してたもや」と遺言を託されれば、娘は「殿御に嫌われ、わたしこそ死すべきはず（中略）母さまの手に掛けて、わたしを殺してくだされませ。去られても殿御の内、ここで死ぬれば本望じゃ」と。それを聴いて母親も、覚悟を究めるのであった。

戸無瀬という役が、女形のほかの役と異なるのは、夫の家に伝わる重代《じゅうだい》の刀であった。刀は正宗、差し添えは浪《なみ》の平《ひら》行安。山科閑居を訪れる際に、その刀と脇差を差して出た。江戸の錦絵では、

「八段目」でも戸無瀬は両刀を差した旅姿で描かれた。「嫁の父親《てておや》より婿へ引出物とて拵え付きの腰物など遣わすなり」(『女重宝記』)とある、家重代を婿の引き出物にするのは、武家の慣行で、戸無瀬はさらに、夫本蔵の名代として、両刀を差したのである。

水盃を交わし、娘の首を切ろうとする、九段目のクライマックスである。門口より聴こえてきたのは、虚無僧の吹く尺八。『鶴の巣籠』という、雛鶴に別れる母鶴の悲しい鳴き声、それを尺八では「タバ音《ね》」と呼ぶ。尺八が「ボロボロボロ」と吹けば、義太夫の三味線も「ボロボロボロ」と合わせた。鳥類でさえ、あのようにと、嘆くこころを振り切って、刀を振りかざすと、「御無用」の声。思わず、身体が崩れ落ちた。御無用と止めたのは、尺八のことか、と気を取り直し、ふたたび刀を振り上げると、御無用。「お刀の手の内、御無用。倅力弥と祝言させましょう」と、お石。喜ぶ戸無瀬が立ち上がろうとすると、腰が砕けた。戸無瀬は、たんなる男勝りの「女武道」ではない。決意をしても揺らぐのは、こころだけではなかった。身体も千々《ちぢ》に乱れるのである。それが難曲であり、大役の所以であった。

婿引出に、お石が求めたのは、家重代ではなかった。夫本蔵の白髪首。それを三方のうえに載せてもらいたい。

五渡亭国貞画「尾上梅幸（三代目菊五郎）の戸無瀬、岩井松之助の小浪」天保8年8月江戸中村座（早稲田大学演劇博物館蔵）

もうこうなると、女の出る幕ではない。男たちの領分になった。

男たちの出立

1

山科閑居で、まず目に入るのは襖の「石摺《いしずり》」の漢詩。黒地に白く浮き上がった拓本の五言律詩である。『歌舞伎名作撰』（DVD）では、「長安百万家　出門無所之」ではじまる、韓愈の「出門」。長安の都には多くの家があるが、門を出たらわたしには行くところがない、という心境。それを戸無瀬と小浪、あるいはこれから出立《しゅったつ》する大星親子に、重ねたのであろう。文楽の『仮名手本忠臣蔵』（DVD）では、李白の「黄鶴西楼月　長江万里情」。これも別離の詩であった。歌舞伎座の舞台では、多く白居易の「折剣頭」が書かれるという。「拾得折剣頭」（折れた剣の切っ先を拾った）、剣はまっすぐなために折れたのであろう、それを軽んじてはいけない。ここにも、さまざまな暗喩がある。吉田千秋の『写真忠臣蔵』には「黄鶴西楼月」のほかに李白の「求白鷴」も。大道具の絵師たちは、その都度、工夫を凝らしていたのであろうか。それをオペラグラスで確かめるのが楽しいのです、と話されたのは、戦前に帝大の文科を出られた古老であった。ついこのあいだまで、この国では、漢文は男たちの教養だったのである。そのなかに、女の戸無瀬が飛び込んで、ドラマは始まった。

大星の閑居は、普通の二重舞台より高い「高二重《たかにじゅう》」である。高さは「常足《つねあし》」（尺四寸《しゃくよんすん》）の二倍、二尺八寸ある。昇り降りに、丸型の「入歯」を利用することもあったが、現在では「三段」。このほうが、武家の格式が出る。戸無瀬はまず、二重の上に通された。お石との遣り取りは、高い二重の上。姑去りにあうと、死に場所を「三段」の下に求めた。見物に近い前舞台に出て、はじめて女たちの本音が出た。嫁入りをお石が拒んだのは、身分違いでも、こころ違いでもない。塩冶判官の「刃傷」で、加古川本蔵が抱きとめた、そのことにあった。亡君のご無念を思えば、安閑と女房に持つような力弥じゃと思ったのか、それを承知の祝言なら、本蔵どのの白髪首を、と迫るのであった。

「加古川本蔵が首、進上申す」と、本蔵が虚無僧の天蓋を脱ぎ、入り込むのも二重の下であった。婿引出に首がほしい、とは予想したとおりだ。主君の仇を討つ所存もなく、遊興に耽る由良之助を、日本一の阿呆の鑑、と罵倒。さらに、「蛙の子は蛙、親に劣らぬ力弥めが大だわけ（中略）この本蔵が首は切れぬ」と挑発、祝言の三方を踏み破った。堪り兼ねたお石は、長押《なげし》の槍で突きかかると、それをあしらい、ひざ下に組み敷いた。見兼ねて力弥が飛び出すのも、本蔵の計算の通り、わざと右の肋《あばら》を突かせ、二重の上に、どうと坐した。二重に上がったここからが、本蔵のほんとうの心になる。

「ご計略の念願届き、婿力弥が手に掛かって、さぞ本望でござろうの」と、由良之助に図星を指されると、本蔵も「徒党の人数は揃いつらん」と、大星の底意を喝破した。「思えば貴殿の身の上は、本蔵が身にあるべき筈」と、過去を懺悔。相手師直が死なずば、切腹もあるまじと抱き留めたのは、一生の誤りだった、と後悔。「忠義にならでは捨てぬ命、子ゆえに捨つる親ごころ、推量あれ由良どの」と、息も絶え絶えに訴えるのであった。このような演技を歌舞伎では、「もどり」と呼ぶ。本蔵はほんとうの自分にたち戻って、秘められた真実を物語るのであった。

本蔵は、鎌倉（江戸）で戸無瀬に刀脇差を託し、「いっときも早く祝言させ、初孫の顔見たい」と、喜んで娘を送り出したあと、藩主に願い出て致仕。虚無僧となって上京、娘らより二日前に京着した。嫁入りまでの四日間、大星らの動静を探り、復讐の所存を確認、そのうえで乗り込んだ。所詮、命を捨てねば、嫁入りはなるまいと、覚悟のうえの暴言であった。思い通り、婿力弥の手に掛かり、成敗されれば恨みも晴れるであろう、「約束の通りこの娘、力弥に添わせて下さらば、未来永劫ご恩は忘れぬ」と、由良之助に手を合わせて哀願するのであった。

虚無僧には、家康より与えられたとする「御入国之砌被仰渡候御掟書」、通称「虚無僧掟書」があった。僧侶といっても、あくまでも勇士（武士）。虚無僧は、浪人のための「隠家《かくれが》」であった。それゆえ、坊主百姓町人は、虚無僧になれない。「掟書」を固く守り、武門の正道を失わない、武者修行の宗門であるから、「日本国中往来自由」が差し許された（西山松之助『家元の研究』）。本蔵は、その特権を利用した。虚無僧の修行は、「吹禅《すいぜん》」といって、尺八を吹くことに尽きる。その音色に憧れて、浪人でなくとも尺八を習い、竹号を得るものもでてきた。本蔵が「若い折の遊芸が役に立った」と述懐したのは、そのことを指した。虚無僧の「三具《さんぐ》」（尺八・天蓋・袈裟）を携帯、本蔵は門口で吹禅、報謝を乞うたのであった。

虚無僧は、敵討ちの浪人にとっても、恰好の「隠家」になった。二代目團十郎は、その姿を写し、それが出世芸になった。正徳五（一七一五）年のことで、役名は、曽我五郎であった。「荒事やめ、美しい、こも僧（虚無僧のこと）」になった、と評価された（『役者願紐解』）。二代目は、こも僧を助六にも応用して、團十郎の家の芸となした。『忠臣蔵』では、虚無僧を敵を討つ方から討たれる方、美しい若者から白髪頭の老人に、仕立て直したのである。

『忠臣蔵』の前年の『義経千本桜』「すし屋」では、いがみの権太の「もどり」があった。その前年『菅原伝授手習鑑』「寺子屋」では、松王丸。九段目の本蔵と続き、「もどり」は人形芝居でも常套になった。松王丸、権太と若き父は、我が子を犠牲。老いた本蔵は、我が子のために犠牲になる。覚悟の上の身代わりといいながら、若き父親の述懐には、割り切る事の出来ぬ未練が遺った。本蔵には逆に、やり遂げた達成感すら感じられるのである。十返舎一九の『忠臣蔵岡目評判』（享和三年刊）には、本蔵の行動を分析した、近松半二のことばが紹介された。内山美樹子の『『仮名手本忠臣蔵』論』ではそれを「近松半二の優れた論評」とした（『浄瑠璃史の十八世紀』）。キーワードは二つ。「忠義にならでは捨てぬ命、子ゆえに捨つる親ごころ、推量あれ由良どの」とある本蔵のことばの評価。もうひとつは、「媚びへつらいし身の科に、お暇を願う」た、という致仕の理由。忠義と恩愛、その筋道を、近松半二は読みとくのであった。

『岡目評判』は、或る人が半二に問うた、問答体である。問いは「本蔵は古今無類の空気者《たわけもの》なり」。その訳は、「家老職をも勤めながら、その主人の為にせず、わたくしの愛におぼれて、一命を失う、まことに愚者なり」である。二つ目の問いは、致死の訳で「賄賂せしを言い立てに、暇《いとま》を乞いえしという文句あれども、我が子のために、その主人を見捨つる事のあるべきや。これらは作者の失なるべし」と問うた。半二は、たしかに粗忽に似ている。が、判官が師直を討ちもらした「武士の意気地」を察し、本蔵が後悔したこと。さらに、由良之助の誠忠を感じ、そのことを思い遣って、寄り添ったこと。この二つのことから、「かかる仕儀に及びたり」と答えた。二つ目の問いの答えは、賄賂は媚びへつらいに似てはいるが、それで主人の身を全うしたのだから、忠臣である。そのことを踏まえ、本蔵は「功なり名を遂げて、暇を乞いうけ」たのだから、死ぬのも節義、すなわち真っ当な選択だ、と。ただし、「主家の先途も見届けず、子ゆえによって命を失う」、このことは武門（武家）の道に反することだが、それでもこの場に臨んでは「真実」であった。本蔵の行動は、あれか、これか、の選択ではなく、あれもこれも、合わせて考えねば、と。問うたのは、素人浄るりの瑠璃天狗などであったか、その答えは、義太夫の語り方の極意にもなっていた。

加古川本蔵のモデルで、幕府お留守居役の梶川与惣兵衛は、『梶川氏筆記』を書き残した。十四日の「刃傷」のあと、十五日、十六日、十七日、十八日、十九日と、五日連続で登城、五百石加増の褒美を賜った、その日誌である。加増の領地はどこがよいか、と問われ、今の領地には川がないので通路に困っている、この度は、なにとぞ川のあるところが拝領したい、と申し述べた。ここまでは、手柄を立てた男の晴れの記録である。のちの書き入れであろうか、「内匠殿、心中察入候。吉良殿を討ち留め申されず候のこと、さぞさぞ無念にありしならん」と察しながらも、「不慮の急変ゆえ、前後の思慮にも及ばず、右の如く取り扱い候こと、是非なく候」と、釈明をした。「九段目」の本蔵は、のちの書き入れにより、構想されたのである。

直参の幕臣だったからであろう、梶川が脚色されるのは、亡くなった九年後、享保十七（一七三二）年であった。豊竹座の人形芝居に、並木宗助が書き下ろした『忠臣金短冊』で、役名は、土川《ひじかわ》兵庫。横山郡司（吉良上野介）の推挙で、小栗判官（浅野内匠頭）とともに勅使饗応の役になり、刃傷の場で判官を組み止める敵役である。討ち入りのときにも、敵の屋敷にいて、助けてくれと逃げ回り、首を討たれる、情けない大名であった。

『忠臣金短冊』には、娘のために身を捨てる、父のドラマもあった。恋の相手は、力弥。由良之助の嫡男である。悪人の振りをして、わざと娘の手に掛かり、由良之助に「ご子息と夫婦の結び、頼む、頼む」と言い残し、息絶えた。並木宗助こと千柳ら、『忠臣蔵』の作者たちは、この男のドラマを本蔵（梶川）に結びつけたのである。

2

本蔵と正対するため、由良之助は裃に着替えた。たとえば、『歌舞伎衣裳附帳』（松竹衣裳）では、裃の肩衣は「精好」の絹織物で、色は黒。袴は「青竹縞（青い縦縞）」の「仙台平」である。色も違えば、材質も織方も異なる。「継ぎ裃」と称される、武士が登城あるいは執務の際に着る裃である。改まったときは、麻裃になる。こちらは、肩衣袴とも同色同質の「対裃」である。袴の方が傷みやすく、損耗が早いので、穿けなくなったときに、もったいない、というので肩衣を活かし、別の袴を用いてもよろしい、というお触れが出た。『忠臣蔵』初演の少し前、元文のころだという。倹約令に発したものが、弛むと今度は、華美になった。肩衣も新調、ぴんと糊を引き、肩に鯨鬚《くじらひげ》を入れて、立派になった（大槻如電講義録『江戸服飾史談』）。由良之助は、茶屋帰りのラフな、羽織着流しの姿を改めて、本蔵に敬意を表したのである。

本蔵の述懐を静かに聴きおえた由良之助は、二つのことを告げた。ひとつは、白髪首を望んだこと。「君子はその罪を憎んで、その人を憎まず」と孔子を引き、恨みは恨み、縁は縁と、赦してくれてもよいのに、と恨みに思う気持ちは、もっともである。そのうえで、「所詮、この世を去る人」だから、心配はないとして、それまで秘めてきた「底意」を明かすのである。断末魔の本蔵に対する、餞《はなむけ》であった。

奥庭には、雪で拵えた、五輪の石塔が二基あった。雪のように、清らかに消えるという、由良之助と力弥の覚悟を示すものである。底意を悟った本蔵は、「嬉しや、本望や」と喜び。唐土《もろこし》の予譲と日本の大星、忠義の鑑はたった二人、その一人を親に持つ、娘は武士の手柄者、「手柄な娘が婿どのへ、お引き（引出物）の目録進上」と、受け取り見ると、目録にはあらずして、敵師直の屋敷の絵図面であった。ここは、玄関、長屋、侍部屋、水門、物置、柴部屋まで、いちいちに見て由良之助は、「ハハア、有難し」と押し頂いた。徒党の人数は揃えども、敵地の案内が分からない、それゆえ、出立が延びていた。「この絵図こそは、孫呉が秘書、わがためには六韜三略《りくとうさんりゃく》」と勇み、力弥とともに、「かねて夜討ちと定まれば、継ぎ梯子にて塀を越し、忍び入るには縁側の、雨戸はずせば、すぐに居間」と勇み立つのである。義太夫狂言では、「ノリ地」という、勇壮でリズミカルなせりふで、由良が、ここをこう仕切って、といえば力弥も、こう攻めて、と応える。手負いの本蔵も、負けじとノリ地になり、「用心きびしき高師直、障子襖は、みな尻差《しりざ》し、雨戸に合栓《あいせん》、合くろろ、抉《こじ》ては外れぬ、掛け矢（大きな槌）で毀《こぼ》たば、音して用意せんが、サ、、、、この儀はいかに」と迫った。

そこで、由良之助は、「雨戸をはずす、わが工夫、仕様をここにて、見せ申さん」と、庭に降り立ち、雪持つ大竹を鴨居にはめ、雪の枝を切り払うと、竹の力で鴨居の溝がたわみ、障子がのこらず、ばた〳〵と、外れた。手負いの苦しさを忘れて、本蔵が「かほどの家来を持ちながら、了簡もあるべきに、浅きたくみの塩冶どの」と悔やむと由良も「今の忠義を戦場の、お馬先にて尽くしなば」と応え、本蔵どの、由良どのと、互いの名を呼び、是非もなき世の有様じゃ、と嘆くのであった。

雪竹の工夫は、『碁盤太平記』『忠臣金短冊』では、「討入」であった。それを「九段目」に当て嵌めたもの。『忠臣金短冊』では、実践するのは大鷲伝五（大高源吾のこと）であった。『忠臣蔵』の「討入」でも、由良之助に代わり、力弥が実行して見せた。のちに歌舞伎では、「九段目」も書き替え、力弥のしどころにしたのである。

屋敷の絵図面の原拠は、近松の『碁盤太平記』にまで遡る。ただし、絵図面ではなく、聞き取り。息たえだえで、言語不明の岡平に、碁石で問い質した。白石は塀、黒石は館、碁盤の一目は長さ十間として、碁盤に囲う。東表門は、石数は十四目で百四十間か、平長屋の裏手は長屋か塀か、櫓はここ、玄関はここのほど、侍小屋から厩、武具の蔵、奥の寝所から泉水築山広庭、空き地まで、問い質して、岡平の息も絶え、「うんとばかりを最期にて、ついに果敢なくなりにけり」と語り収める、義太夫の聴かせどころであった。

それを踏まえて、並木宗助の『忠臣金短冊』では、島原の廓で、身請けの大尽が語った。大尽の居宅は、主人横山（吉良のこと）のお居間の脇である。「表門から屋根が見え、裏からは破風《はふ》まで見ゆる、案内しらねば、ずっとは来られぬ、教えておこう」と、傾城に語るフリをして、わざと由良之助らに知らせる、という筋立てになっていた。敵の間者とみえた大尽小多文平は、実は、由良之助の古《こ》朋輩、太田武太夫であった。十四五年以前のことになる、妻子のある身でありながら奥女中との恋に溺れ国遠《こくえん》した、不所存者であった。身請けの傾城九重は、国に残した実の娘やつ。惚れた力弥と夫婦にする、そのためにわざと娘に斬られたのである。屋敷の様子を語ったのは、「寸志ばかりの、わが進物（中略）婿引出の引き馬とも、思し召し下され」と哀願するまで、これが「九段目」の粉本になった。

『忠臣金短冊』の筋立ては、さらに入り組む。娘には、再稼した母の夫、すなわち養父もいた。身分が足軽ゆえ、籠城が許されず、それでも敵討ちに加わりたいと、仮病をつかって娘を売り、その金で出立した、痴れ者。「七段目」の平右衛門の、遠い原型である。傾城となった娘も、はじめは忠義。由良之助の傾城狂いのように、力弥も傾城に夢中だと、浮名を立てれば、敵も油断すると、逢ってみたら一目ぼれで、「ほんぼに、病み付いた」、というのである。傾城の母も、屋敷の様子を立ち聞きし、有りあう柳の楊枝を噛み砕いて、筆の代用にし、絵図にした。由良之助とともに、聞き取った絵図は二つ。それを「九段目」では、絵図面にした。その際、作者の並木千柳は、絡み合った筋立てを整理して、分かりやすさをはかったのである。

のちに京坂で流行する「植木屋」（『忠臣連理廼鉢植』）は、絵図面の発展形である。師直の妾お蘭の方は、元は塩冶の腰元お高。恋人の小間物屋弥七こと赤穂義士千崎弥五郎のために絵図面を盗み、自害した。書き下ろしは歌舞伎だが、人形でも人気があり、通し上演の際には、「九段目」の替わりにもなった。絵図面が共通する、というのも、その理由のひとつだったのであろう。

講談では、色男が替わり、表題が『岡野金右衛門』になる。相手の女は、大工の棟梁の娘（または姪）。惚れた男のために、普請の絵図面を渡した。金右衛門は、大映映画の『忠臣蔵』では鶴田浩二、東映では大川橋蔵、など二枚目俳優の役どころであった。延広真治「講談速記本ノート」68「岡野金右衛門」（会誌「民族芸能」）では、出典等を整理。大石らの最期を見届けた細川藩士堀内伝右衛門の『覚書』から「上野介殿、居間の知りかね、難儀いたし候、（磯貝）十郎左衛門抔は、女にも便り候て、心を尽くし尋たること御座候」という、富森助右衛門の話を紹介。このような、逸話から生まれた義士物の系譜であったのであろう、とした。

この上は荷物（武器）の調達、泉州堺の天川屋へ通達せん、と勇み立つ力弥を制して由良之助は、ここからすぐに出立しては、人目に立つ、ひとまず、堺へ下ってのち、発足せん。跡の片づけ諸事万事、心残りのなきように、ナ、と力弥に。「今宵、一夜《いちや》は嫁ご寮へ、舅が情けの、恋慕流し」。本蔵の忍び姿を幸いに、袈裟、編笠（天蓋）、尺八を持ち、虚無僧になった由良之助は、吹禅の「鈴慕流し」にかけて「恋慕流し」を吹くのだという。見送るお石は生き別れ、戸無瀬小浪は、死に別れ。「これや尺八（百八）煩悩の」「枕並ぶる追善供養」「閨の契りは、ひと夜ぎり」と、由良之助、お石、戸無瀬の割りぜりふ、由良之助は〽こころ残して」、の出立であった。

3

「十段目」の主人公は、泉州堺の町人、天河屋（天川屋）義平である。かつては、講談など大衆芸能で人気を博した。長持ちの上に、どっかと坐り、「天河屋の義平は男でござる」というせりふは、広く人口に膾炙した。モデルは、大坂の豪商、天野屋利兵衛であった。剃髪して京都の椿寺に遊んだ。その縁で、大阪の実業家たちが寺中に「義俠・天野屋利兵衛の碑」を建立、『天野屋利兵衛伝』を編み、顕彰した。昭和十五年である。発起の理由は、「市井の一商人ながら、一言の然諾《ぜんだく》、身命に替えて反古にしなかった」こと。大阪の実業人として、「実業は信用、然諾を重んずることを生命として成り立つ」とし、さらに「一々証文や契約書などを取り交わしていては商売は出来ない。単なる口約束でも電話口での約束でも一旦引き受けた以上は、仮令その為何百万円の損害が起ころうとも、断じてその約束に背いてはならない」と、大阪人の気概を見せた。賛同した「義俠天野屋利兵衛碑建応快挙者」は、百六十九人に及んだ。

『天野屋利兵衛伝』の口絵には、延宝七（一六七九）年刊『難波雀』の写真が掲載された。「町鑑」という大坂の案内記である。天野屋理兵衛（利兵衛とも）の屋敷は思案橋の浜で、大坂三郷のうち北組を差配する惣年寄、十人のひとり。さらに、諸大名の蔵屋敷のうち、備前岡山三十万石松平伊予守（池田侯）の蔵元。肥後熊本五十四万石細川越中守の名代。名代は蔵屋敷の名義人で、蔵元が年貢米等をさばく。蔵米を担保に、大名に金を貸す大名貸を兼ねた。池田藩との関係は、関ケ原の合戦にまで遡り、祖父または父は呉服商でもあった、という。丸本の本文に、「金から金を儲け溜め」とあるのは、大名貸のことを指していたのであろう。

享保十八（一七三三）年に没した、利兵衛の十三回忌だったのであろう、延享年間（一七四四―四七）に菩提寺である住吉の竜海寺に、天野屋の子孫が四十七士の墓を建立、さらに御堂を寄進、そのなかに、天野屋利兵衛、浅野内匠頭、萱野三平など、五十一体の木像を収めた、という。現在、廃寺となった竜海寺にかわり、近隣の一運寺が内蔵助、主税、寺坂の墓を引きとって、今日に至った。改元で、延享五年は寛延元年になり、その八月に『忠臣蔵』が成立。そのとき「天河屋」は、屋敷のある大坂ではなく、菩提寺の近く堺になったのである。

天野屋の事績は、早くから記録された。武家方の記録としては、加賀藩士杉本義鄰『赤穂鐘秀《しょうしゅう》記』（元禄十六年成立）、津山侯の儒臣小川恒充『忠誠後鑑録』（宝永四年序）。前者では、利兵衛ではなく天野屋次郎右衛門、惣年寄ではなく名主である。手槍の身二十本を鍛冶に誂え、そのことが町奉行所に知れ、吟味となったが、たとえ身のさきより刻まれても、依頼人の名は申し難し、と入牢。大石らが復讐を遂げたあと、もはや隠密にする必要はない、と白状。大法に背いたゆえ追放とされたが、奇特なる心底であった、として家屋敷財宝等は妻子に、次郎右衛門も通りがかりに立ち寄り、妻子に会うことは構わない、と寛大な措置となった。その後、京都に移り剃髪、宗悟と名を改めたとある。『忠誠後鑑録』では、惣年寄、天野屋理兵衛。手槍は、袋槍数十本、鋭鋒《えいほう》の鍛冶に磨かせた、とある。獄舎拷問にも口を割らず、明けて睦月のはじめに復讐を知り、白状に及び、追放になっても、義人と褒めたたえられた。大筋は同じだが、妻子ならびに召使いの男女、ひとりひとりに問い質しても、誰も依頼人を知らなかった、ということが加わった。

都の錦の実録『内侍所』では、「槍長刀は皆継ぎ物」にて「忍び道具」。具体的には、「槍は木刀に仕込み、或いは梯子、鞍架《くらかけ》などにも用いられ、長短自由になり申ように拵えた」と、舌耕者らしい修飾。内蔵助との関係にも言及、利兵衛は赤穂の「用聞き」ゆえ年に一両度は播州に下り、五六日宛の逗留、良雄と睦まじ馴れ親しんだ。その関係を「虎嘯テ風至リ、龍吟ジテ、雲起コル」としたのも、講釈師調であった。

出版されたものでは、浮世草子『忠臣略太平記』（正徳二年以前）が早く、『太平記』なので利兵衛は「塩冶判官世盛りの時分、呉服お金の御用承りたる、海土川《あまかわ》屋土平《どへい》」となった。集めた武具につき、師直の吟味を受け、楠正行討ち死の以後、宮方の残党は、おおかた遁世。武具を売って仏具僧衣を求めた。それを、奥吉野の天の川の奥賀名生《おくがのう》の知人から買いうけた、と語る。「天の川」が「天河屋」に通じるのであろう。

『忠臣蔵』が流行すると、安永五年に頼惟寛（春水）が漢文『天野屋利兵衛伝』を出版、利兵衛の義心は、ますます広まるのであった。京都町奉行所の与力であった神沢杜口の『翁草』では、代々備前藩の蔵元で、浅野家とは縁故はなかったが、茶道を通じて内匠頭の宴席に侍し、感激し、凶変の際にも真っ先に赤穂に駆け付け、兵器の調達にも任じた、と。ここらあたりの巷説が、のちに講談や浪曲の『天野屋利兵衛』に結実するのであろう。平戸藩の老侯松浦静山の『甲子夜話』の記事は、皆川淇園から語り聴いたものだという。兵器は鑓ではなく、鎖帷子になる。拷問では、「背を割いて鉛を注ぎ込まれた」。晩年、そのことを語り出すと、肌を脱いで、背を示した。そこには、「鉛の残りが一星、二星づつ肉から出ていたので、看る者、膚に粟を生じた」とあった。

丸本の「十段目」では、義平が用意した武具は、「管槍、鉄砲、鎖帷子、四十六本の印」など。槍長刀は格別、「鎖帷子の継ぎ梯子」など「常ならぬ道具」もあった。それらを、だんだん「大回し」の船で送り、最後の「小手、すね宛、小道具の類」を仕込んだ長持ちが七棹、これを船頭に渡し、残りの「忍び提灯、鎖鉢巻」は「陸荷《おかに》」で送るのだという。「大回し」は、途中どこにもよらずに、直接、鎌倉（江戸）まで届けることを指す。天河屋の、ほんらいの仕事は、諸道具の手配だが、のちには演出が改定されて、この男が海運業も兼ねるようになるのは、堺が諸国廻船の拠点だったからであろう。それだけでなく、鉄砲鍛冶や刀鍛冶、堺は鍛冶職人のメッカであった。大坂ではなく、堺とした利点は、そこにもあった。

召し取り拷問の捕り手が長持ちの蓋を開けようとすると、蹴散らして、長持ちの上にどっかと坐し、粗忽千万と諫めた。この長持ちは、去るお大名の奥方のお手道具、「お具足の笑い本、笑い道具」の註文もある。それゆえ、お家の名は明かされぬ、と。「笑い本」は春画で、具足櫃に火災よけのまじないで春画を入れるのは、武家の習俗であった。「笑い道具」は性具である。だから、名前は明かせないのだ、と。幼い由松の喉に刀を差しつけられても、「天河屋の義平は男でござるぞ」と撥ねつける。捕り手となったのは、実は赤穂の義士。義平は、生まれながらの町人ゆえ、詮議に遭えば、白状する、という朋輩の疑念を晴らすため、大星が仕組んだ芝居であった、という展開。あまりに安易な脚色なので、愛国的な精神が廃ると、自然と上演も間遠になった。

夜討ちの合ことばに、「天《あま》」と掛けなば「河」と応え、「四十余人のものどもが、天よ、河よと申すなら、貴公も夜討ちにお出でも同然（中略）はや、お暇《いとま》」と、大星らは出立。〽末世に天を山という」は、合ことばが、のちには「山」と「河」になった、ということ。〽娑婆のことばの定めなき」、別れであった。

討入

1

「十一段目」は、「討入」である。はじめに「勢揃い」があり、「討入」から「本懐」を遂げ「焼香」、菩提寺に出立するまで、ここでも『忠臣蔵』の作者たちが手本と仰いだのは、近松門左衛門であった。語り出しの「マクラ」に、張良の『黄石公三略』から「柔よく剛を制し、弱よく強を制す」を引用するのも、『碁盤太平記』のとおり。黄石公から張良に伝えられた秘伝を守る大星は、一味の勇士四十余騎と猟船に取り乗り、苫《とま》ふかぶかと身を隠し、稲村ケ崎の岸の岩根に漕ぎ寄せるまで、ほぼそのままにお手本をなぞった。

『忠臣蔵』ではすぐに、「まず一番に打ち上ぐるは大星由良之助義金。二番目は原郷右衛門。第三番目は大星力弥。あとに続いて竹森喜多八、片山源太（中略）奥山孫七、須田五郎、着たる羽織の合印、いろはにほへと、と立ち並ぶ」と、義士の名を並べ立てる、「名寄せ」になり、「勝田、早見、遠森《とおのもり》、音に聴こえし片山源五、大鷲文吾、掛け矢の大槌ひっさげ、ひっさげ、吉田、岡崎、ちりぬるを、わか手は小寺、立川甚兵衛、不破、前原、深川弥次郎、得たる半弓たばさんで、上がるは川瀬忠太夫、空に輝く大星瀬平、よたれ、そつね、ならむうゐの、奥村、岡野、小寺が嫡子、中村、矢島、牧、平賀、やま、けふこえて、朝霧の立ち並びたる芦野や菅野、千葉に村松、村橋伝治、塩田、赤根は長刀かまえ、中にも磯川十文字、遠松、杉野、三村の次郎、木村は用意の継ぎ梯子、千崎弥五郎、堀井の弥惣、同じく弥九郎、遊所の酒に、ゑひもせぬ、由良之助が知略にて、八尺ばかりの大竹に、弦《つる》をかけてぞ持ったりける、後陣は矢間十太郎、はるかあとより身を卑下し、出づるは寺岡平右衛門、仮名実名袖印《けみようじつみようそでじるし》、その数四十六人なり」と、途中、「いろは歌」や兵器の名を挟みながら、一気に並び立てたのである。

『碁盤太平記』では、すぐに名寄せにならず、力弥が苫を押しのけて、船の舳板《へいた》に立って、忍び提灯を掲げると、「時こそよけれ、あれ御覧ぜ」と由良之助が運気を読んだ。「人、静まって、清気は沈み、空に朝霧よこおれて、濁気《だくき》、上を覆えり」と。さらに、「拍子木の調子、金《かね》にして数は九つ、老陽金尅木火《ろうようきんこくもくか》尅金《こくきん》、自滅の相あらわれたり、破軍は巽《たつみ》に向こうたり、東の門より南へついて、乗れや乗れや」と下知をするのであった。名寄せは、そのあとになり、由良之助と力弥は省略、まずはじめは「心得たりと片山源太、槍ひっさげてぞ出でにける」、続いて「竹森喜多八、大長刀、奥山孫七、須田五郎、勝田、早見、東《とう》ノ森《もり》」と七人、その七人に掛けて「七筋合せの鎖にて、板金つなぎの着込みを着し、割り筏、割り瓢《ふくべ》、家金襴の塗り籠手《こて》を、揃えてこそは、さしもげに、音に聴こえし、原郷右衛門」と、ようやく、名寄せに戻った。ついで、六人の名を並べると、「おのおの素槍、よこたえて、列を揃えて打ったりける」。半弓を持つ四人には、「敵もし遠見を付けおくか、または落ち行く、こぼれ者、介勢《すけぜい》あらば射とめよ」と由良之助の下知。かく斯様に、名前を並べると、そのあとに、説明の文飾が付くのであった。結局、並び立てた人数は同じでも、その文体に相違が出たのである。

『忠臣蔵岡目評判』の著者十返舎一九は、江戸で戯作者として成功する前、大坂道頓堀の人形芝居で七年間、修業した。その縁で、作者部屋の古老、近松東南、並木千柳（二世）、若竹笛躬が漢文を寄稿、それぞれが『忠臣蔵』の作者、出雲、松洛、千柳の人物像と作風を誌した。序も献じた東南は、一九を「なにわ江の葦の仮寝に、七とせあまり漂泊して、予が近松の流れに遊びし一風士」と紹介、本書を「仮名手本忠臣蔵の浄瑠璃を写し、その中に筆の文《あや》ある是彼《これかれ》を考がえ出し、あるはその意味の故付《ゆえづ》きたるに、評するの詞書を加えしもの」とした。『岡目評判』の末尾で一九は、『忠臣蔵』の作者の「竹田流」と、そのもとになる「近松流」と比較、まず取り上げたのは文体であった。すなわち「(忠臣蔵は) 文句の長きを省略し、なるたけ縮めて書きたるものなり、よって近松門左衛門が風製とは、書きぶり雲泥の違い」とし、具体的に「文句に歌書の詞、和漢の文の引き事など、おおむね省きて、ただその要とするところのみを書きたるなれば、見るに倦《う》まず、しかも是非、早く分かれり、これ竹田流の作り方」とまとめた。「勢揃い」の名寄せも、その例外ではなかった。

『忠臣蔵』でいう「仮名実名」の仮名とは通称のことで、大星では由良之助、実名は義金（良金）である。軍記物では、さらに「姓」が加わるのだが、近松はそれを省略、さらに半数は仮名も省いた。『忠臣蔵』の勢揃いが、とんとんとん、と素早く進み、倦むことのないのは、まずは近松の工夫に倣ったからである。軍記でも『平家物語』の「三草合戦」の勢揃いと、『太平記』とくらべると、前者には名前と名前の間に、繋ぎの文句が入り、琵琶法師が語ると、そこが詠嘆調になる。近松流の勢揃いは、その系譜であった。竹田流は、『太平記』を講釈する、「太平記読み」のリズムを取り入れたのであろう、声を出して読むと、その勢いが分かるのである。

現在の文楽では、大星はじめ〽力弥、原郷右衛門、千崎、矢間……」と数えられる名は削られ、わずか十一人。人形も三人遣いが八体である。大勢が居並ぶ歌舞伎では、義太夫でなく、それぞれが自分の名を名乗るのが原則になった。ここでは、天保十二(一八四一)年五月江戸市村座『花菖いろは連歌』(早稲田大学演劇博物館蔵)の勢揃いを紹介しておこう。「仮名手本の字数にあてて、四十七段返しに仕候」と謳う「裏表忠臣蔵」で、天保の改革で浅草に移転する前、日本橋の二丁町の掉尾を飾る『忠臣蔵』であった。文化文政以降、仮花道(東のあゆみ)が常設されてからは、両花道を使うのが江戸の常套であった。このときは、花道より大星ひきいる西組(正しくは東組)十七人、ついで仮花道より力弥を棟梁に東組(同じく西組)十七人、合計三十四人がずらりと並んだ。名を名乗るのは、「前後の順ナ、乱さぬ」ため、「その姓名を名乗られよ」という由良之助の下知による。それに応えて花道の西組から「かねて貴殿のお下知に随い、身不肖ながらも先き手は佐藤与茂七教兼」。以下、「早見惣三郎みつよし」と、順々に姓仮名実名を名乗り、最後は「浮き木の亀や優曇華の、花に大鷲文吾忠雄《ただよし》、たとえ怨敵《おんてき》鉄城に籠るとも、師匠ゆづりの掛け矢にて、叩きひしいで目にもの見せん」と締めくくる。続いて仮花道の東組になり、「東組の棟梁は、かくいう力弥」をはじめ、各々姓仮名実名を名乗り、最後は再び力弥になり、「継ぎ梯子には寺岡、奥田。不破、千崎のご両所も、とくより先にお待ちうけ」と、四人の名を追加しておわる。

扮装も「腰にいろはの印を差し、一対吉例の拵え」ながらも、手にする武器はそれぞれで、花道からは、龕燈《がんどう》に手槍を持った二人が先導、由良之助の采配、以下、武具の名を並べると、片鎌の槍、半弓に矢筒を背負い、長刀、継ぎ梯子、大竹に弦を掛け、半弓、十文字の槍、大身槍、誂えの掛け矢。仮花道の東組では、それに加えて、くさり鎌、鉄のかな梃子を担げ、大長刀、陣太鼓を担げ、最後はやはり、誂えの掛け矢であった。まるで武器武具の博覧会を見るようであった。

なかでも注目されるのは、大鷲文吾の掛け矢であった。樫の木など、堅い材質の木材で拵えた大きな木槌。これで軍門を打ち破るのである。実際には、大鷲こと大高源五の武器は、父親譲りの大太刀と長刀であった。義士の小野寺十内が妻に送った書状には、「下には紅の両面の小袖を着、上に両面の広袖の小袖を着申し候、出立ち、わきて潔く見え」たと。ただし、表門を乗り越えて、いちばん乗りを果たした、というのだから、掛け矢で門を打ち破る余裕などなかった。大鷲に扮したのは、七代目團十郎門下の九蔵。名乗りのせりふに「師匠ゆずりの掛け矢」とあるように掛け矢は、師匠伝来のお家芸であった。

大高源五と團十郎との縁は、海老蔵こと二代目まで遡る。市川家の家伝だったのであろう、團十郎贔屓の立川焉馬は、その著『歌舞伎年代記』に誌した。討ち入りの夜のことだという。子葉こと大高源五は、俳諧の師であった水間沾徳に、辞世「山を裂く力も折れて松の雪」を届けた。「ご沙汰なされ下されまじく」と添え書きがあったため、沾徳は生涯、人に語らなかった。死後、妻が反古だと思い焼こうとしたものを、栢莚こと二代目團十郎が譲り受け、掛け軸にした。『忠臣蔵』の初演に際し、「子葉に似たる名のあらば、我が役にせん」と思ったところ、評判がよく十一段目まで追加されたので、大鷲文吾に扮し、「ひし皮という鬘に、一本隈とて眼のフチより頬いっぱいに紅《べに》の隈取」という荒事の扮装で、大槌を担いで出たのである。初演の役名は、役割番付によると、ただしくは大館熊之助。のちに、大鷲になった。焉馬は、「忠臣蔵十一段目のこの役、市川代々これを勤む。また門葉も勤むる事となれり」と記録した。

大高源五との縁は、元祖團十郎まで遡ったようである。九代目團十郎の十三回忌を期して編まれた『市川團十郎の代々』で披露された秘話であった。昔、九代目が幼かった頃まで伝えられていたという、大高子葉からの書翰があった。そこには、「蝦の子は親に似て幼少よりひげ長く、目さへ幾千代目出たかりけり」と狂歌があった、という。そこから、編者の伊原青々園は、「思うに二代目の誕生を祝せしならん」と推量した。たぶん、そうなのであろう。が、「霜月十五日」とある月日から、あるいは討ち入りの翌朝に投げ込まれたものではなかったか、とも想った。沾徳の家伝から、薩摩守忠度が俊成卿に届けた「さざなみや」の忘れ形見の歌を連想、それに重なったからである。

2

「討入」は、夜討ちであった。丸本の原作によると、鎌倉の稲村ケ崎から乗り込む、船軍《ふないくさ》である。近松の念頭には、有名な新田義貞の鎌倉攻めがあったのであろう。鎌倉は、山と海に囲まれた、天然の要害である。攻めあぐんだ義貞が竜神に祈誓して、金作《こがねづく》りの太刀を海中に投じると潮が引いて、稲村ケ崎は干潟となった。そこから、鎌倉に乱入、勝利を得たのである。

『碁盤太平記』には、「勢揃い」の前に「端場《はば》」が付くのだが、そこでは、敵師直の屋敷は、稲村ケ崎の飯島で、〽東面に石壁高く、西には大河みなぎりて、南の方に入海」の「はなはだ堅固の要害」。それゆえ、塩冶の郎党も要害に気を屈し、今は狙う人なし、と油断して、「口切《くちきり》」の茶会を開き、はては「乱舞の酒盛り」になった。その虚に乗じての、夜討ちであった。

船軍でも、軍船ではなく、猟船だとすると、思い浮かぶのは『源平盛衰記』に描かれた伊予の国の豪族、河野四郎通信が父通清の讐《あだ》、備後の国の住人額《ぬかの》入道西寂《さいじゃく》を討ち取った出来事である（巻二十六「伊予国飛脚の事」）。通信らは、密かに敵の動静を探り、西寂が室の高砂の遊君を集め、舟遊びに興じるところを襲い、生け捕りにして、父の居城に連れて行き、磔にして父の亡魂に祀った、という。そのとき通信らは、三十艘の兵船を整え、それを猟船の態にもてなした、とある。『平家物語』では、襲ったのは、河野ノ四郎と、わずか百余人の「思い切ったものども」で、それが「あい語らって」ぱっと押し寄せた。敵方も三百余人の小勢で、しかも、にわかのことで慌てふためき、抵抗するものは射ふせ、切りふせ、まんまと西寂を生け捕りにした、という（巻六「飛脚到来」）。清盛がなくなる、「入道死去」の前に置かれた、動乱の予兆であった。

〽文和三年、空さえて、冬もなかばの雲こおり、霰みだるる夜嵐に」と語るのは、近松流の文飾。文和三（一三五四）年は、観応の擾乱で高師直が滅ぼされた、三年後である。『忠臣蔵』の作者たちは、その時間を尊氏が室町に御所を開く、暦応元（一三三八）年に、振り戻した。師直の最期ではなく、判官の讒死に近付けたのである。師直の屋敷で催されたのは、「初雪の御茶の趣向」の「口切の夜会」であった。ここでも、『忠臣蔵』では、初雪、霰から口切の茶会まで、削り取った。人物でいうと、所用で遅れてきたという、薬師寺の入り込みも削除された。近松は、滑稽なこの男に、「塩冶判官が家老、腰抜けの由良之助」とか「今は町人同前になりたると聞きたれども、焼き鳥に経《へ》緒《お》用心」などと、無駄口を叩かせた。『忠臣蔵』は、「芸子遊女に舞い歌わせ、薬師寺を上客にて、身のほど知らぬ大さわぎ、果ては雑魚寝の不行儀」と簡潔で、「前後も知らぬ寝入りばな」の夜討ちになる。

　討ち入りは、表門から裏門、そのあと屋敷に乱入した。表門では、塀を乗り越え、拍子木の夜回りを捕獲。裏門では、「掛け矢」で門を打ち破る。史実の再現だが、塀を越えるのに近松は、梯子ではなく、千崎の肩を踏まえて須田五郎が飛び上がった。恩赦があったといえ、いまだ官憲の目があったからであろう。現在では、歌舞伎だけではなく、文楽でも、掛け矢までは省略、「勢揃い」の姿を見せるだけ。役者はもちろん、人形でも、しどころが難しいからである。

　「討入」のあとに続く戦闘シーンは、のちに増補された。脚色の際に利用されたのは、能の『夜討曽我』である。前半は、曽我兄弟と鬼王団三郎の別れ、後半は敵を討ったあとの「切組《きりくみ》」（能の立ち廻りのこと）。その間に、アイ狂言の「大藤内《おおとうない》」が入る。大藤内は、吉備津の宮の神官で敵の取り巻き、酒宴のあと遊女とともに酔い臥したが、危うい命を助かった。卑怯にも、女の小袖で身を隠し、刀と間違え尺八を押っ取った臆病者である。女の小袖を使うのは、曽我五郎を討ち取った、御所の五郎丸の物真似、そのパロディなのである。江戸の歌舞伎では、まず滑稽な、この男の寸劇から摂取した。『花菖いろは連歌』では、大藤内の役は、門番の軍平になった。討ち入りで「どろぼう、どろぼう」と騒ぎ、鼻をそがれた。息が漏れて「ふわな（鼻）が、ふわなが」と。鼻のきれっぱしを拾って、「どれ、駆け落ち」となる。場面が替わると扮装は「はだか身へすりこ木」を差した「お株の拵え」。相手の下女も「はだか身に裲襠」で杓文字《しやもじ》を持つ、「片はずし（奥女中）」の「ゆまき（寝巻）」の扮装。駆け落ちの二人は、鍋と釜をかぶり、合言葉で「鍋」と問えば「釜」と応える、義士たちのパロディ。さらに、「三段目」裏門のお軽勘平を当て込んで、駆け落ちをしょうとしても、雨の降るように矢を射られ、いっそのことに「アノ蔭で」と誘うのだが、腹を槍で貫かれる仕掛け物を使い、槍で貫かれた女を駕籠に見立て、仲間と二人で担いで入る、ドタバタ喜劇であった。

続く立ち廻りの喜劇の主人公は、鷺坂伴内である。気も動転して、自分の家来を二人、斬り殺した。合言葉がなかったから。気を取り直したところを、義士に討たれるのだが、ここからがまた、仕掛け物になる。「エイ」と首を切り落とすと、伴内の前に差し金の付いた切首を出した。と同時に、伴内の首を胴体で隠す、「どうがら」と呼ぶ仕掛けである。遺された伴内の死骸が立ち上がり、切られた首を探し当てると、差し金のその首を胴体の切り口に載せ、二歩三歩、そろそろと歩くと、首が落ちた。その首を、落下する前に蹴上げ、蹴鞠のように首を蹴る。その首を太神楽の毬のように、肩から肩へ「衣紋《えもん》流し」にした。「手だめ」とあるのは、「手どまり」のことであろう、太神楽の毬のように、うまく留まった。現今の舞台からは、まるで想像できない、めちゃくちゃな演出であった。

安政三（一八五六）年五月、江戸森田座『新台いろは書始』（弁天座尼野旧蔵・早稲田大学演劇博物館本）も紹介しておこう。こちらは『日本戯曲全集』（『続赤穂義士劇集』）に翻刻もあるので便利である。『松浦の太鼓』の間に挟んだ「討入」で、立ち廻りは三景、それに松浦侯へのご注進も付く。第一景は、師直屋敷の大広間。前半は、縄襷《なわだすき》を掛けた平右衛門の大立ち廻りで、大きな掛け矢を振り回し、六人の股立《ももだ》ちの侍を追い散らした。そのあと、「天」「川」の合言葉を交わしながら、義士たちの奮闘があり、最後は、師直の嫡男、師泰と力弥のタテ。師泰が公家風の大長刀を振るえば、力弥は刀で受ける。この立ち廻りは、活歴風になった現在の舞台にも受け継がれた。

第二景は、屋外。大道具の煽《あお》り返しで、雪の積もった柵矢来、柴垣。板塀を切り破って出てきたのは、「はだか身にすりこ木」を差し、お釜をかぶった男、義士が「天」と掛けると「釜」と応えた。次は、足軽わん平と召使いお丸で、お軽勘平のパロディ。お丸は、孕《はら》み女で乳房を垂らす。わん平が持ってきた大工道具になぞらえて、駆け落ちの相談。とど、妊婦を負ぶってはいるまで。『花菖いろは連歌』の進化形である。

第三景は、背景の黒幕を切って落とすと、庭の雪景色。江戸市川流の大鷹源五、門を破った閂《かんぬき》を振り回すのは、歌舞伎十八番『景清』の系譜である。槍や抜刀の侍を追い回し、追い散らす、大タテ。主人公を上杉家の付き人小林平八郎に改め、荒事風の演出を活歴風に、義士との立ち廻りを柔術、剣術で染め直すと、現行の「奥庭泉水」になる。平八郎が女の小袖に身を包むのは、御所の五郎丸あるいは大藤内に倣ったものであった。

3

〽北隣は仁木播磨守、南隣は石堂右馬之丞」と、隣屋敷の対応も、ほぼ『碁盤太平記』をなぞる

絵尽しの表紙「大星由良之助に山本京四郎、一世一代」宝暦４年閏２月大坂中の芝居（早稲田大学演劇博物館蔵）

のだが、『忠臣蔵』では、その対応を大鷲文五、原郷右衛門から、大星自身に改定した。〽由良之助、床几に掛かって、下知をなす」と、床几に坐した。その勇姿が京坂の歌舞伎の絵づくしの表紙を飾ったことは、すでに述べた。前線で奮闘する義士よりも、指揮官である由良之助に重きを置いた。書き下ろしの人形芝居の絵づくしでは、抜刀で立身の副将は「原郷右衛門、戦う」に対し、床几に坐った主将の「大星由良之助、見物」とされたのである。

史実の隣屋敷は三軒の旗本で、うち二軒は当主が在番・在国で留守。在宅の土屋主税が提出したという「口上書」が伝わるが、偽書だという。翌日、新井白石に語った話によると、副総統の吉田忠左衛門より使者が差し越され、敵討ちの次第を告げ、「士は相互いの儀に候あいだ、お構いなくお討たせ下さるべく候」と申し入れがあったので、「心得候」と応え、隣家との塀際に家来を出し、提灯を差し上げ、さらに射手を揃えた。当主、みずからが床几に坐し、成り行きを見守った、という。土屋家には、先年、父あるいは兄の敵を討ったものがいて、その男が目の当たりに見聞、「我《が》を折った」（畏れ入った）とも。討ち取るまでの首尾が整い、さらに、仇討ちが済んだあと、「跡までひとつも難なきよう」にしまったことは「格別の儀」だ、と。白石が伝えた逸話であった。

『忠臣蔵』に戻すと、両隣より、家の棟に武者をあげ、提灯星のごとく、「狼藉者か、盗賊か」と。大星、応えて「主君の仇を報わんため（中略）尊氏ご兄弟へお恨みなし、もとより両隣仁木石堂殿へ何の遺恨」もない「ただ穏便に捨て置かれよ」と。ただし、隣家のことなのでご加勢あらば、致し方ない応戦します、と大音をあげた。それを聴いた両家の人々は、「ご神妙《しんびょう》〳〵。われひと、主人持ったる身は、もっともかくこそあるべけれ」と。さらに、ご用があればうけたまわらん、と提灯を引き下ろし、静まり返るのであった。

現在の歌舞伎では、「奥庭泉水」の大タテのあと「両隣」は削除され、すぐに「炭部屋」の「本懐」になるのだが、そこのところを近松は、丁寧に描いた。師直の蒲団が温かいのは、いま抜けたばかりだと、見回すと水門があった。水を流すと、水口で裂けるのは人がいるからであろうと、槍で突くと薬師寺が出てきた。何の穀にもたたぬ奴、と力弥が首を打ち落とすと、紅の血汐が樋を流れる、からくりの仕掛けであった。この薬師寺は、『曽我物語』の大藤内に相当する役である。大藤内に悪口を言われた曽我兄弟は、「一の太刀には（工藤）左衛門、二の太刀は大藤内」と決意、敵工藤を討ったあと、大藤内も斬られた。そのパロディである。

師直を討ちもらしたかと、四十五人が腹掻き切り、怨念悪霊となって師直を憑り殺さん、と覚悟を究めると、厩のそばの小屋より、煙が渦巻きあがった。火の手であろうか、このまま打ち捨てては、討ち損じた塩冶の郎党は、うろたえたと恥辱になる、火を鎮めようと小屋を開けると、炭小屋。師直は、ここに隠れていたのである。引き出して、すぐに首を打ち落とし、「今日はいかなる吉日と、首を叩いつ、喰いついつ、一度にわっと嬉し泣き」になった。

首についても、近松は工夫を凝らす。師直の首を白無垢の小袖に包むと、矢間親子に託した。これからすぐに、菩提寺に持参、ご墓前に供えてくれ、と。その一方で、偽首を拵え槍に掲げた。追手がかかるは目前、いらぬ我らが命、かれらに施し報謝せん、と。本首をご墓前に供えさえすれば、「今生の本望」はこれまで、と語り、菩提寺光明寺に赴く。その言葉の通り、墓前に供えた首は、師直の子師泰方に渡し、鎌倉を騒がした咎により、塩冶が墓の前で切腹せよ、との幕命がくだった。判官の忘れ形見が遺跡《ゆいせき》の相続を赦された、その朗報とともに四十五人は腹を切る。宝永の大赦を請けた、近松流の脚色であった。

『忠臣蔵』の特色は、師直の首をすぐに討たず、生け捕りにした、そのことにある。勇む義士たちを制して由良之助は、「仮にも天下の執事職、殺すにも礼儀あり」と諌め、「陪臣の身としてお館へ踏ん込み、狼藉つかまつるも、主君の仇を報じたさ（中略）ご尋常に御首を賜るべし」と礼を尽くす。師直も悪びれず、「覚悟はかねて、サア首とれ」と油断させ、抜き打ちに斬り付ける、その腕をねじ上げると、「日頃の鬱憤このとき」と由良之助が初太刀、四十余人も声々に歓び、躍りあがり飛び上がり、形見の刀で首を掻き落とすと、近松の本文に戻り、「一度にわっと嬉し泣き」まで。竹田流の「本懐」になった。

現行の『忠臣蔵』には、「焼香」が二度ある。「四段目」判官切腹のあとは、原作にはない、のちの入れ事だが、こちらの方が印象深い。香炉を載せた経机を顔世御前の前に置くと、まず焼香。続いて、経机を判官の遺骸を納めた乗物の前に移すと、由良之助の焼香。続いて、郷右衛門が「いずれも、ご名代」と、諸士に代わって納めの焼香。静粛な中に、ほんものの香の香りが場内に漂うのである。
「討入」の焼香は、通称を「財布の焼香」という。勘平に代わって、義兄の平右衛門が形見の財布で焼香をするからである。ここでも、問題になったのは、焼香の順であった。由良之助は、懐中から取り出した亡君の位牌を床の間の卓《しゃく》の上に載せ、血を清めた師直の首を手向け、兜のうちに香を焚き、三拝九拝。亡君尊霊に報告。いざ、焼香となると、総大将の自分ではなく、矢間重太郎を推挙した。その理由は、生け捕りにした功で、それは「よくよく、主君塩冶尊霊のお心に叶いし」もので、「おうらやましゅう存ずる」ものであった。山鹿流の軍術では、「将を討つこと、これを冥加の侍という（中略）稀有の儀なればなり」（『武教全書』）とする、その判断であった。二番の焼香を勧められた由良之助は、勘平の財布を取り出し、「これが忠臣、二番目の焼香、早野勘平がなれの果て」とその経緯を語り、「金戻したは由良之助が一生の誤り、不憫な最期を遂げさした」と、「片《へん》しも忘れず、肌放さず、今宵夜討ちも財布と同道」。指名された平右衛門は、財布を香炉の上に着せ、「二番の焼香、早野勘平重氏」と高らかに呼ばわるのであった。

焼香のあと、鶏鳴とともに「エイエイ、オウ」の勝鬨を上げ、終幕となるのが普通だが、あとに「引揚げ」が付くこともある。『忠臣蔵』の原作で、幕切れに駆け付ける、桃井若狭助が原拠で、由良之助らの切腹を、「ここで腹切っては、敵に恐れしと、後代までの誹《そし》り」と止め、菩提寺に退くことを勧めた。大星に、追撃を防ぐ「尻《しり》っ払《ぱら》い」を託される、気分の良い役である。現行では、桃井ではなく、足利の昵近《じっきん》（江戸の旗本のこと）服部逸郎になる。宿直《とのい》（夜勤）明けで、騎馬で下城の途中、花水橋（両国橋）で大星らに出会い、諸大名らの登城とぶつからぬよう、脇道を示唆する。

十五日は、月例の将軍拝賀日で、史実でも、大石らは両国橋を渡らずに、隅田川沿いを迂回している。そのことに立脚した増補版で、早い例は嘉永二（一八四九）年中村座の『仮名手本忠臣蔵』であろうか。七月公演が大当たり、九月に増補されたもので、大坂から戻った市川高麗蔵（團十郎の弟）の御目見えであった。それが好評で、受け継がれたのである。

引揚げは、太鼓橋の向こうから義士たちが姿をあらわす、勢揃い。討ち入りの勢揃いでは、両国橋を西から東に渡り、引揚げでは東から西。幕切れに、東から真っ赤な太陽が昇る、大団円になった。

エピローグ

ふたたび春

1

堀内伝右衛門の「覚書」は、討ち入りから切腹まで大石ら十七士を預かった、細川藩士の記録である。細川家では、他の三家と違い「番人」とはせず「接伴人」と称した。伝右衛門はそのひとりであった。預かりに際し、家老の三宅藤兵衛より、この度の一件（討ち入り）の咄は「堅く無用」、たとえ話しかけられても止めよ、と釘をさされた。伝右衛門ら五人の接伴人は、それに反撥。昼のうちは人目もある、夜食過ぎなら大丈夫であろうと、その夜のうちに聴きはじめ、だんだんと話をするうちに心やすくなった、という。伝右衛門は、聴き上手なだけでなく、話し上手、まとめ上手でもあった。「覚書」の冒頭には、「むざと（軽はずみ）」に話すなと言われたものだから、「むざと」見せるわけにはいかない。ただし、「実底の志」があれば見せる、と。許された伝本は、ひそかに流布したのであった。

そのひとつ『翁草』に収められた「覚書」には、「其蜩翁」こと著者神沢杜口の「評註」が付いた。「其蜩」は「そのひぐらし」と読むのであろう。このときすでに、齢八十を過ぎていた。縁のあった伴蒿蹊は、その人となりを「雅俗見聞の博き人にて、談話おもしろかりし」としながらも、老後には「耳聾《にろう》」ゆえ明け暮れ古文書の珍しきを写し、また自ら見聞きしたことどもを筆に任せて綴り、「徒然《つれづれ》」（退屈）をしのいだと（『続近世畸人伝』）。其蜩翁が写した写本は、久松家の京都留守居金子義篤の所持するところのもので、その奥書には「堀内氏手書して、その息へ贈遣せし、秘すべきものなり」とあり、さらに「秘写して、今また予が篋底《きょうてい》に蔵《おさ》む。後来、漫《みだ》りに他眼を容るべからず」とある。京町奉行所の与力であった其蜩翁は、かねて知る人であったのであろう。松山の久松家には、義士預かりの記録はありませんか、と尋ねたところ、こんなものがあると出されたのが堀内伝右衛門の「覚書」であった。かつて、知己を介して九州の熊本まで探しても、見つからなかった。その経緯を語り、強く乞い需めて、承諾を得た。八十翁の其蜩は、そのことを「予、雀躍して右の有増」を語ったと記した。

大石は、話したいことがあるから、もう少し近くに。と、伝右衛門がそばによると、ご家中の皆様には、さぞご批判もおありでしょう、と切り出された。ここにいるのは小身のものばかり、大身のものが加わっていない、そのことを恥ずかしく思う、と。はじめは、大身のものも行動を共にしていたが料簡が替わった、その例に挙げられた奥野将監の禄高は千石。浅野家では大石の千五百石につぐ高禄であった。佐々小左衛門三百石は、もと細川家の家臣で、副将格の吉田忠左衛門より高座。さらに、進藤源四郎、小山源五右衛門、河村伝次郎の名を挙げ、これらもここにいる原惣右衛門より上座である、と。細川家に預けられた十七人には下士はいない、みな上士だが、惣右衛門三百石、忠左衛門役高とも二百五十石、それより上は片岡源右衛門三百五十石だけ。自分たちを迎えた、細川家の立派なこと。三宅藤兵衛を筆頭に家老用人など六人、物頭、物頭格二十六人、総勢七百五十余人が隊伍を組み、迎えの駕籠十七挺、予備の駕籠五挺、それぞれに警固の足軽が付く。万全の備えにくらべ、自らを恥じたのである。

其蜩翁の評註の冒頭には、「覚書」を読んだ「管見」（感想）がある。「いささかも、双方の剛臆を論ぜず」とは、吉良方をふくめ豪勇や臆病など派手な話はない、ということ。「ただ平日の雑話のごとくだが、それが大石らの「肺肝」（心の奥底）に入る様である、と。料理に関する逸話も、そのような平日の談話のひとつであった。年寄りが多かったこともあったのであろう、献立を軽くしてほしい、と嘆願。それを、永の浪人ゆえ、そのころの「黒飯に鰯」が恋しい、とした。黒飯は、玄米のことである。伝右衛門は、自分も相伴するのでもっともだが、品数等は主君の上聞に達するので、変えられない。それでも、ちさ汁（青菜汁）、ナマコ、膾、糠みそ汁、など工夫しましょう、といった。細川家の「家譜」には、そのことが「膳部の結構数の多きを恐れ、ただ一汁一菜を願い候えども、ついに一度も軽からず、これにより後は一二菜の外は手をも付けざりし」と記録された（『未刊新集赤穂義士史料』）。のちに吉田松陰が獄舎で『赤穂義士伝』を読み感銘、護送中に差し入れられた茶菓などを固辞したことは、すでに述べた。

細川家では、大石ら年長を上の間、その他を下の間に分けた。二月二日の夜である。伝右衛門が上の間に行くと、酒盛りのさなか。盃の代わりは中椀。別本では「中がさ」（椀の蓋）とあるので、椀の蓋の方であろう。伝右衛門の姿を見ると、その盃を伝右衛門へ。伝右衛門が呑むと内蔵助も呑み、伝右衛門に戻すと惣右衛門も所望、と乱酒になった。あとで考えると、翌三日には内意があり、四日に切腹、酒盛りは、その暇乞いであったのか、と気づくのであった。

三日の晩は、下の間。伝右衛門が呼ばれて往くと、富森助右衛門、大石瀬左衛門ら若い衆が大騒ぎ。芸尽くしを御目に掛けます、と御番の衆に見えぬよう枕屏風を引き回し、その陰で、かぶき芝居の物真似をして興じた。これも暇乞いであったかと思うと、こころ残りである、と。

四日。切腹の当日には、銘々に土器で酒がふるまわれた。給仕にあたった幼少の坊主たちも動揺していたのであろう、煙草御茶が出ないので、大石は煙草御茶はくだされませぬか、と笑いながら言った、という。江戸南町奉行根岸鎮衛の『耳嚢《みみぶくろ》』に収められた逸話は、このときのことなのであろう。小坊主のお茶を呑みほすと、内蔵助は「さて、今日、切腹いたし候。いたずら致し候と、幽霊と申すものに成りて出で候あいだ、おとなしくなし給え」と、打ち笑いながら席を立ち、切腹したのだと。「誠に平日の通り、いささかも変わることなかりし」と、かの諸侯(細川家)の老臣が語ったとか、鎮衛はそれを「さもあるべきこと」として、記したのである。

切腹ののち、伝右衛門は大石らの遺品を見ては落涙、整理もままならなかった。二日後に召されても、涙が止まらなかった。そのような姿を見た、重役の判断なのであろう、寺詣りを控えるよう、内意が告げられた。細川侯の御名代などと思われては、御公儀に対し相済まない、という理由であった。明日は、初七日である。何としても参詣と、思う気持ちを抑えた。因みに、内意が告げられたのは伝右衛門だけだ、ともあった。寺詣りが叶ったのは、九月二十五日。本国に出立するためであった。老人ゆえ、ふたたび江戸には戻れないであろう、そのための暇乞いであった。

伝右衛門は、大石らの話を聴くだけではなく、由縁の人の消息も訪ね歩いた。そのことが、主君の落ち度とならぬよう、常に口上書を懐中していた、という。「私、心底には忠臣無双の衆中と存じ候えば、存生のうち、母子兄弟の息災なる義を知らせ申したく、在所相尋ね候」と、その存念を述べ、そのことが越中守（主君）の意に背く、不忠になっても是非に及ばぬ、という覚悟であった。本国に帰る道中も、由縁の人々を訪ね歩く旅になったのである。

2

四家お預けの際、細川家の綱利公だけが、待ちかねてその夜のうちに、早速対面。直接に「いずれも忠義の至り感心（中略）当家に預かること武門の本望」と褒め讃えるとともに、公義の大法に対し、家来を少々付けたが、決して「番人」ではない、お世話をするためであるから、遠慮なく申してくれ、と告げた（『細川綱利家譜』）。嫡男、吉利公も直接対面、「越中守（綱利）に遠慮のことあらば、我らに」とねんごろに告げた、という。日々の献立も綱利自身が指図、盛饌を与え、賓客として饗応。分けて心がけたのは、火災など警衛の準備で、避難の際の乗物まで備え、何時おきてもよいように、晴れて宥免とあれば、銘々に与える紋付の小袖裃、刀脇差等を揃え、ただ、ひたすら預かり人の心に叶うよう、ときには生花、あるいは軍書、物語など、望みに応じ用意、親族朋友の文通のための硯料紙、あるいは画図にも対応、『家譜』には「万端、親切を尽くしけり」とあった。

綱利公は、切腹の当日にも窃《ひそ》かに内蔵助に対面、その「深切な挨拶」に内蔵助は、涙に咽んで退出。そのあとで、次のように指図した。「比類なき預かり人どもなれば、軽き者の介錯にては武門の礼にあらず」とて「内蔵助は物頭格の者、その余の者は小姓組」とされた。小姓組の人選については、「預かり人は、後世武士の鑑ともなるべき者」だから、名指しすることはできない、小姓組

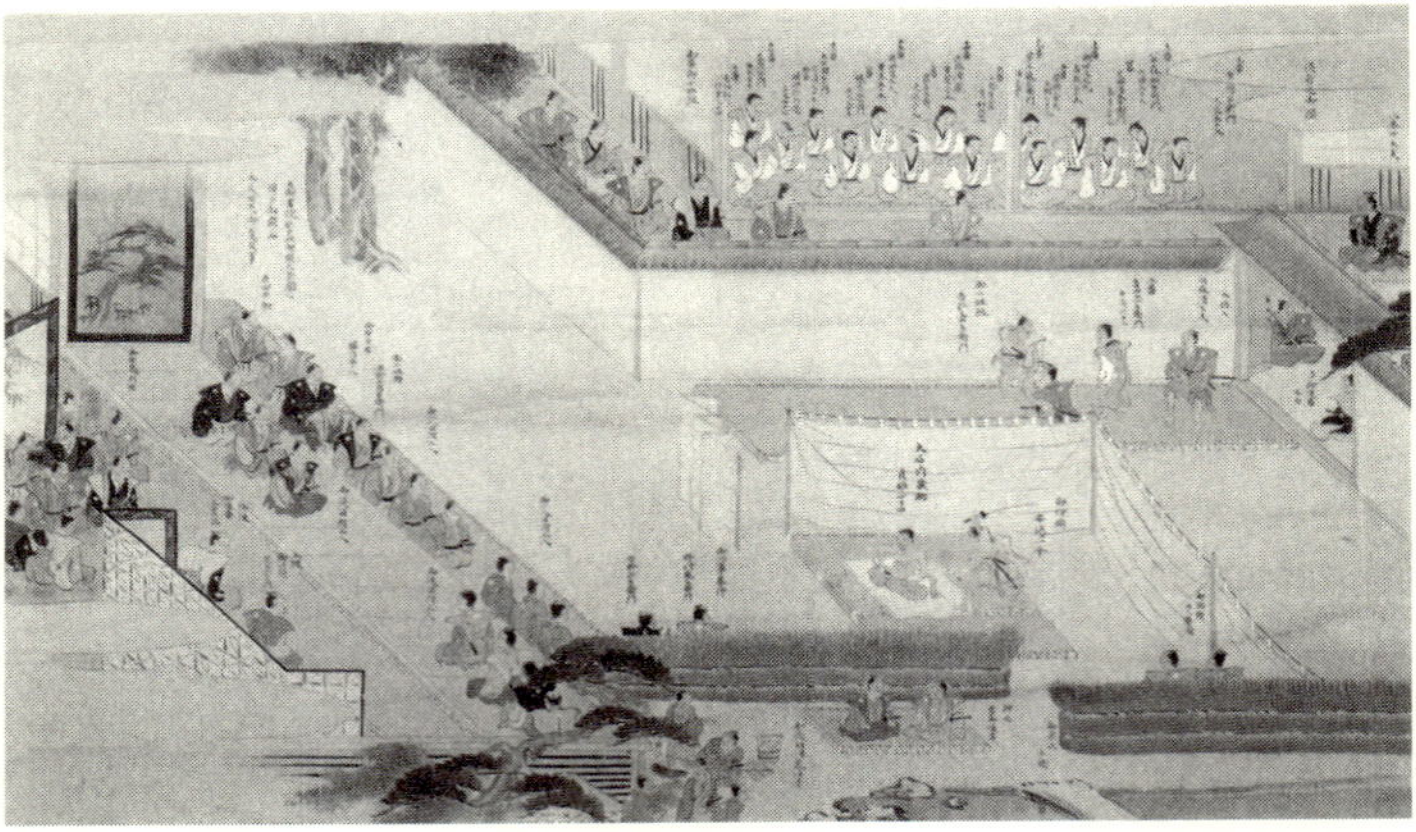

安場保雅蔵「大石内蔵助良雄切腹の図」(「元禄繚乱」展図録より)

を残らず列座させ、上座から順に十六人に介錯させよ、と命じたのである。これも、他の三家にはない、破格の扱いであった。

切腹の次第は、『家譜』より『細川家御預始末記』(『赤穂義士史料』中巻)が詳しい。堀内伝右衛門の「覚書」が「私の記録」だとすると、こちらは藩の「表方の記録」になる。「一番、大石内蔵助」が出るとき、御小姓頭の平野九郎右衛門が先導、大石の脇には、介添えとして左右二人ずつ計四人の御小姓、そのあとに介錯人。切腹人が座に着くと、その左に介錯人が直る。歩御使番が出て、小脇差を載せた三方を切腹人の前に置き、切腹人が小脇差を取り、切腹。介錯が済むと、すぐに白屏風で遮り、死骸が御検使の役人に見えないようにしたのだと。屍を晒すことを避けたのであろう。これも、他家にはない、細川の配慮であった。

『家譜』には、『御預始末記』にはない、そのあとに逸話がある。役人が綱利公に問うた。血で穢れたので、座敷を清めましょうか、と。応えて曰く、「十七人の勇士どもは、屋敷の守神と存ずれば、そのまま差し置くべし」。これが、細川の家伝として伝わった。

『未刊新集赤穂義士史料』には、『赤穂義士史料』に漏れた『家譜』の記述が紹介されるのだが、そこには「或評曰」として、掃部（清掃）の下部たちが切腹の血の溜まった畳を見て泪を浮かべ、その血を歃《すす》った、と。「或評」には、「奴僕のなす事、賞するにはあらねども、人倫、義を感慨せし余りに、かくのごとく」とし、これを以て、その場、その時の愁気を感じ知らしめんために、無益のことながら、これを筆すと云々、と。

福本日南の『元禄快挙録』には、維新後の逸話もある。細川の屋敷は、帝室の御有《ぎよゆう》となって高輪御殿になるのだが、宮廷の官僚が陛下に問うた。お庭には、大石らが切腹した跡もあり、遺骸を送り出した不浄門もありますが、いかが致したものでございましょうか、と。陛下の聖旨は、「そのまま永く保存するように」。これを紹介した福本日南は、「義徒在天の霊」がこれを知れば、「碧落《へきらく》のうちに感泣するであろう」。細川越中守綱利の神霊もまた、狂喜するであろう、と記すのであった。

『元禄快挙録』の連講を契機に、福本日南の呼びかけで、第一回義士会が催された。これが現在の中央義士会である。戦後、義士会の会長を務めた安場保雅は、大石の介錯人の安場一平の子孫で、明治の勲功により男爵に叙せられた曾祖父保和、ならびに祖父末喜も会長を務めた、という。「切腹始末記」という随筆には、切腹の前日に、最後の晩餐の希望を尋ねたところ、「木の芽田楽の馳走に預かりたい」とのこと。それゆえ、「安場家では、代々、二月四日（現在では、三月二十日）に

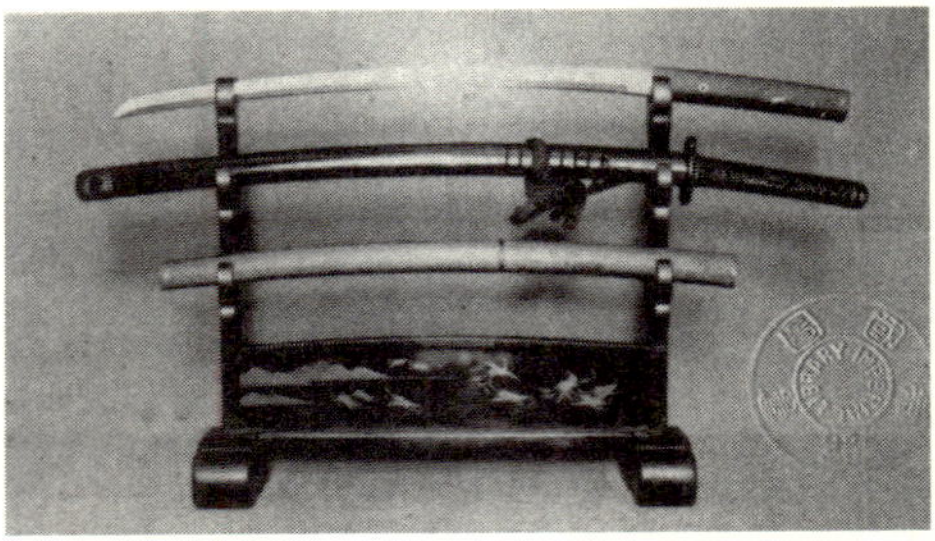
介錯人安場一平の刀（国立国会図書館蔵「忠臣蔵展覧会」記念写真集より）

良雄の戒名「忠誠院刃空浄剣居士」と認めた掛軸を床の間に掛けて、霊前に木ノ芽田楽を供え冥福を祈る」ことが慣わしになった、とある（昭和三十年刊『人物往来歴史読本』）。

「中央義士会報」（平成五年九月）に寄せられた「赤穂義士畏讃」には、安場家では大石にゆかりの二品、「御火鉢」と「御介錯のお刀」を預かっている、と。刀は、細川公より下賜された備前長船。無銘なのは、元禄十六年の「御介錯の御作法」に則り、名を削ったもので、それは「大石様への御尊敬」を示したものだという。さらに、「二百九十一年間、武士道礼法に順い、全く研ぎに及ばず、油の塗りかえのみで、お火鉢とともに、お預かり申し上げております」と。火鉢の方は、科人には禁じられていた暖房を、さむがりの大石のために勧めたものだ、ともいう。そのほか、伝えられたものには「御掛軸」「遊春盃」「大石様描画小野寺十内讃」「御書翰」など、さらに「始末記」には「皮子《かわご》（皮文庫）」もあった。家伝では、「熊本（細川藩地）は暖かい所だから、櫨《はぜ》を植えて蠟を取ることが出来よう」という大石の助言により、蠟の名産地となった、という逸話も見られる。

四家預かりのうち細川家は五十四万石。伊予松山の久松家は十五万石。長門長府の毛利家と岡崎の水野家は五万石。家格にしたがったのであろう、細川家は上士のみ十七人、久松家は上士八人に下士二人、毛利家十人、水野家九人はすべて下士であった。十五万石の久松家で、密々に見いだされ切腹の差配にあたったのは、波賀清太夫という下士であった。『波賀清太夫覚書』(『赤穂義人纂書』三)には、「朝栄(清太夫のこと)官禄軽しといえども兵学の老師小幡憲行の厚恩」である、と。のちに軍学者として独立、祖先の姓を復し小田太郎左衛門と称し、「甲州流の軍学者小田氏の流祖」とあがめられた。大石主税ほか二名の介錯は清太夫自身、ほかの四人は「格式の御構いなく、軽い侍分の中よりも剣術を好み候者」を選んだ、という。まず切腹となると、一番は大石主税。『覚書』の「主税は小刀を取り切腹」には「この気合は大きに口伝」の註記。介錯して、その首の実検にも「この仕方、気合、大きに口伝」の註記。「右の首を持ち帰り、納め」の間にも註記「大きに口伝」。「条々口伝多く、法礼筆に任せず、略す」と。『波賀朝栄聞書』(『赤穂義士史料』上)には、「介錯の仕方は、一貫流(伯耆流)剣術の法、首の実検は甲州流兵法」、さらに小刀の拵えよう、三方の出しようなど、その場の式法は「小笠原流礼法の伝」と、時宜をわきまえ波賀清太夫が下知した、とあるのだが、介錯の式法は口伝だらけで、まったく分からなかった。

久松家には、『久松家赤穂御預人始末記』とされる公の記録があり、それには介錯人の清太夫が「主税、タブサを取り上げ」、検死の衆の実検に入れた、とある。「あげ首」にしたのである。清太夫の『覚書』には、切腹が決まると、近しい幕府の役人を密かに招き、「権現様(家康)以来」の切腹の古例を聴き、さらに「首実検」の仕方も具体的に習ったのだが、そのときも、隠岐守(久松)家も古い家なので伝承もある、と強がりを言った。「あげ首」といえば、浅野内匠頭も「あげ首」にされた。そのことが不適切である、という風聞が立ったことが浅野家の記録に遺ったことは、すでに記した。のちには『元禄快挙録』などで、細川家でも大石の首を「あげ首」にしたとされるようになるのだが、細川家の公式な記録では、白い屏風で死骸を隠した、とのみ。そこには、綱利公をはじめとする細川家の配慮を感ぜざるを得ないのである。

『未刊新集赤穂義士史料』に収められた『細川家譜』には、いざ切腹となると、或る者は、切腹場に直ると左右の股を割り、刃を試した、と。また或る者は、肌を脱ぐやいなや介錯になると聴き、肌を脱がずに心元を突きとおした。首を落とされる前に、自分で決着を付けたかったのである。毛利家に預けられた間《はざま》新六も、同じように介錯を嫌った。ほんらいなら、肩衣を撥ね、肌を脱いでから三方を押し頂くのだが、その手順を省き、すぐに短刀を腹に突き立て、真一文字に引き回したのである。これは、毛利家の記録を手に入れた福本日南が『快挙録』の「付録」に収めた逸話であった。

室鳩巣の『赤穂義人録』で伝えられたのは、武林唯七の最期である。鳩巣は、介錯のことを、自殺を相《たす》ける「相者」とするのだが、その相者が首を討ち損ねた。前に倒れた唯七は、自若として起き上がり、「君、これを徐《おもむ》ろにせよ」（落ち着け）と。相者、それに「諾」と応え、首を落とした。武林は死するに臨み「閑暇」、相人も行き届いた処置で「美談」だと。毛利家の記録にある介錯人と姓名が違ったことから、福本日南により、この美談は打ち消されたのだが、早計であった。

介錯は、武士のたしなみだが、江戸の町奉行所の同心は、それを職業とした。正しく言うと、罪人の「打ち首」が仕事で、切腹の介錯もした。『江戸町奉行事蹟問答』の著者佐久間長敬は、与力として、その検死役を務めた人であった。曰く「介錯人、打ち首の節、前皮を少し切り残し、跡にて切り落ちることに付き、口伝あり」と。口伝とは、もし一刀に打ち落とすと、死体は必ず後ろに立ち返り倒れる故、介錯人も血を浴びてしまう。首の皮を少し残すと、首の重みで死体も前に倒れるのだと。そのあとで、残皮を切断、懐紙で血をぬぐい、首を検死に向ける。「あげ首」である。「打ち首」のときには、介添人が罪人の腰を強く押すので、首の落ちた死体は前に倒れ、血は下に流れて、衣類を汚すことがない。プロの心得であった。

3

岡崎の伊藤家に伝えられた「伊藤家文書」が赤穂の花岳寺に納められたのは、昭和八年である。仲介をしたのは、花岳寺の総代で、赤穂伊藤家の当主武雄であった。岡崎の伊藤家は、義士の吉田忠左衛門の娘、さんの嫁ぎ先で、赤穂の伊藤家は、さんの舅、八郎右衛門政近の弟親房の系譜である。もとはひとつでも、疎遠になっていた両家を結びつけたのは、花岳寺の蓬仙和尚であった。吉田忠左衛門の遺児伝内の調査をするうち、岡崎の伊藤家にたどり着いたのである。伊藤家文書の概要は、吉田忠左衛門の遺墨をはじめ書簡百十一通、遺品十七点。なかには、寺坂吉右衛門の自筆の手紙もあり、晩年のその姿が彷彿とするのである。整理にあたった伊藤武雄は、「逃亡者」の烙印を押され続けた汚名をそそぐため、二年後に『寺坂雪冤《せつえん》録』を世に問うたのである。戦後、花岳寺の住職となった片山伯仙は、昭和三十七年に『義士　寺坂吉右衛門』を出版、その経緯を明らかにした。さらに、昭和四十五年には『赤穂義士の手紙』を上梓、その末尾を寺坂の手紙三通で締めくくった。その目的も「雪冤」であった。

堀内伝右衛門の『覚書』には、娘婿に会った話をするなかで寺坂の名を出すと、吉田忠左衛門が不機嫌になった、とあった。伊藤文書の「忠左衛門妻りん筆」の「忠左衛門ゆいもつ遣わす覚え」は、それに反する資料になった。「形見分け」として、娘婿、娘、家族に続き、吉右衛門にも「絹小紋綿入・同じく肩衣」、「うば」こと吉右衛門の妻には「茶紬綿入・木平かたびら」、さらに「うば母」にも「古帷子《かたびら》」二点が挙げられた。「未の四月」とあるので、四十九日のためのメモだったのであろう、伯仙和尚はこれを「遺墨中の白眉」とするのであった。忠左衛門は、討ち入りの前にも、妻りん、倅伝内に「形見分け」の手紙を出し、「吉右衛門妻には、われら着る物」を遣るよう指示していたのである。吉右衛門の形見分けがないのは、一緒に討ち入りする気だったからであろう。

討ち入りから二十一年目、享保八（一七二三）年に、吉右衛門は土佐の山内家に雇われることになるのだが、その間のことも伊藤家文書の手紙で確認できた。宛名の伊藤八郎右衛門は、忠左衛門の娘、さんの孫。差出人、麻布曹渓寺の住職梁州は、その依頼で周旋。曹渓寺は、山内家の菩提寺であった。手紙の「なお書き」には、「先方ご熱望につき、首尾致し候ことに御座候、ご挨拶に及ばざる御こと」とある。世に流布する「親類書」についても触れられていて、「彼の仁（吉右衛門）」は「格別の儀」（忠臣ですでに有名）なので、それにも及ばぬことと思うのですが、と言い添えた。『義士　寺坂吉右衛門』の著者片山伯仙は、さらに「山内家分限帳」を引用、そこにも「寺坂吉右衛門信行　享保八癸卯六月召し抱えらる曹渓寺口入　三人扶持七両」とあった。

其蜩翁こと神沢杜口によると、三州岡崎の本多中務家には、小原（伊藤）八右衛門と那須彦右衛門と、吉田忠左衛門の婿が二人いた。寺坂は、この両人の掛かり人だったという。さらに、忠左衛門の遺児も召し出だされ、三百石を賜った、とも。ただし、本多家は幼君逝去のおり後嗣がなく、十五万石を五万石に減らされ、三州に転封、それゆえ、家屋敷に不足して、家臣も領内の寺院や町家に仮宿した。神沢杜口の旧友、三州空臨寺の老僧の語るところでは、婿の那須彦右衛門も空臨寺に仮宿、そのおり寺坂をも目の当たりにした、というのである。本多家には、杜口の伯父もいて、二人の婿とも朋輩ゆえ、寺坂のことは良く知っている、と語ったという（『翁草』巻七「浅野家義士の説」）。本多家の窮状から、寺坂も江戸で職を探さねばならなかった、と推測されるのであった。

寺坂の妻せんは、延享二年九月十三日に卒。百箇日にあたる十二月二十日付で、寺坂は伊藤八右衛門に二通の書簡を送った。一通は礼状、もう一通は「形見分け」である。形見は、「着ふるし申す古着」で、「ご前はじめ奉り、若殿様方のお目通りへ指し出し申す儀は、はなはだ遠慮、お恥ずかしく存じ奉り候」と。形見は、貴公様（八右衛門）とその弟の善兵衛様、藤八様、妹のおみな様と、吉田忠左衛門の孫四人であった。病中見舞いの礼状には、江戸在府の藤八様は「切々お見舞い」、善兵衛様からも「切々お尋ね」があったという。この文で亡妻が「うば」と呼ばれたことも、察しが付くのであった。

吉田忠左衛門家は、男系が絶え、婿の伊藤家に受け継がれた。寺坂との親密な関係も、伊藤家文書で知れるのだが、それで「逃亡者」の烙印が消されたわけではなかった。寺坂には、討ち入りからしばらくの間、空白があった。『寺坂信行筆記』は寺坂自身の覚書だが、虫鼠の害がひどく、孫が編み直したもの。むしろ、加賀藩の江戸詰め杉本義鄰の『赤穂鐘秀記』に、ほんらいの姿があるのであろう。在金沢の室鳩巣は、杉本の調査報告に基づき、『赤穂義人録』の「附けたり、寺坂信行」を執筆、寺坂を擁護したのである。

杉本の『鐘秀記』では、討ち入りのあと吉右衛門は、大石の密命を受け播州赤穂から芸州広島に飛脚に立ったものの、広島で無理やり留め置かれたので夜に抜け出し、江戸に戻った、と。鳩巣の『義人録』では赤穂を省略、『筆記』では「遠国に罷り越し」と簡略だが、主旨は同じである。三者三様に異なるのは、その先であった。鳩巣は、寺坂が大目付の仙石伯耆守に推参、切腹を願ったことには触れず、『筆記』について「死を共にすること能わず（中略）以て終身の恨み」としたことを称揚するのみであった。『筆記』では、切腹を願ったものの、その方の身分は足軽ではないか、大石ら歴々と一緒に切腹など慮外千万と退けられ、伯耆守から金子十両を恵まれた話になるのだが、このことは『鐘秀記』では欠く。杉本が記録したのは、まず、寺坂が大石に頼まれ、子息主税の弓の指南をしたこと、それゆえ、討ち入りの動機は、第一に吉田忠左衛門、第二の主税は、その前途を見届けるためであった。切腹の願いは、すでに落着しているので認められない、それならば自殺をするというと、もうすでに広島を夜抜け、訴えたのだから義理も立った、と諌められた。自殺の代わりに寺坂が願ったのは、出家して墓守になることであった。泉岳寺に願ったものの、公儀を憚り拒否されたので、御口添えが願いたい、という。泉岳寺の和尚は、弟子にして剃髪することを認めたものの、そのとき伯耆守に申し含めることがあったという。すなわち、このことが世間に流布すると、夜討ちのときの様子が尋ねたいと、方々から招かれることになるであろう、そうすると「世間坊主（なまぐさ坊主）」になって、ほんらいの素意を失う。だから、深く「隠居」しなければならない。そうすれば寺でも、左様の沙汰などない、と突っぱねるので。これが、生き残った寺坂に対する、世間の目であった。

安永年間というので、『鐘秀記』からは七十年あまり経つのだが、泉岳寺の清浄庵に妙海尼という老婆がいた。堀部弥兵衛の娘で、安兵衛の妻だというのだが、真っ赤なウソであることは言うまでもない。それでも、大奥や諸侯の奥向きに招かれては、討ち入りの秘話を語った。丹波篠山藩士、佐治為綱が出府したおりに通いつめ、聴いた話が今に伝えられる『妙海語』(『赤穂義人纂書』二)である。暇乞いに来た安兵衛を追い返したこと、御家再興を願い老中に三度まで駕籠訴に及んだこと、そのあとで「忠誠院」(大石のこと)の「秘中の極秘の機密」を語った。密命をあたえられたのは浅野の家中の女七人、吉良の屋敷の案内手引きのため、吉良家に送り込まれた間諜である。もし本望遂げざるときは、女ながらも志を達せよ、という密命もあった。さいわい本望を達すると、妙海は朋輩六人を自殺せしめ、その首を泉岳寺の「冷光院殿」(内匠頭)の墓の下に並べて埋めた、というのである。別の日に、篠山の佐治が問うと、女七人のうちには吉良の妾になったものもいた、と語り、さらに、いざ討ち入りとならば、疑われないように長刀で応戦せよ、とも。討ち死にをした六人の女の中には、堀部弥兵衛に長刀で疵をつけたものもおりました、と。それを聴くと佐治某は、そういえば義士伝にも、弥兵衛は股に疵を負ったとある、と勇んで書き添えるのであった。

『妙海語』の末尾には、延享のころ、浅草の龍泉寺町(大音寺前)本立山長国寺の寮に住む、もうひとりの尼の話がある。武林唯七の妻だと語るこの尼も、六十を超えた老婆であった。左の掌に剝がれた疵があり、それを売り物に秘話を語った。吉田忠左衛門の娘とともに吉良家に潜入、復讐の当日には、足軽となって入り込んだ寺坂とともに、大石、忠左衛門、唯七の三人を手引き、師直を討たせた。掌の疵を負ったのは、大石の手だと思って握ると、それは白刃であった、と語るのであった。延享のころというと、寺坂が老妻を失い、麻布曹渓寺の寺男として、生涯を閉じる、そのころになる。秘話を語る老尼の姿に、八十路を越えた寺坂が重なるのである。人情本の作者為永春水は、この話を『いろは文庫』に取り込むのだが、その際、寺坂を黒装束の忍びの者に仕立てた。二人の傍女《そばめ》に喉を押さえられた師直は、その手を摑んで離さない。寺坂は、女に「わたしの手をそのままで、刺し通したがよいわいなア」とうながされ、女の手先もろともに師直を貫くのであった。

伊藤家文書中、寺坂の最後の手紙は、延享四年七月二十三日付で、伊藤家の当主八郎右衛門に宛てた礼状である。頂戴した「磯部茶」は、仏前に供えるとともに、昔より懇ろなる老女たちへも、少しずつ遣わして、悦ばれたとある。別敬（追申）には、息子や男たちは頼りないが、召使いの婆は、しっかりしているので、男たちの言いなりにならず、遺言を守ってくれるでしょう、と結んだ。この年の十月六日に寺坂は往生した。召使いの婆や、懇ろなる老女も、寺坂の秘話を語りつぐことになったのであろうか。

プロローグの「花の巻」で紹介したように、薩摩の流人鉄舟が寺坂吉右衛門信行の名を借りて寺子屋の師匠となり、その墓は出水町に遺る。寺坂の墓は、ほかにも福岡の八女、長崎の五島、島根の江津、益田、静岡の伊豆、仙台にもあると聴く。江津の信行庵には、吉田忠左衛門の二女すえの墓もあり、八女には寺坂が柘植六郎左衛門のもとを訪ねた、という逸話も遺る。柘植某は、寺坂が『筆記』を送った、忠左衛門の縁者のひとりであった。曽我の鬼王団三、あるいは大磯の虎の名を名乗った語り部が兄弟の復讐を語りついだように、寺坂を名乗り、討ち入りの秘話を語って歩く男たちがいたのであろうか。寺坂が亡くなった翌年、改元して寛延となった八月に、『忠臣蔵』は書き下ろされた。

あとがき

去年の三月から今年の三月まで、一年間の旅でした。はじめは雪月花、続いて春夏秋冬と、ふたつの四季をめぐる旅になりました。

雪月花のきっかけは、伊藤東涯の『萱野三平伝』でした。主君の忠と父の孝にはさまれて自刃したその夜、三平は父および兄嫁と談笑した、とありました。正月十四日の夜、それは主君の月命日でした。空には、大きな月が輝いていたのでしょう。その月に惹かれました。

わたしの母は、たいせつな人の命日を日にちごとに記した、小さな過去帳をもっていました。母の母、祖母の祥月になると実家を訪れ、月命日には自宅の仏壇で手を合わせました。その姿も重なりました。散る花、降る雪とともに、描かれなかった月。雪月花に托した、日本人の心象をたどる旅になりました。

春夏秋冬のきっかけも、早野勘平でした。壮絶なその死は、季語でいう「夏の果て」でした。勘平の逃避行は、夏とともに終わりを告げるのでした。「六月二十九日の夜」の出来事だった、と語る平右衛門のことばは、勘平の顔の血の手形とともに、青春の蹉跌の刻印として、残り続けるのでした。忘れることのできない、せりふや音。消えることのない姿や、一瞬の動き。春夏秋冬は、そのような記憶を追い求める旅になりました。口絵の四枚の写真は、そのエッセンスです。

大石を介錯した、安場一平を知ったのは、NHK大河ドラマ「元禄繚乱」展でした。展示された「切腹の図」は、一平の依頼で作成されたものでしょうか。袴の股立ちを取り、刀を振り上げた一平の前には、もろ肌を脱いだ裸の大石がいました。介錯の刀とともに、その所蔵者の安場保雅は、一平の子孫で義士会の会長、と聴いたとき忠臣蔵の世界が、いっぺんに広がったように思いました。二〇世紀のおわり、一九九九年でした。

大河ドラマでは、長谷川一夫『赤穂浪士』、石坂浩二『元禄太平記』、緒方拳『峠の群像』、中村勘九郎『元禄繚乱』と、三十八年間に四度、忠臣蔵でした。その後、二十五年間、忠臣蔵は出ていません。十二月の風物詩は、遠い過去になってしまったのでしょう。本書、執筆の動機のひとつになりました。

本書の打ち合わせで、耕書堂こと和氣元さんとふたり、一緒に口をついたのは、「今度は、普通の本」でした。「普通」は、原稿の枚数。『歌舞伎登場人物事典』から『評伝 鶴屋南北』(二冊)『鶴屋南北未刊作品集』(三冊)、と普通でない本ばかり。この約束だけは、果たせたようです。


歌舞伎座の「通し狂言 仮名手本忠臣蔵」のビラをながめながら、

古井戸秀夫

著者略歴

一九五一年東京生まれ。
一九七四年早稲田大学演劇科卒業。
早稲田大学文学部教授、東京大学文学部教授を経て、現在東京大学名誉教授。

主要著書

『歌舞伎―問いかけの文学』（ぺりかん社）
『新版舞踊手帖』（新書館）
『歌舞伎入門』（岩波ジュニア新書）
『評伝　鶴屋南北』（白水社）
『鶴屋南北』（吉川弘文館〈人物叢書〉）

主要編著

並木五瓶『五大力恋緘・楼門五三桐』（白水社〈歌舞伎オン・ステージ〉）
『新潮古典文学アルバム22　歌舞伎』（新潮社）
『江戸歌舞伎集』共編著（岩波書店〈新日本古典文学大系〉）
『福森久助脚本集』（国書刊行会〈叢書江戸文庫〉）
『歌舞伎登場人物事典』（河竹登志夫監修　白水社）
『鶴屋南北未刊作品集』（全三巻　白水社）他

受賞歴

『評伝　鶴屋南北』で読売文学賞、芸術選奨文部科学大臣賞、日本演劇学会河竹賞、角川源義賞。

忠臣蔵の四季

二〇二四年一一月二〇日　印刷
二〇二四年一二月一四日　発行

著者 ©　古《ふる》井《い》戸《ど》秀《ひで》夫《お》
発行者　岩堀雅己
印刷所　株式会社三秀舎
発行所　株式会社白水社

東京都千代田区神田小川町三の二四
電話　営業部〇三（三二九一）七八一一
　　　編集部〇三（三二九一）七八二一
振替　〇〇一九〇―五―三三二二八
郵便番号一〇一―〇〇五二
www.hakusuisha.co.jp

乱丁・落丁本は、送料小社負担にてお取り替えいたします。

株式会社 松岳社

ISBN978-4-560-09140-1
Printed in Japan

評伝　鶴屋南北

（全二巻・分売不可）

古井戸秀夫 著

江戸歌舞伎の発展と成熟に多大な業績を残した狂言作者の生涯と作品を、第一人者が半生を賭し、同時代の人間模様と共に描く渾身の大作。

鶴屋南北未刊作品集

（全三巻）

古井戸秀夫 校訂・編集

第一巻　勝俵蔵篇

五十七歳で鶴屋南北を襲名する以前、勝俵蔵を名乗り、立作者として名実ともに江戸劇壇の頂点に立って活躍する時代の作品を収録。

第二巻　鶴屋南北篇

南北襲名の還暦前後、新境地を切り開く綯い交ぜの世界が繰り広げられる、円熟の未刊作品群。悪の華に満ち溢れた得意の劇作術が展開。

第三巻　鶴屋南北・直江重兵衛篇

過去の全集未収録四作品を軸に、随筆や書翰、俳諧の摺り物などを加え、文政年間の劇壇を席捲した親子の文業を俯瞰。